Liucheng Wenbo

2023年第1辑

（总第13辑）

嘉定博物馆 编

中西书局

主办单位：上海市嘉定博物馆

学术委员会委员（以姓氏笔画为序）

刘海峰（浙江大学科举学与考试研究中心）

江汉洪（嘉定博物馆）

张伟忠（嘉定博物馆）

张剑光（上海师范大学古籍研究所）

陈　才（上海博物馆图书馆）

施　远（上海博物馆工艺研究部）

陶继明（嘉定博物馆）

夏咸淳（上海社会科学院文学研究所）

编辑委员会

主　任：王新宇

副主任：诸　雯　王光乾

主编：徐征伟

本辑编辑：林介宇　杜以志　袁晔珺

地　址：上海市嘉定区博乐路215号

邮　编：201800

编辑部电话：021-69919617

电子邮箱：liuchengwenbo@sina.com

封面题字：浦　泳

嘉定博物馆微信

图书在版编目(CIP)数据

疁城文博. 2023年. 第1辑 / 嘉定博物馆编. —— 上海：中西书局，2023
ISBN 978-7-5475-2181-6

Ⅰ.①疁… Ⅱ.①嘉… Ⅲ.①文物工作－嘉定区－文集②博物馆－工作－嘉定区－文集 Ⅳ.①G269.275.13-53

中国国家版本馆CIP数据核字(2023)第202429号

疁城文博　2023年第1辑

嘉定博物馆　编

责任编辑	唐少波
装帧设计	梁业礼
责任印制	朱人杰
出版发行	上海世纪出版集团 中西书局(www.zxpress.com.cn)
地　址	上海市闵行区号景路159弄B座 (邮编 201101)
印　刷	上海展强印刷有限公司
开　本	889毫米×1194毫米　1/16
印　张	8
字　数	216 000
版　次	2023年11月第1版　2023年11月第1次印刷
书　号	ISBN 978-7-5475-2181-6/G·750
定　价	58.00元

本书如有质量问题，请与承印厂联系。电话：021-66366565

编者的话

"我是土生土长的嘉定钱门塘人,对生于斯长于斯的故土自然有着特殊的情愫,览物之情,得无异乎!今谨抱敬恭桑梓之怀,以一己拙笔记叙魂牵梦萦的家乡风情,就好似在一幅钱门塘的历史画卷上添一笔泥土的色彩,只为了可以留住乡愁。"这是2022年春天,嘉定老人徐学军在《钱门塘畔野草花——钱门塘漫忆》一文中的文字,是他对祖宗血地情愫的自然流露。他又说:"故乡在人们心中有着恒久的位置,随着时间的流逝和生活环境的变化,心中的故乡将会更隽永、更深刻,更值得记忆,更有价值而且回味无穷。"老人对家乡的情感让人感动。我一直认为,这种对于家乡的情感,正是我们《疁城文博》办刊的初心,就是要为家乡的人,更多地记住自己的历史、记住自己的乡愁,作出我们的一份努力。

本辑"专题研究"分享七篇文章。徐学军的《疁西徐氏行迹纪略》通过对《疁西徐氏族谱》与《嘉定县志》等史籍的阅读与梳理,回顾了徐氏家族在嘉定这片土地上近九百年间,特别是明清两代家族代表人物的人生轨迹。其家族先人崇尚儒家修身齐家治国平天下的人生理想,或科举进身报效国家,或积德行善服务乡里,练祁河上、顾浦河、郭泽塘两岸的岁月云影,记录着徐氏家族对家乡建设和文化传承留下的功绩。

嘉定宣氏世居嘉定东城,是嘉定一个古老的家族,为耕读世家。陶继明的《宣氏家族和宣氏祖茔》介绍了明代宣氏所出人物及其表现,其人多尚礼好义、乐行义善之举,兼述了其人与时嘉定重要学者之间的交谊,对宣氏家族墓葬及出土的重要文物作了介绍。

娄坚是嘉定重要历史人物,为明代嘉定四先生之一,著有诗集《吴歈小草》、文集《学古绪言》,前人将两著合编为《娄子柔先生集》,其文集被收入《四库全书》。是《集》尚无点校本。张行刚的《册籍之外:〈娄子柔先生集〉诗文补遗》为其近数年间整理校勘是《集》后,就清代以来前人著述、境内外博物馆等机构所藏中,有关娄坚诗文题跋的搜集整理所得,以为是《集》之补充。是《集》之出版,已列入有关出版社出版计划,期盼能早日行世,嘉惠学林。

旧时,即使同处江南水乡,亦常因区域内水陆交通之便捷度的不同,而呈现出一地之市镇格局与文教事业发展的不平衡。周祯伟的《志书、黄草与民谣——16—20世纪嘉定疁东市镇发展史》以晚出之嘉定《疁东志》为主要考察对象,结合有关嘉定文献之记述,从《疁东志》的诞生、疁东市镇的发展、民谣声中的疁东三个维度,展现16—20世纪初疁东地区的人文环境、市镇发展及产业特色,其思考所得有助于我们更全面地认识嘉定疁东地区的发展历史,这一思考也丰富了我们对整个嘉定历史的认识。

校歌是一所学校办学理念和教学特色的体现,是校园文化的重要内容。朱怀兴的《传承教化,担当时代——民国时期的嘉定校歌品藻》,通过对其所搜集整理的20世纪上半叶嘉定12所中小学校校歌的品藻,认为校歌唱响了嘉定学子的爱国爱乡情怀、概括了嘉定学校的传承教化乡风、彰显了嘉定青少年的时代担当胸襟,通过对部分校歌词作者介绍,告诉世人嘉定教化传统中蕴含的可贵的精神品质。

古人崇尚诗学,因诗可赋情言志,此学代代相传,千年来优秀作品灿若繁星,汇集成一巨大宝库,成为重要文化遗产。刘霞的《至性诗篇血写就,劫后文章老更成——陈一凡的古典诗词创作》通过对她古典诗词导师陈一凡先生以诗为"心声"的一生的回顾,深情讲述了陈一凡的诗缘、诗情、诗格,这是她在导师去世后的时光里,"一刻都不曾忘怀他的诗魂"后的温柔怀念。

一个城市的发展以其所处地区社会生活中的地位而呈现不同的成长轨迹，在现代社会，绿化建设在城市整体格局中的越来越凸显其重要性。蔡秋芝的《嘉定镇的道路绿化》回顾了1958年以来，随着嘉定镇市政建设不断推进，新建了多条道路，更新了旧有街弄，各道路的绿化建设呈现不同类型和不同特色，通过大量具体数据，展示了嘉定镇道路绿化所取得的巨大成就。城市绿化同为城市历史的重要内容之一，实有记录之必要。

本辑新设"疁城藏珍"栏目，遴选了三篇文章，介绍嘉定博物馆所藏文物。2021年以来，嘉定博物馆对馆藏未入账古籍进行了全面清点和分类整理，发现了不少珍贵古籍，明娄坚文集《学古绪言》之崇祯本即为其一。杜以志、张行刚、陈彦昀的《嘉定博物馆藏明崇祯本〈学古绪言〉考释——兼论〈学古绪言〉的版本流传和独特文史价值》，通过对嘉博藏崇祯本保存现状的介绍、《学古绪言》版本流传与嘉博藏本的版本断定、书内批注的整理，及对藏书印的考释，考察了其递藏轨迹，得出嘉博藏本具有很高的文学和史料价值这一判断。

清吴闵《竹庄图卷》是嘉博重要书画藏品之一，原吴闵画作之后，有十余名人题跋，题后都有钤印。金晓红的《清吴闵〈竹庄图卷〉初释》记述了《竹庄图》的风采，整理了各家的题跋及钤印，并述了各家生平。惜吴闵其人生平无考，尚盼博雅君子见而告知。此《图卷》为黄曰骥先生所赠，文中简述了其生平事迹。吾嘉乡贤关爱呵护故里文化事业之雅情高义，每令后人赞叹感佩！

《清瞿中溶等铭芦雁图端砚》，为嘉博藏品之一。王光乾的《旧时谁家堂前燕——清瞿中溶等铭芦雁图端砚收藏者考绎》通过对该端砚四围所刻铭文的识读，对留下铭文的三位历史人物生平的回顾，考证了其收藏、鉴赏与流传经历。清代嘉定学术之瞿氏家族行迹之一段往事，于此可得一美好之回忆。

本辑"文献整理"栏目，分享三篇整理成果。嘉定建县于南宋嘉定年间，至今已有八百余年历史，八百年来建置变更，县境由大而小，其间故事常有志乘所不载者，后人考述往事，每以为憾。江汉洪的《碑刻拾遗（之五）》整理了其新发现的十篇碑刻（记），横跨南宋至民国时期，内容涉及坛庙、寺观、兵防、仓库、水利、政令、宗祠等，其述及之人物、史事、河道、地名等，不仅可补志乘之阙，亦可丰富后人对嘉定曾经岁月之想象。

清代以来，嘉定多出才女，或为官宦之闺秀，或为学者之妻室，其人善书画者有之，每工于诗，而有诗集传世，为嘉定文人一亮点。清中期钱蕙缵为学者钱塘之女，著有《女书痴存稿》，其诗多述哀死念生、伤离怨别之怀，而其诗情之正，后人读之，犹可想见其人。今王光乾予以整理，以飨同好。

嘉定虽地属吴郡（苏州），而风俗素称勤俭朴茂，即世变风移，犹不改其本质。近代以来，因与境外交通方式和所出物产等之改变更新，风俗有较大之改移。1932年的《嘉定县风俗调查概要》分生活状况、社会习尚、婚嫁情形和丧葬情形共四个方面，对当时嘉定社会风俗作了详细的记录与介绍，所述内容，多有志乘所不载。《概要》诚可丰富我们对20世纪前期嘉定社会的认识。今齐超儒作整理分享。

"嘉博论坛"栏目，分享嘉定文博人对嘉定博物馆事业建设发展的思考。近年来，嘉定博物馆结合自身发展需要，在引入社会力量参与博物馆建设，以期更多样地服务于社会大众对博物馆需求和期待上多所努力。王碧云的《沟通互动、公众参与和优化治理：嘉定博物馆议事会浅论》回顾了于2016年成立以来的嘉定博物馆议事会的初衷、构成与职能，其多年来参与博物馆建设的实践，及其对推动嘉定博物工作的优化和进步发挥的积极作用。

博物馆是保留城市历史文化记忆，让人亲近历史、感知历史，增强家国情怀的重要载体，其在人们精神生活中的地位与作用，越来越受到全社会的关注与重视。如何顺应新时期人们对文博事业的新要求，是摆在博物馆人面前的新课题。目前，嘉定正朝着建成"创新活力充沛、融合发展充分、人文魅力充足、人民生活充裕"的现代化新型城市之路上前行，如何使"教化嘉定"名片更加闪耀，成为嘉定"文博人"的首要任务。

编者，2023年9月

目 录

编者的话

专题研究

001　疁西徐氏行迹纪略 / 徐学军
013　宣氏家族和宣氏祖茔 / 陶继明
018　册籍之外：《娄子柔先生集》诗文补遗 / 张行刚
029　志书、黄草与民谣——16—20世纪嘉定疁东市镇发展史 / 周祯伟
037　传承教化，担当时代——民国时期的嘉定校歌品藻 / 朱怀兴
046　至性诗篇血写就，劫后文章老更成——陈一凡的古典诗词创作 / 刘霞
060　嘉定镇的道路绿化 / 蔡秋芝

疁城藏珍

064　嘉定博物馆藏明崇祯本《学古绪言》考释
　　　——兼论《学古绪言》的版本流传和独特文史价值 / 杜以志　张行刚　陈彦昀
076　清吴闵《竹庄图卷》初释 / 金晓红
082　旧时谁家堂前燕——清瞿中溶等铭芦雁图端砚收藏者考绎 / 王光乾

文献整理

089　碑刻拾遗（之五）/ 江汉洪
099　女书痴存稿 / 清钱蕙纕 著　王光乾 整理
112　嘉定县风俗调查概要 / 齐超儒 整理

嘉博论坛

117　沟通互动、公众参与和优化治理：嘉定博物馆议事会浅论 / 王碧云

明故宣堯卿墓誌銘

義將承事郎遺堯卿塞志銘
文林郎鈡山東昌府軍平縣喜邑人金洞誣文
邑城晏海門君其地多著姓卽宣君廷政之家
堯卿隱德文通令進階四品西安邵敦守先生之家子承事郎炭本之
元孫輒能記誦詢詢之曾孫也毋張氏舉進士先生而天資美敏敏太成先考
稚時文根其最則四歲戚事父母養親問辦切譽
生拜東廣惠州郡之命以進士業搢遒之勤詣前
任之逶輒所學以堯家雙親既遠朝夕在今數遣人奉書
問安悲蠣累日不食敬迎家省歸之誠視愛親之篤聞失恃長少有
畫夜悲號累日遂廷延歲侵同心尚義必橐數百以賑饑有
日與辨卿篤志成延諒同歲侵同心尚義必橐數百以賑饑有
司疏聞
嘉之思榮其身致政嶲每壽旦輒諸子姪羅列楷下百
拜稱慶宴集賓友娛樂連日務得親之歡心其睦宗族信
明交終始如一數子希交季學常舉選進邑庠遇例入監庤愛
娸以庠友浦崇約之孫介為舘甥君志量恢廓然其長即希
方大有為帝文李納為舘甥君志量恢廓然其長即希
四年四月三日配封氏陳平別駕四子長介配次適名族蘇路二
年同門任先後不同以卒以同卒時又同其生成化丁亥
文請命於大父武聘葛氏女卒之時又同其生成化丁亥
新浬之祖瑩持婀長宗約先生状為能子令俟諸狀同
希文請銘仕不辭銘曰
信其賢銘故不辭銘曰
年同門仁能愛親孝友 義能用財明可否 出粟賑饑千百石
恩渥榮身若無有 丁經歎子發其秀 玉琢賢闈羅成蔌
盛德怨斯胡不壽 天之命也難咎 邑人盛金剴石

疁西徐氏行迹纪略

文\徐学军

嘉定历史上称显于世的望族有四十余姓，其中世系记载较清晰者有二十余姓，徐姓也位列其中。县志《嘉定县简志》卷三《居民·姓氏》载嘉定徐氏有四支。其中一支即为疁西徐氏，该支于南宋绍兴初年自上海迁嘉定，近九百年风云变幻，朝代更迭，徐氏家族也演绎了悲喜交集的人间正剧。笔者根据《疁西徐氏族谱》世系表及《嘉定县志》等史籍，按迹寻踪明清两朝徐氏族人遗存的雪泥鸿爪，作简略的梳理和归纳，希冀读者有所了解并作进一步探索和思考。

一、迁嘉始祖

徐春禧《疁西徐氏族谱》（下简称《族谱》）卷四《重修疁城徐氏族谱序》记载："家之有谱，犹国之有史，其义略相同也。昔我先代是许州徐公元直（笔者按：名庶，颍川今河南禹州人，三国时名臣，曾走马荐诸葛，因其母为曹操所挟执，入曹营后，一言不发）之后。及上海改谱，又祖三衢，徐公徽言（〔1093—1129〕，宋代抗金英雄）。两则起疑，疑则当阙，但万五公为上海徐敬之之弟，则实录也，故即以为始祖。"（图一）

徐祐之，字万五。宋绍兴（1131—1162）初年，自上海迁徙至嘉定邑城。"始祖万五公之墓，在邑城城隍庙后清镜塘，其余有在冈身者，有在练祁塘上者。"（《族谱》卷一《墓域》）经二世德一、三世道瑞、四世廷玉……之后，徐氏子孙在嘉定开枝散叶，繁衍生息。因年代久远，徐氏家族迁居嘉定早期事迹已湮没于历史长河中，难以考查。至明代正统、成化年间七世徐瑄、八世徐晫父子获得进士功名之后入仕，其政绩多有记入《明实录》《嘉定县志》等史籍，其时徐氏家族已然成为嘉定的簪缨世族。

至明万历后期，徐氏一徙居外冈，时称疁西徐氏。清康熙年间，疁西徐氏一支再迁钱门塘，并建和鸣堂、家祠、家族墓园。从此徐氏家族在钱门塘瓜瓞绵绵，诗礼传家，与姚氏家族、秦氏家族、童氏家族等先后成为钱门塘的名门望族。

清光绪《嘉定县志》卷十八《人物志·孝义》载，明时酷吏横行宦官专权，徐氏五世祖徐衡（字石泉）为县吏，县有大狱，冤滥甚众，公伪失火焚卷籍，狱得不就，坐戍贵州。及归，母夫人已殁，哀恸而终。徐衡之子徐宗，字次泉，徐氏六世，因其子徐瑄，得荫封为监察御史，赠右佥都御史。徐宗墓位于西门外石马巷，徐宗之孙、湖广参议徐晫附葬。明宪宗成化八年（1472）状元、礼部尚书吴宽（1435—1504）为徐宗作墓志铭，墓后有银杏树二棵，诸庭槐作文为记。

二、廉吏徐瑄

徐瑄（1412—1471），字子敬，号野庄道人，徐氏七世，明代著名廉吏，清光绪《嘉定县志》卷十六《人物志一》有传。宅邸四牌坊巷，位于永宁桥（俗称圆通寺桥）东堍，东大街之北，故址东现为嘉定博物馆和

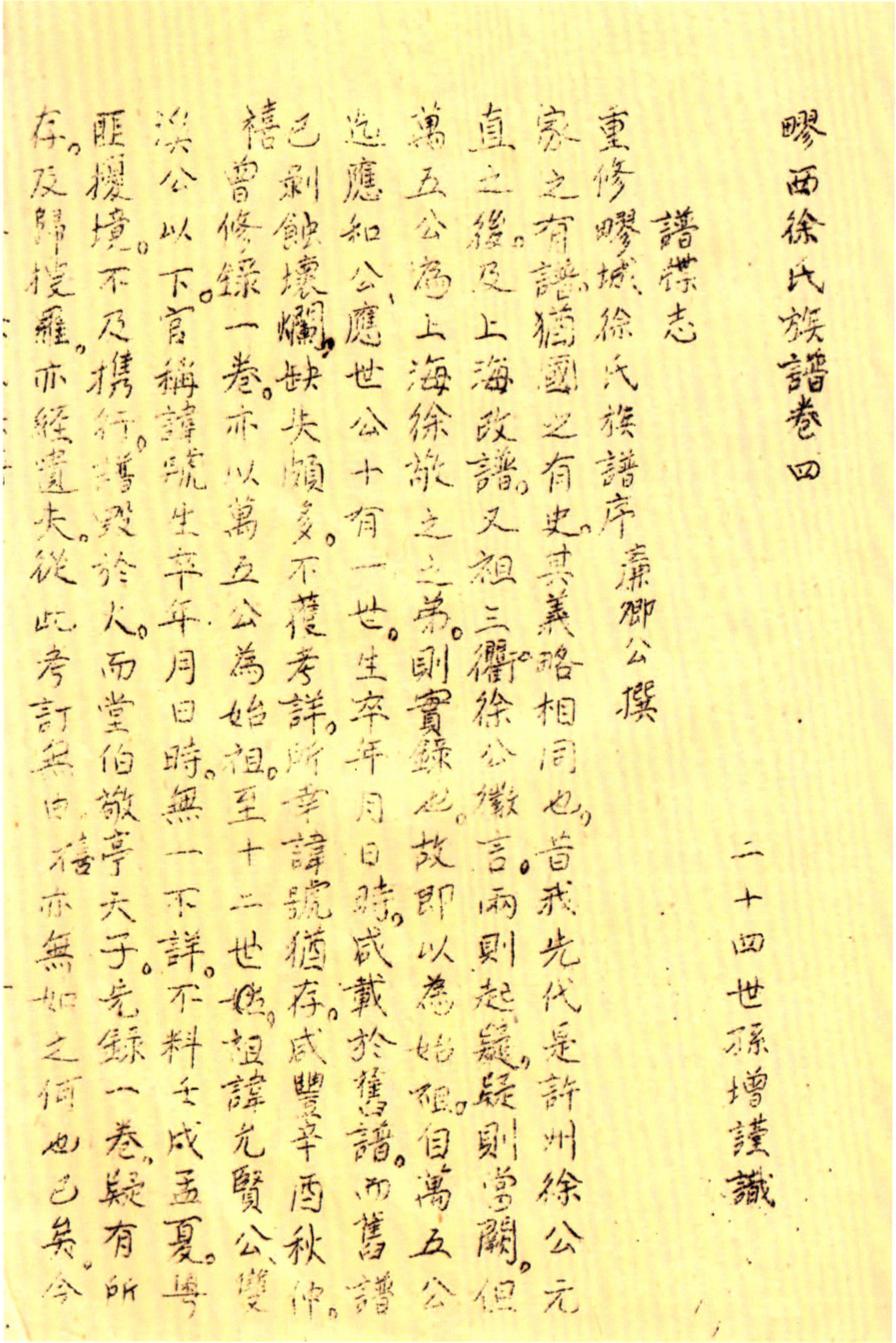

聊西徐氏族谱卷四

谱牒志

二十四世孙增谨识

重修聊城徐氏族谱序 康卿公撰

家之有谱犹国之有史,其义略相同也。昔我先代是许州徐公元直之後,及上海改谱又祖三衢徐公缵言,两则起疑,疑则当阙。但万五公为上海徐敬之之弟,则实录也。故即以为始祖,目万五公迄应和公应世公十有一世,生卒年月日时,咸戴於旧谱,而旧谱已剥蚀壤烂,缺失颇多,不获考详,所幸讳号犹存。咸丰辛酉秋仲,禧曾修录一卷,亦以万五公为始祖,至十二世始祖讳允贤公讳禧生卒年月日时无一不详。不料壬戌夏季,禧公以下官讳号生卒年月日时无一不详。不料壬戌夏季,奖公以下官讳号多突於火,而堂伯敬亭夫子光录一卷,疑有所存。及归搜罗,亦无如之何也已矣。今匪櫻境不及携行,旧谱亦经遗失,从此考订无由,禧亦

图一 《聊西徐氏族谱》卷四《谱牒志》

秋霞圃。正统三年（1438），徐瑄参加应天府乡试获第一名，即解元。据崇祯《吴县志》卷十五《坊巷》载：苏州府学东宫墙外卧龙街（今人民街）南段，曾建状元坊、会元坊和解元坊。大街北起北寺塔，南至学宫，逶迤数里，形如卧龙。宋明时期历届本籍登科学子姓名均镌刻于牌坊，三元坊由此得名。徐瑄是苏州府嘉定县人，他的名字自然荣登苏州解元坊。时隔一甲子后，明弘治十一年（1498），苏州才子唐寅（1470—1524）参加应天府乡试，也中式解元，因而与徐瑄等同列在榜。明正统十年（1445），徐瑄参加乙丑科会试，得贡士第十一名，殿试登进士第二甲第四十二名。授监察御史，后升任右佥都御史，巡视京畿及山海关，出按四川、广东。监察御史一职始于隋朝，至唐代，御史台分为三院。其中监察御史属察院，掌"分察百僚，巡按郡县，纠视刑狱，肃整朝仪"（《唐六典·御史台》），其品秩虽低而权限颇广。徐瑄为官正直敢言，不避权要，所至有声。蜀粤两地州县远者溪谷险狭或多瘴疠，必亲至焉，黜免贪墨，抟击豪强，狱无冤滞，风采肃然。

徐瑄出任监察御史时期，恰逢土木堡之变。明正统十四年（1449），北方崛起一支强大的蒙古人部族，称瓦剌；汉蒙双方因贸易摩擦矛盾激化爆发战争。时年二十三岁的明英宗朱祁镇，在佞臣鼓动下亲率几十万大军征讨瓦剌，结果大败被生俘于土木堡（今河北省怀来县东），史称"土木堡之变"。其时，皇太后命明英宗之弟郕王朱祁钰监国，代皇帝总管国事；随后，郕王受太后谕旨登皇帝之位，是为明代宗，遥尊英宗为太上皇，改国号景泰。其时军情危急，瓦剌军兵临北京西直门下，明王朝危如累卵；面对强敌兵部侍郎于谦挺身而出力排众议，率领京城军民浴血奋战五昼夜，瓦剌军不敌仓皇撤退，京城保卫战取得了胜利。

明景泰六年（1455），徐瑄奉命按蜀，进士倪谦（1415—1479）特赋诗赠徐瑄御史按蜀：

绣斧分巡出凤池，使星五夜拂参旗。

岷峨江水元通楚，邛笮民风旧近夷。

谕蜀岂劳司马檄，入夔应忆少陵诗。

临岐不尽同年意，伫看澄清体睿思。

徐瑄入蜀后，政教兼举，洗冤发滞，兴立学校。次年徐瑄巡按广东，廉明详慎，人莫能窥其际，巡历所至，唯以廪粟易蔬肉而已。渡海驻琼，履人所惮，擒治奸贪，峒黎悦服。景泰八年（1457）瑄始凿南海庙学泮池，跨以石梁，护以石栏。景泰年间徐瑄无论是捕获京畿盗贼，巡视山海关，还是出按四川、广东、海南，所至之处均清正廉洁，禁戢贪暴，以廉吏著称。

后来朝廷与瓦剌的终于议和，返回京城的英宗朱祁镇被软禁于南宫，度日艰辛。景泰八年大臣徐有贞、石亨等发动夺门之变，英宗复辟。英宗原用年号为正统（1436—1449），复位后改元为天顺（1457—1464），随之裁撤调整官员，包括各地巡抚、镇守、参赞在内的诸文职。英宗廷议边防军机时提出：边疆要塞不宜独仗武将，嘱大臣推择壮猷重望往镇抚之。内阁李贤、尚书王翱、大司马马昂推举六人，其中徐瑄一人独以御史越级擢升为右佥都御史，巡抚延绥、庆阳诸处。西北地区自然条件差，又面临边境前线，鞑靼骑兵经常进犯虏略，徐瑄为战守备甚豫，数治兵不戮一人，而众无敢哗；平居严斥候，广间谍，敌谋动皆知，缮兵甲，督屯粮以裕军储；葺学校重教化以作士气。当敌寇骑兵扰乱边境时徐瑄督战迎敌，先战于孛罗池沟、又战于半坡墩、金鸡峪、双海子等地，四战皆捷取得了重大胜利，捷报传到朝廷，英宗大喜赐玺书嘉奖犒赏。徐瑄在当地的行政治理也成绩斐然，他申严戍守，督理屯田，广积储饷，修明学政，获得了百姓的敬佩赞美。

明代官场凶险叵测，当时外有强敌枕戈待旦，朝廷内又因皇位之争祸起萧墙，这是血雨腥风的年代。京城保卫战中建立了丰功伟绩的功勋大臣于谦，尚且被诬"谋逆罪"而惨遭杀害，同时代的徐瑄清廉奉公、有所作为、方正圆通、独善其身，着实不易！后

图二 明成化五年（1469）《嘉定县重建儒学记》

因母丧而乞还，帝以西事未宁而夺情不允，天顺八年（1464）徐瑄病重连疏，以疾致仕。

明成化五年（1469），赐进士文林郎嘉定县知县洪冕主持，由明进士翰林编修陈鑑撰文、徐瑄书丹的《嘉定县重建儒学记》碑，在孔庙大成殿前立石（图二）。这是徐瑄留给家乡的一份珍贵的文化遗产。成化七年（1471）十一月二十九日，徐瑄卒，朝廷使谕祭于家，墓位于徐宗墓北百步。明朝名臣、内阁首辅商辂（1414—1486，字弘载）作墓志铭。为纪念和表彰徐瑄所建立的功绩，后人将徐瑄位列嘉定五十乡贤之一，配祀孔庙大成门右乡贤祠，以受后人祭奠之飨。

三、一门四坊

明正统年间徐瑄中举并获解元之后，即在徐氏宅邸附近建解元坊，任右佥都御史后，天顺年间在拱星桥（县城北大街）南建都宪坊褒奖。父以子贵，明宪宗朱见深特封徐瑄之父徐宗为监察御史、赠佥都御史，天顺年间在园通寺东再建恩荣坊以示表彰。徐瑄之子徐昴，字以质，徐氏八世。明景泰六年（1455）举人，明成化五年（1469）已丑科进士，清光绪《嘉定县志》卷十六《人物志一》有传。徐昴中进士后，在圆通寺东建世科坊。（光绪《嘉定县志》卷二《营建志·坊表》）徐瑄、徐昴父子荣获进士功名，一时传为美谈。徐氏祖孙三代一门四坊，所在巷也由此称为四牌坊巷。

徐昴后授工部主事迁南京刑部郎中，因断狱公正后任湖广参议，勤勉行事，与民休养生息，既不苟且亦不宽容无度。徐昴曾到边疆督饷，铲除奸贼恶人，当地军民得以安居乐业，因政绩优异升任摄左布政使，得以入朝觐见皇帝并随驾陪祀南郊。之后不久，徐昴便上疏辞官回乡。

徐瑄、徐昴父子皆深谙进退盈缩之道，用舍由时，行藏在我，出淤泥而不染，濯清涟而不妖。徐昴卒，弘治八年（1495）吴宽又撰写《明故朝列大夫湖广承宣布政使司左参议徐君墓志铭》。

徐瑄的后代子孙亦多有不俗表现。徐瑄另一子徐勋，字以德，徐氏八世，出任西城兵马司副指挥。

徐昴有三子，为漳、浈、沛，系徐氏九世。徐漳，字濂夫，明弘治间以儒士荐丰润伯教读，后随军出征贵州黑苗，擢顺天府教授。徐浈，字清夫，选为陈州通判。徐沛，字泽夫，任象山县主簿。

徐漳之子徐僎，字佐卿，任南京兵司指挥。徐浈之子徐侨，字惠卿，任兴化府经历。徐沛之子徐仕，字世卿,任平阳府经历、上高县丞。

徐应期,徐侨之子,徐氏十一世孙,延平府经历。徐应解,字原易,嘉靖二十七年(1548)岁贡,任大名县训导、新河教谕,后任郓城知县;虽刻意抚循,废坠具举,忤郡使者,告归。

徐应教,号练冈,徐氏十一世,于明末因避战乱,迁徙疁西外冈。徐氏一脉乃于外冈薪火相传。

徐氏十二世徐允禄,字汝廉,为徐瑄五世孙(图三)。其父徐应敏是诸生,以孝顺父母著称。允禄经府试录取,故文名籍甚,每有新作即远近传诵;邃于经史,论古今节义、军国大事则议论风生,出口成章,全不觉有口吃之患。尝试顺天,很受明太子太保、吏部尚书、建极殿大学士、内阁首辅王锡爵(1534—1611)推许。但允禄性狷介,不愿求人提携,因此当了一辈子诸生。允禄不慕荣华富贵,不贪不义之财,时有上海知县暗中差人行贿千两银子于允禄,请其出面为一入狱犯人作开脱辩护,以求免刑,允禄坚辞不受。清光绪《嘉定县志》卷十九《人物志四》有传。著有:《思勉斋史论》十二卷、《尚书解》六卷、《毛诗解》六卷、《春秋愚谓》四卷、《思勉斋文集》十二卷、《诗集》二卷等。

作为文化名人的徐允禄交往广泛,与嘉定竹刻大家朱缨(字清甫,一字清父,号小松)交游,撰有《祭小松朱先生文》(《思勉斋集》卷八)、《独行传》(《思勉斋集》卷九)。与张表、朱稚美、刘维藩过从甚密,号称练溪四饮。

徐允禄的元对堂故址位于今嘉定镇城中路、梅园路交叉口西南侧。徐氏子孙居于此,称徐家宅。1980年辟建梅园路、梅园新村,拆除部分民居;1990年冬,因嘉定体育场扩建,全村消失。徐允禄墓志铭由唐时升撰写(《三易集》卷十八)。为表彰徐允禄的文化贡献和高风亮节,徐允禄也名列嘉定孔庙乡贤祠,成为徐氏家族第二位乡贤祖先,这是家族的无上荣光,因为配祀孔庙的乡贤并非仅仅是名人高官,而是要为国家为民族作出实实在在的贡献,并且不允许有道德瑕疵,才有资格成为楷模列位于乡贤祠,与千古一人、万世师表的孔夫子一起受后人的崇拜。

徐瑄另两个五世孙:徐允端、徐缵先。徐允端,字君表,万历十七年(1589)岁贡,任繁昌训导;徐缵先,字孟新,崇祯十二年(1639)副榜,以特恩知天河(在广西北部),县境有少数民族之乱,盗且蜂起,缵先安民靖寇,治政有方;先是赋无定额,官吏意为赢缩,然而缵先请示上官,著为定则;因而得到当地百姓的拥戴,但在迁知赵州时,全家遇兵匪不幸死难。

明末外冈人殷聘尹编纂于崇祯四年(1631)的《外冈志》记载,徐氏十一世徐应教居外冈,子允寿、允宜,孙士亮、士雍皆为庠生。士雍,字平谷、临度,

图三 明徐允禄像(《练川名人画像》)

居祁冈，明中丞诸生，工书法，尺幅寸简，人争传购；著有《收春亭诗稿》四卷、《平谷集》。秦偕赞之曰："平谷诗坚苍朴茂，老成典型。"徐士亮，字公采、号子延，徐氏十五世，清代庠生以子匡例封奉直大夫，居外冈。

四、名冠友僚

徐匡，字汉衡、号竹园、敬圆，士亮之子，《族谱》记为疁西徐氏十六世孙（徐瑄九世孙，县志记为徐瑄七世孙，疑有误），居外冈，清光绪《嘉定县志》卷十八《人物志三》有传。少而好学，为太仓唐考功孙华入室高弟。康熙十四年乙卯科（1675）以太学生中式举人，任浙江嵊县知县。在担任嵊县知县的五年里，"催科不扰，讼减刑清"，居官忠厚廉洁，得士民心，故"民皆赖之"；"每公事至乡，过山水佳处即豪吟寄志，铭联于柱自警"。民国《嵊县志》卷十《职官志》收有他的三副自警对联。

其一：关节一毫无地入；公平两字有天知。

此联之意，一是为官须守道寡欲刚正不阿，拒绝贪腐弘扬正气；二是为官清廉还须明理善察处事公正、公平，只有这样才对得起苍天百姓。

其二：居养无殊蓬户日；担当恐负秀才时。

此联意味朴质情怀高远：为官之后日常起居饮食与布衣百姓时没什么两样，但思虑和担当却常恐辜负了当年寒窗苦读时的远大志向。

其三：五斗米可以有为，倘为身家，安得人呼父母；一文钱不容苟且，若胶膏血，岂非自食儿孙。

此联真挚动人，富有人世间的儿女情长，但依然坚定地昭示其清正自律的人生底线：为人父母者，一文钱也不容苟且，否则无异是自食其子孙！

东汉王逸《楚辞章句》注释"廉洁"云"不受曰廉，不污曰洁"，就是要清白不受玷污，清廉从政洁身自好，为人处世克己奉公，恪守士大夫底线。徐匡"知嵊县，任五载"，为官忠厚廉洁，离任时囊橐萧然，闭门扫轨，获得百姓拥戴和敬佩，亦为后世所称颂。

徐匡性情豁达为官清廉，家无长物公私分明。光绪《嘉定县志》记载，徐匡居家时有贼入室偷窃粮食，徐匡佯装不知不觉，贼人竟去而复至，忽听得有人说话，"拿二袋了，走吧"。偷盗者为此深感悔恨，此后终生不再做偷盗之事。《续外冈志》记有徐匡居官忠厚廉洁得士民心，尝有富僧犯奸，遣人求救于匡之婿，婿告以故，怒曰："尔欲我枉法邪？"卒尽法痛惩。

古时常有"人生七十古来稀"之叹。晚年徐匡淡泊自守，七十余岁时忽谓家人曰："余梦胥吏来谒，请示上任日期。"次日黎明焚香沐浴，具朝衣冠，端坐而逝。墓位于外冈南巷南淡号。

徐匡喜诗词，公余小憩常与友人诗词酬唱，有诗集《公余小草》《莳玉堂诗稿》，惜均已散佚无存。今能看到的仅剩二首：

（一）寄南询庵御能和尚

六年暌隔虎溪盟，心性犹如病宿醒。
若得尘缘能脱尽，凭师挥尘说无生。

（二）过士闻甥新居

半载经营次递迁，江村风物正幽妍。
沿溪密柳阴成幄，贴水新荷叶似钱。
樱笋喜尝林下味，琴书能遣静中年。
帘栊寂寂无人到，独有啼莺扰昼眠。

由此我们可以一窥竹园公超凡脱俗的高雅境界。清代诗人张锡爵有诗《舟泊祁冈望汉衡故居》，赞竹园公云：

怅望空堤暮雨飘，故人小隐隔河桥。
草围飞蝶柴门掩，风散栖鸦老树凋。
五夜衔觞曾问字，十年怀旧又停桡。
遗形解脱原无碍，赢得清名冠友僚。

《族谱》记载，竹园公未有子，以其弟襄公之子为嗣，迨其后仍未有继。所遗田产由地藏殿僧人经管，除完粮税之外用于徐氏祠堂祭祀之资。宗族后人每于春秋祭祀之时将竹园公一支亦如其在一样，祭毕扫墓永永毋忘。

五、公益传世

《族谱》卷二《世纪表》载，十六世徐志颙，字元孚，居钱门塘，然"我支迁居钱门塘是否公始，亦无可考"。徐志颙有三子：懋远、懋昇、懋祉，分为三房。懋远长子昌期，字良辅。钱大昕撰《徐昌期墓志铭》中记："钱门塘……与予所居望仙桥相去仅三里许，在县之最西。俗朴而俭，无声色侈靡之习，与予乡略相似。徐翁良辅居其地，三世偶儻而尚义，年八十余，筋力强壮，不减四五十者。乾隆三十五年（1770）正月以疾终。"（《钱门塘乡志·卷三》）其中所言居其地，三世偶儻，似可认为徐翁良辅居钱门塘其地已三世，其祖父徐志颙卜宅西迁钱门塘，应该是清初康熙年间。

徐懋远，字蜚英，以子昌期职晋赠修职郎。妻周氏，二十八岁寡，守节三十余年，太仓州翁授给"柏舟媲美"匾额，乾隆四年（1739）四月旌表建坊。生昌期、昌言、昌宗、昌世四子及一女。

清初徐姓与姚姓同为钱门塘镇中大族，竞构新居，而徐姓又有徐半镇之称。徐昌期，字良辅，号祥符，居镇西和鸣堂为老宅。徐昌言，字寿朋，居凝瑞堂为新宅。徐昌宗，字荆玉，居春盎堂为东新宅。和鸣堂前后四进，首进为市屋，第二进为和鸣堂，后二进为后厅堂、楼。楼有通转走马楼，堂楼后居中小屋名曰石皮间，下有石驳，最后临河处有花冈石一方曰石柏。宅后为田亩。老宅与东新宅之间有侧屋，毗连数进，虹坡公（徐文范）读书处之杏雨斋即此焉，其地点在和鸣堂东厢之东，太平军东进后仅存二进，其余悉为灰烬。新宅在老宅西，前后三进亦均楼房，后有花厅园圃曲桥水榭。新老宅之两侧各有便衖，称东衖堂、西衖堂，并有水埠供用。东新宅亦三进，惟为平屋，治堂公（徐朱培）读书处之春盎草堂在焉。宅后有瑶阶湊，东连秦府荷花池，以板桥为界。徐宅西迄宗祠成一矩形，为家族天然藩篱。

徐昌期，曕西徐氏十八世，清恩授修职郎，康熙己巳年（1689）二月二十三日子时生，清乾隆三十五年正月初一日丑时殁，享寿八十有二岁。《钱门塘乡志·卷八》记："明金都御史瑄十一世孙，其先自外冈徙镇中。昌期家故贫，力耕作，逐什一之利，遂以饶足。布衣蔬食，茹苦终身，训子弟以义方。里中桥梁有圮废者，每出钱为之倡，乡人号曰'造桥翁'；年八十余卒，钱大昕为撰墓铭。"钱大昕在徐昌期墓志铭中不吝赞美之辞："平居食无兼味，不衣缯帛，然亲故以急难告，应之无难色。里中桥道多不治，为行者病，翁常出钱为之倡，木者石之，迮者广之，圮者新之，无者有之，大小凡数十所，乡人称为造桥徐翁云。……《经》云：'十室之邑，必有忠信。'然乡曲微行，鲜能播于通都大邑，往往湮没不彰，甚可叹也。"

钱门塘徐家祠堂也是徐昌期所建，王鋿（字鲸伯，邑诸生，居望仙桥）有文记之："吾邑（徐君）良辅，孝弟人也。幼孤而家贫，母夫人守节自誓，历三十余年，乃能长诸孤而立门户。乾隆二年（1737），有司具以闻，遂得建坊于其间。良辅乃于坊后建祠堂，前三楹为门道，中三楹为中堂，设母氏神主，后三楹为后堂，设高曾以下神主。四时丰洁以祭，合族会食其中，岁以为常，举而不废。……于是刊定谱系，以辨族之亲疏，空乏则周，婚嫁则助，患难则救，有不率教者与族共斥之，改则己。其视一族之欣戚，犹己之欣戚也；视一族之安危，犹己之安危也。亲亲之心，恳挚周浹；出于天性之自然，非有所蹈袭也。"（《望仙桥乡志稿•人物》）徐家祠堂在钱门塘镇西偏，咸丰、同治年间遭太平军侵扰被焚毁，光绪初徐春祚等重建。

县志记载由徐昌期倡义修建的桥梁达几十处。《钱门塘乡志》记载，我乡修建桥梁，向推姚、徐两家，独立捐资，为他处所罕有。特别是镇西的桂芳桥，初名徐公桥，跨郭泽塘徐公浦口，清乾隆二十年（1755）里人徐昌期建；咸丰间重修，更今名；光绪十七年（1891）里人徐春祚、徐春禧募资重建；民国三年（1914）一月自治公所拨款重修。位于钱门塘镇东的聚奎桥，跨郭泽塘东口，俗呼香花桥，清乾隆二十七年（1762）里人徐昌期建。可惜的是这些给乡里带来福祉的精美古桥于"文革"期间悉数被拆。

徐昌期有子文范、文药及一女。

六、耕读世家

钱门塘镇春盎草堂偏东杏雨斋，即为徐昌期之子徐文范读书处。徐文范，字仲补，一字虹坡，又号杏雨（图四）。清光绪《嘉定县志》卷十九《人物志四》有传。雍正十三（1735）二月生，嘉庆九年（1804）四月殁，疁西徐氏十九世，清国子监生，恩授登仕郎。对父亲至孝，顺抚养侄子仁爱。质颖异，读书目数行下，为文峻劲廉悍。偶应童试不售，遂弃去。援例入监，肆力于研究经、史，尤其精通地理，著述有：《廿二史目录异同》四卷、《历代州郡表考略》十卷、《舆图考略》八卷、《州郡表》六卷、《郡县表》十二卷、《钱门塘市记》一卷、《菊窗闲录》八卷；《荷田消暑录》十六卷；《杏雨斋日钞》、《史外纪闻》六卷、《吟云检箧录》，等等。别有《东晋南北朝舆地表》十二卷，钱大昕为该书作序，有曰："同里徐君仲补，默而好深湛之思，足迹不出百里，而三条四列、十道九域，一一囊括于心胸。乃上溯太安，下讫大业，年经国纬，表而次之。先辨实土，附以侨治。其间分裂并合，参互错综，志有渗漏，则采纪传以证成之。以余亦尝从事于斯也，每成一篇，辄就商榷，考辨异同，必得其当然后已。旁观匿笑，谓其用心无用之地，不知吾两人之莫

图四　清徐文范像（《练川名人画像续编》）

逆于心也。……仲补生于千载之后，乃能钩稽载籍，究其离合，分剖毫厘，穷极玩眇。虽身历其时，目睹其地者亦无以过，自非有绝人之识，用心专而为日久，安能为古人之所难为也哉？此书出，必有珍为枕中之秘者，余固非阿所好而云然也。"王鸣盛作序，曰："仲补此书，为昔人之所未及为，而后人考史者之所必不可少，洵有功于史学，而足以传矣。予商榷于南北朝战争之所，立国之界，亦费苦心，沾沾自喜，而东晋诸僭伪，则畏其繁乱而未暇详。予涉猎之功，非专门之业，所以稍有发挥，未能胪列。独比折仲补，以为不可及焉。"可见二位学术泰斗都给予了极高的评价。（《钱门塘乡志》卷十《艺文志上•史部》，此书及序，《疁西

徐氏宗谱》均有全文记载)

秦严玉有诗《题虹坡先生四时行乐图》:

> 南州有高士,其品卓然峙。
> 托身阛阓间,究心在文史。
> 博考舆地图,沿革晰终始。
> 宁人奥淡人,详核不逾此。
> 其他撰述工,皆复穷奥旨。
> 余也叨世讲,旧居近尺咫。
> 周旋卌余年,景佩何能已。
> 非徒洽比情,求仲羊仲矣。
> 今朝披玉照,佳兴深有喜。
> 四序饶天和,人生行乐耳!
> 值余将束装,濠上方遥徙。
> 君若虞离怀,缩地斯为美。

因赞赏徐文范的精专才华和世交之情,徐文范病故之后,钱大昕又特撰《祭徐君虹坡文》以志纪念,其言曰:

> 天上修文,人间失怙。公有遗书,自堪千古。
> 嗟予重交,闻丧心怃。感逝西州,伤神南浦。
> 楮短情长,声哀音苦。

文载《钱门塘乡志》卷三《冢墓》,《畇西徐氏宗谱》也有详载。

列入《钱门塘乡志》卷八《人物志》的还有徐文范的堂兄徐朱培。徐朱培,原名文蔚,字涵六,一字治堂,畇西徐氏十九世。以诸生授登仕郎,质颖敏,少时从邑人汤咸一读书,颇为称赏。乾隆甲戌(1754)以州试第一名补诸生,制义有盛名,乡试屡荐不售。讲学四方造就颇多。馆政严肃,尝语人曰:谋其食者忠其事,余惟廪食焉怠事之戒而已。性伉爽,不屑作炎凉态。朋友有过失,面折不稍假。里中有疑难事,经其排解,无不折服。卜宅于镇西建春盎草堂。著有《白门吟草》。

列入《钱门塘乡志》的徐氏人物还有徐懋祉、徐绎同、徐绎思、徐彦庠、徐之锦等。

徐懋祉,字介繁,畇西徐氏十七世。候选府经历。少负大志,好救人危,凡有以急难告者,无不出为援手。性抗直,往往面折人过。平日携朋持杯,箕踞谐谑浪,旁若无人。晚岁筑室于郭泽塘南岸,曰延绿堂。月夕风晨,宾朋满座,相与衔觞赋诗以为乐。与李中丞锡秦(字瞻仲,南翔人,官至广西巡抚)交最久,尝重其才而悼其不遇云。

徐绎同,字浩亭,畇西徐氏二十二世。清议叙九品衔。少习贾业,喜与文人学士游。尝入仙溪东园诗社,虚心善问,出口成章。

徐绎思,字心田,畇西徐氏二十二世。国子生。性笃挚,明大体。乡人有疑难事,每赖其排解剖析。有子二春祚、春禧。徐春祚,字静卿,为人和蔼诚信,里中事无巨细,无不曲为解析;遇桥梁有倾圮者,必设法募修。徐春禧,字子鸿,号廉卿,清庠生。性至孝,为人豪爽;洪杨兵燹族谱被毁后,廉卿公于课徒之遐默录得以记录不坠,辑成《徐氏族谱》。

徐彦庠,字引年,号敬亭,一号子元,畇西徐氏二十二世。诸生。少孤力学,能医善诗,性潇洒。道咸间,望仙桥东园、里中耕余圃有诗社,一时名流觞咏称盛。彦庠往来酬唱,社中人称其诗清新俊逸,有庾、鲍之风。著《春盎草堂诗稿》,惜散佚不存。

徐之锦,字琴孙,一字芹生,畇西徐氏二十四世。诸生。好涉猎群书,为文匠心独运,喜以偏奇制胜。秋闱屡试不中,晚年教授里中从游甚众;科举制废除后参与创建钱门塘蒙学堂,性廓落,不治生产,后因积饮病膈卒。

徐增(1882—1962),字典生,畇西徐氏二十四世。毕业于上海龙门师范。任职中华书局编辑、钱门塘乡副议长、议长,亦游幕于江、浙二省县政府。抗日战争爆发后返乡恢复重建钱门塘学校,任校长。增补并重修《畇西徐氏族谱》(图五),于同族会议确定家族字辈排行:"家宝惟忠孝,宗兴在德贤。"(图六)并修缮祠堂。

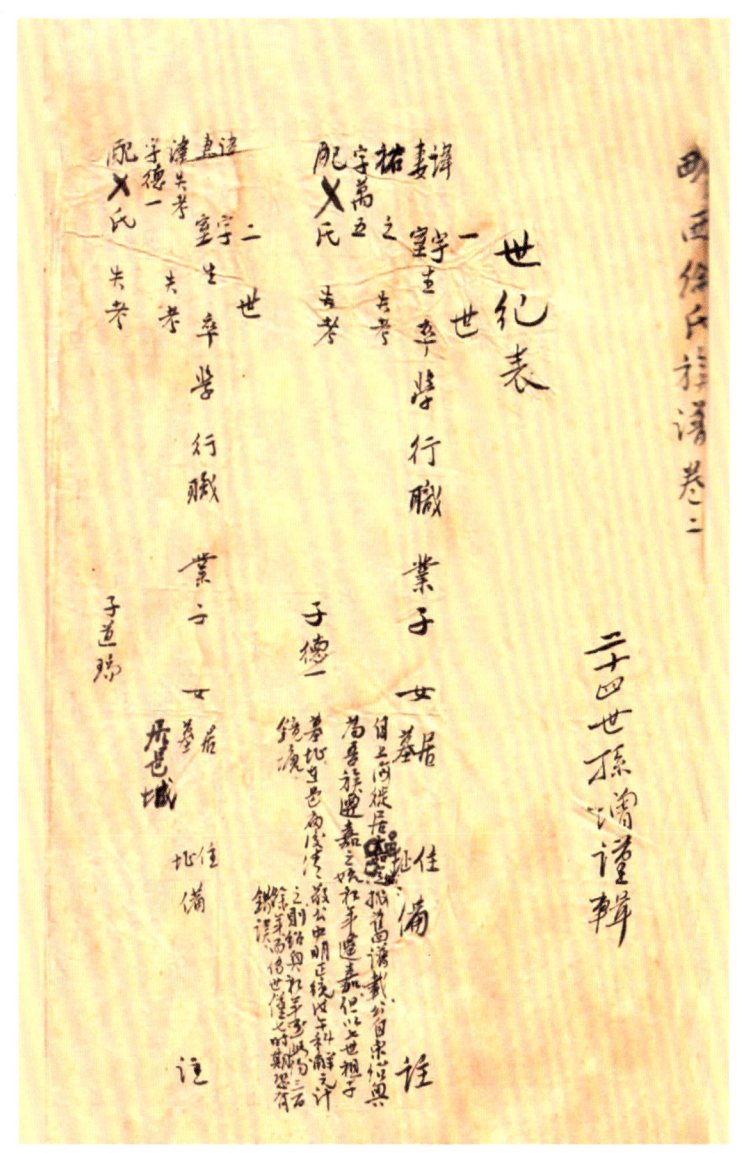

图五 《畹西徐氏族谱》卷二《世纪表》

民国时期的徐氏家族中,有多位从事教育工作。他们是:二十五世徐树瑞、徐树珍;二十六世徐家骥、徐家骏、徐家驹、徐家桃等。

耕读传家久,读书继世长,徐氏家风为国利民,惠及后代人才辈出,至今绵延不绝。

七、梦萦故乡

"一生痴绝处,无梦到徽州。"这是明代戏剧家汤显祖留下的千古绝唱。对于畹西徐氏后裔来说,一生痴绝处就是世世代代生于斯长于斯的故乡钱门塘。

旧时徐氏阖府每年宗祠春秋二祭由各房轮值。首次名花祭是提前为之,至祭日各家携锭帛到祠堂拜跪或鞠躬,祭毕,与祭者到轮值之家用饭,四碟六菜。每位纳费早年仅八十文,后逐步上升至三百文,是谓份子钱,凡成婚者均需缴纳,而轮值以拈阄而定。清中期及之前是钱门塘徐家全盛期,每逢祭祀人称关

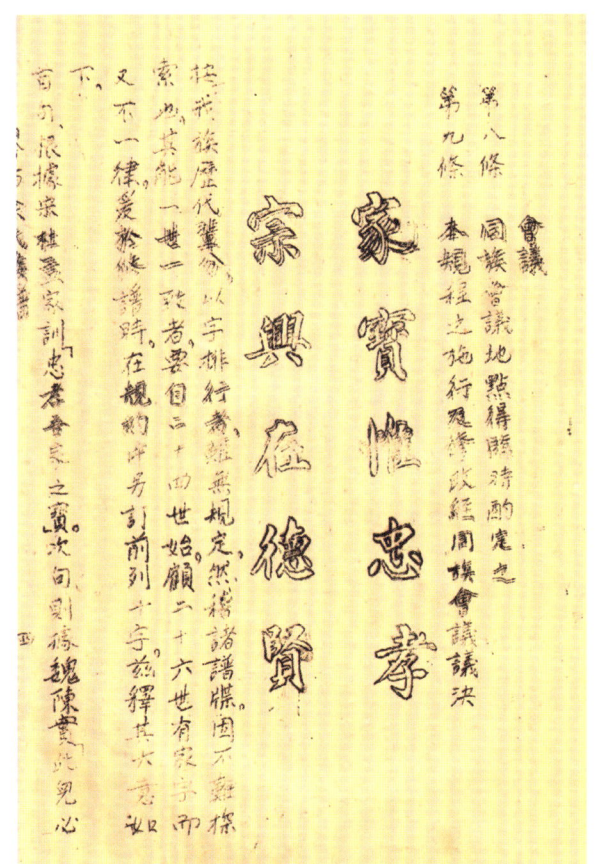

图六 《疁西徐氏族谱》卷四《谱牒志》中,民国二十八年徐增拟《同族会议规程》中字辈排行

门十八桌,即不计外戚和帮佣,仅徐家上下老小就有十八桌之众,这对于钱门塘小镇而言可谓人丁兴旺。清道光二十三年(1843)上海开埠随之迅速发展,形成了以大都市为中心的现代经济文化圈。而后咸丰十年(1860)太平军东进,战火漫及长江中下游地区。嘉定,尤其是西部城镇更是战乱重灾区,兵锋所至玉石俱焚,钱门塘房屋被毁大半,青壮男子惨遭掳掠。族谱记录仅徐氏一族,被掳去男丁达十余人无一生还,巨大打击之下家族元气大伤,古镇惨遭重创,钱门塘与望仙桥等老镇迅速萧条衰败,无可奈何花落去。

我们回望以往那些年代的人们,生活的清寒和劳作的艰辛自不待言,然而家乡在人们心目中依然是美好的。每当春夏之交,顾浦河、郭泽塘绿水漪漪,碧波荡漾,几座古老的石桥横跨两岸,杂树参差、莺飞草长,一望无垠的田野远处,村落人家袅袅炊烟随风而起,显得那么的古朴安谧。钱门塘老街沿郭泽塘北岸依水而建,两面的商店和街上的行人都是熟悉的街坊邻居,同操一口乡音,民风淳朴古风犹存。每到夏天,街坊邻居们都喜欢到徐家墙门间纳凉歇夏,大人孩子说说笑笑好不热闹;里面的厅场上,则是女孩们跳橡皮筋、男孩们打弹珠和做游戏的好去处。

这就是徐氏家族祖祖辈辈生活了三百多年的血地钱门塘。

钱门塘是古老的,相传为钱王下驾之所,故名。清姚承绪诗云"争说钱王下驾初",钱与泉古通,故或作泉门。

钱门塘是神奇的。清代赵晓荣(字陟庭,邑诸生)定其星野为北斗六度六十七分,其中隐含着什么样的玄奥呢?等待星相家来考证解释了。

钱门塘是富有诗情的。清王鸣韶有诗云:

江桥白酒兴陶然，短橹咿哑估客船。
郭泽塘开连顾浦，茫茫烟水出斜川。

钱门塘是有画意的，画家郑午昌有诗云：

自成村集绕河边，东立竹篱接水田。
聚散人声朝午市，高低帆影去来船。

无怪顾宗侃为童世高编纂《钱门塘乡志序》，开门见山地写道："余少时读震川《菊窗记》，见有所谓钱门塘者，世多高人逸士。辄为掩卷神往于其间。"

余 论

我着力地拼凑祖辈们几百年来的人生轨迹，发现明代徐氏人物与清代徐氏人物两者之间存在明显不同的戏剧人生。明代先辈崇尚学而优则仕，以修身齐家治国平天下作为目标追求，所以发奋读书走科举之路实现自己的人生价值；徐瑄、徐昺父子是代表性人物，后代也大都身体力行走科举入仕之路。清代先辈也以儒家观念作为自己的行为规范，况且徐氏是钱门塘功名延续时间很长的家族，从乾隆朝到光绪年间共有七名生员，秉承读圣贤书行仁义事，亦耕亦读、唯俭与勤的治家理念，徐昌期、徐文范父子是家族中的楷模；但族人中仅徐匡于康熙年间中式举人，有过短暂的官宦生涯，之后大多是取得了庠生、国子监生等士人身份后即止步于此，不再继续为更高等级的科举考试悬梁刺股发奋苦读。虽然说，清代江南地区的士人对于科举功名不改初衷，而且嘉定先后有王敬铭、秦大成、徐郁三位翘楚高中状元。究其原因，一方面是科举之难难于上青天，满清一朝社会阶层上升通道固化严重，使得徐家这样乡镇大族、耕读世家的学子们也望而却步；另一方面徐氏族人在价值观念方面似乎有所变化，认为荣宦游而耻工贾的传统理念已经过时；更何况，明清鼎革时的"嘉定三屠"和对于清朝文字狱的恐惧及嘉定奏销案带来了不小的现实冲击。因而徐氏族人多以农商为业，闲暇时或著书立说或钟情岐黄，更多的是琴棋书画无意于功名。有能力时为家乡修路建桥，没能力时自给自足归隐山林，他们不再追求明代先辈那样立德、立功、立言之事业，不为官修志书所记录，却成为民间士绅编纂乡镇志中的重要人物，因为他们是地方精英的主体，为乡梓建设和文化传承作出了重大的贡献。

这种变化对于疁西徐氏家族而言是显而易见的。至于这种现象，对于当时江南地区特别是嘉定的士人阶层是否具有一定的普遍性，对于之后的社会及士大夫阶层有没有影响，以及这种现象背后的本质是什么，刍荛之议，不揣谫陋，尚祈方家不吝赐教指正。

参考文献

[1]徐春禧、徐增修纂：《疁西徐氏族谱》，作者家藏本。

[2]民国童世高编纂：《钱门塘乡志》，"上海乡镇旧志丛书"，上海社会科学院出版社，2004年。

[3]清张启秦纂辑，民国陆世益编：《望仙桥乡志稿》，"上海乡镇旧志丛书"，上海社会科学院出版社，2004年。

[4]明聘聘尹编：《外冈志》，"上海乡镇旧志丛书"，上海社会科学院出版社，2004年。

[5]清钱肇然编：《续外冈志》，"上海乡镇旧志丛书"，上海社会科学院出版社，2004年。

[6]清钱大昕：《潜研堂集》，上海古籍出版社，1989年。

[7]上海市嘉定区地方志办公室编，倪所安主编：《嘉定县简志》，北京：方志出版社，2008年。

[8]上海市地方志办公室、上海市嘉定区地方志办公室编：《上海府县志丛书·嘉定县卷》之三，清光绪《嘉定县志》，上海古籍出版社，2012年。

[9]《上海地名志》编纂委员会编：《上海地名志》，上海社会科学院出版社，1998年。

[10]嘉定区地方志办公室、嘉定博物馆编：《嘉定碑刻集》，上海古籍出版社，2012年。

[11]章丽椿：《明廉吏徐瑄与四牌坊巷》，《嘉定报》，2020年3月31日。

（作者系嘉定区古建筑与民俗历史文化研究会会员）

宣氏家族和宣氏祖茔

文 \ 陶继明

宣氏是嘉定的一个古老的家族，可以追溯到宋代，据明代"嘉定四先生"中娄坚的《处士宣孝先墓志铭》[1]一文记载："宣氏自邑始建已定迁东城。"迄今已有八百余年历史了。

宣氏是一户耕读世家，以读书和博取功名为荣，但在很长一段时期内，家族中并没有出有名望的人物。有史可考的第一位人物是生活于明代永乐年间的宣道兴，以及宣道兴的儿子宣文能，这两代人均为一介平民。至第三代，即宣文能之子宣孟宗才开始兴盛起来。宣孟宗（1407—1485），字宏本，号怡晚，正统年间考中诸生（俗称"秀才"），曾在孔庙（县学）读过书，此时宣家的家境已较富裕，当遇到灾害时，宣孟宗"发粟若干石，赈济饥民"（范纯《故义官怡晚宣公（孟宗）妻陆孺人合葬墓志铭》[2]），因慈仁而有威信，他被推为"乡饮大宾"，"乡饮"是古代一种庆祝丰收尊老敬老的宴乐活动，在举办乡饮活动时，都会选德高望重长者数人为乡饮大宾，与当地官吏一起主持此项活动。宣孟宗死后由嘉定进士范纯撰写了墓志铭。宣孟宗有两个儿子：长子宣昇、次子宣昶。长子宣昇（1426—1476），字汝旸，是一位乡里善士，没有功名，"平居尚礼好义，乡人有贫……死无以为殓者，则施之以衾椁；假贷有不能偿者，则焚其券"（《明故处士宣君汝旸合葬墓志铭》[3]）。

宣孟宗的次子宣昶（图一），字汝昭，一字塞斋，生活于明正统至成化年间。他长期在家乡以做塾师糊口，清光绪《嘉定县志》卷十六"宦迹"中说他"授经里中，治《诗》者多出其门"，说明他是较精经籍，尤其擅长《诗经》。他的学生应该不会少，其中也不乏佼佼者，如曾任南京工部尚书、今秋霞圃的主人龚弘就是他的高足弟子。宣昶是在成化四年（1468）经乡试考中举人的，但之后的科举道路颇为坎坷，赴北京会试屡次名落孙山。成化十六年（1480）经"乡荐"，这是一种参加会试后未考中，再由吏部推荐选官的一种途径，通常这是对屡试不第、品学兼优的老举人的一种特殊照顾。宣昶被选任惠州府同知（相当于副市长）。后来，时任左都副御史（中央监察机关的高官）王恕偶尔看到宣昶所写的诗文，很赏识他，认为他是个品学端正的人。经王恕推荐，宣昶任西安府同知，他为官清廉仁慈而被人称道。当时，御史李兴的部下推官（刑官）袁经在审办一个地位显贵者的案子时，反而受到罗织陷害，又牵连到御史李兴，协助他们一起办案的宣昶代替两人揽下了全部责任，说："误二君者，昶也。"令李兴与袁经十分感动。宣昶随即主动投案，后罢官回乡。之后，宣昶对人说："吾岂为袁、

---

[1] 娄坚：《处士宣孝先墓志铭》，嘉定区地方志办公室、嘉定博物馆编《嘉定碑刻集·墓志墓表编》，上海古籍出版社，2012年，第1761—1763页。
[2] 范纯：《故义官怡晚宣公（孟宗）妻陆孺人合葬墓志铭》，嘉定区地方志办公室、嘉定博物馆编《嘉定碑刻集·墓志墓表编》，上海古籍出版社，2012年，第1411—1413页。
[3] 徐博：《明故处士宣君汝旸合葬墓志铭》，嘉定区地方志办公室、嘉定博物馆编《嘉定碑刻集·墓志墓表编》，上海古籍出版社，2012年，第1418—1420页。

图一 宣昶像（《练川名人画像续编》）

李弃官哉？不欲令御史为人所挠，致法不得行耳！"后来，袁经升任御史，在苏州一带巡察，没有任意处罚一名官员，当大家问袁经时，他说是因为宣昶的缘故，才"吾至苏，不挞一人，所以报公也"。

宣昶官居四品，家境开始更加富裕，在东城二图普济桥北（今秋霞圃附近）构建奎英坊，还造了住宅，后来人丁滋兴，人称"宣巷"。晚年的宣昶爱作诗，如《宿练冈小舍》，颇有韵味：

有怀行郭外，话久得归迟。
小艇随流水，轻云恋落晖。
鹊惊霜色重，客醉夜光微。
商略平生事，飘飘意欲飞。

宣昶94岁时在家乡逝世。

宣昶之子宣廷政（1466—1509），字尧卿，生活于成化至明正德年间。据明景泰年间嘉定举人金洞为他所写的《明故宣尧卿墓志铭》[4]（碑图见目录页背面）一文记载，他"生而天质粹美，警敏过人，童稚时即能记诵。稍长，从师习举进士业，讲读之勤，问辨之切，举笔为文根乎理。识者见之，意其科名必早于所尊也，学将大成""弘治间岁侵，同心尚义，出粟数百以赈饥，有司疏闻，上嘉之，恩荣其身"，赈灾济民，可见宣廷政也是一位善士，曾任沈府纪善，这是明代王府的一种掌讲授的属官。宣廷政生有两子：长子宣希文为监生，曾任兴国州吏目；次子宣希武。

宣应楳（1519—1604），字仲济，一字适吾，宣昶曾孙。明嘉靖诸生。归有光弟子，有义行。尤其值得一提的是当龚弘后人龚可学遭仆人陷害时，他与徐士伟、康恕、娄应轸、严一鹤等人为之收葬，并向官府申诉这个案件，最后凶手伏法。当时龚可学的儿子龚锡爵才5岁，寄育于金坛舅家沈氏，宣应楳经常去金坛关心探视龚锡爵，还常送钱送物，其义举感动无数人，后来龚锡爵考中进士，官至广西布政使。清光绪《嘉定县志》卷十八"孝义"有宣应楳传。

宣光祖，字孝先，宣希文子，明嘉靖诸生。他品行高尚。尽管家贫母老，仍努力攻读，学有所成，以治经执教为业。时正值倭寇侵犯沿海地区，嘉定知县号召民众捐资修城墙，守土保境，宣光祖积极响应，甚至捐出了娶妻的银两，耽误了婚事，以"至力不能娶"（娄坚《处士宣孝先墓志铭》）。他为人悌孝，兄长全家生病，他晨夕配药侍候，得以痊愈。有人自愿卖身于宣光祖，其继父追踪到宣家表示不允许，宣光祖当

---

[4] 金洞：《明故宣尧卿墓志铭》，嘉定区地方志办公室、嘉定博物馆编《嘉定碑刻集·墓志墓表编》，上海古籍出版社，2012年，第1513—1514页。

图二 2000年代宣昶家族墓石像生

场焚烧了卖身契，放他回家。有人盗伐宣光祖家的树木，被宣光祖查访到了，也饶恕了他。有一次，宣光祖在风雪中拾到了别人遗失的银子，不一会有个老人哭着赶来，说："我的儿子因为拖欠赋税而被捕，只好卖掉儿媳去缴纳，现在银子丢失了，他难免一死了！"宣光祖经过核实，证明老人所说的属实，就把银子全部还给了老人。此时，他妻子正在患病很重，在知道此事后，他妻子喜悦地曰："这是一个士人应该做的事，你做了善事，我们母子都能平平安安地生活下去了。"果然不久后，他妻子的病痊愈。宣光祖著有《间居观省录》《汇古编》《摄生要语》等。光绪《嘉定县志》卷十八"孝义"有其传。

宣光祖子宣嘉士，明万历诸生，娄坚文友。他与父宣光祖均以治经执教为业，曾参与万历《嘉定县志》的编纂，还积极参与了当时"折漕为银"的赋税改革运动。

当代的宣氏后人中，宣祥鎏（1929—2012）为翘楚。从小就读于嘉定启良学校，后考入上海博文中学读初中。1944年考入中华理科高级中学。1947年考入清华大学。在大学期间积极参加爱国学生运动，加入中共领导的地下革命组织"民主青年同盟"，1949年8月加入中国共产党。1951年大学毕业后被选调到中共北京市委机关工作，后调至北京市人民政府，从事北京城市规划工作长达50余年。曾任北京市副市长万里秘书、北京市建委规划处处长、建委副主任、北京城市建设规划委主任、首都规划建设委员会副主任兼秘书长，首都建筑艺术委员会主任、首都城市雕塑艺术委员会主任。具有高级城市规划师技术职称。1993年开始享受国务院颁发的政府特殊津贴。1998年离休后，任首都规划建设委员会专家顾问团成员、北京市旧城风貌保护及危房改造专家顾问组成员、中国历史文化名城委员会副理事长、北京城市科学研究会城市雕塑与环境艺术委员会副理事长、中国市长协会咨询委员会委员。多才多艺，擅长书法，被选为北京书法家协会主席、名誉主席，北京市文学艺术界联合会副主席、名誉副主席等。83岁逝世，有《宣祥鎏书法作品集》传世。

宣氏家族历史悠久，尽管没有出过显贵，科举功名也不属高，中举人的也仅宣昶一位。但宣氏世代以倡导读书为荣，族中多善士，行孝义，热心地方社会事业，在"教化嘉定"还是富于典型意义的。

宣昶家族的祖茔在嘉定东门外练祁河南岸的宣家宅西（今为新成路街道嘉贤庄），与明万历《嘉定县志》卷之十八"冢墓"记载"西安府同知宣昶墓在晏海门外，宣坟浜之原"完全吻合。宣氏祖茔至20世纪60年代初仍有占地面积十余亩的规模。坟地的东、北、西三面环河，名为"宣家浜"，当地人称为"老坟泾"。墓道前原布列石牌坊、石碑、石像生等。牌坊、石碑于1967年"文革"期间遭拆毁，石象生有石马、石虎、石羊各一对，今仍立于原址（图二）。

原墓道宽3.5米。墓后原有半圆形土堆，俗称"托山"。托山前为主墓，主墓南面，从北到南，东西两旁

图三 《明成化说唱本》出土时情形

图四 专家修复《明成化说唱本》情形

还有三排墓。1967年，生产队平整土地、建造猪棚时，陆续进行挖掘，前后挖掉十多座墓葬，全部为糯米浆三合土浇筑石板砖室墓，开挖双穴或三穴室，每个穴室上盖石板，石板上及墓圹外围再用糯米浆三合土层层浇筑，使整座墓达到良好的密闭性。据访谈得知，墓内出土品除刻本书外，还有铜镜、金银玉饰件、木梳等散失。考古人员在调查时在村民家，河岸边先后发现青石墓志十余方（连志盖），现场初看墓主全部为宣氏后人。

1978年4月，宣家生产队平整土地时又发现一座墓葬，为糯米浆三合土浇筑石板砖室墓，木棺椁，棺长1.9米，宽0.6米。墓主为男性，身着官服，头戴乌纱帽，帽已腐烂。发髻上插银耳挖簪一件，胸部放置仿汉铜镜一面。还发现白玉麻花纹手镯一件，也是宣家坟出土。

宣昶家族墓出土石的墓志共三方（合），青石质。分别为：明成化二十二年（1486）宣孟宗（宣昶之父）夫妇合葬的墓志《故义官怡晚宣公妻陆孺人合葬墓志

图五 《明成化说唱词话丛刊》

铭》、成化二十二年宣昇（宣昶之兄、宣孟宗之长子）夫妇的合葬墓志《明故处士宣君汝旸合葬墓志铭》、正德五年（1510）宣廷政（为宣昶之子）的墓志《明故宣尧卿墓志铭》，现均藏于嘉定博物馆。从出土墓志铭可知，宣家坟至少包括宣昶夫妇及其父母、兄嫂、儿子的墓在此。

宣昶夫妇墓中出土的《明成化说唱本》（图三、图四），系明代成化七年（1471）至十四年（1478）由北京永顺堂用竹纸刊印，仅少数几页残破，各册基本无缺页，板框高17.5厘米，宽11.5厘米。竹纸，装帧一律是纸捻钉、包背装。全书共12册，有16种"说唱词话"和一种南戏。其中讲史6种：《花关索传》（4集合编）《石郎驸马传》《薛仁贵跨海征辽故事》；公案8种：《包待制出身传》《包龙图陈州粜米记》《仁宗认母传》《包龙图断歪乌盆传》《包龙图断曹国舅传》《张文贵传》《包龙图断白虎精传》《师官受妻刘都赛上元十五夜看灯传》；神怪2种：《莺歌行孝义传》《开宗义富贵孝义传》；南戏一种：《新编刘知远还乡白兔记》。经通俗文学研究专家赵景深、谭正璧等先生的考证，证实这是现存我国诗赞系说唱文学的最早刻本，也是传奇和戏曲插图小说的最早刻本为说唱词话的发现为中国社会史、文学史、小说史、艺术史、戏曲史、版画史、文字学、版本学、目录学等等的研究提供了大量的实物证据，填补了宋元以来词话这一说唱文学的空白。在中国文学史上，填补了文化断层的历史空白，为文化发展的脉络和走向提供了实物标本。时任国家文物局局长王冶秋高度评价这套丛刊的发现，称之为新中国考古文物史上，继长沙马王堆发现后的"第二个马王堆"。1973年，经上海博物馆古籍修复专家的精心整理修补，出版了该书的影印本，称为《明成化说唱词话丛刊》，原本现收藏于上海博物馆（图五）。

《明成化说唱本》以旧公文纸裁开作封面或衬底，一张旧公文纸上手书"西安府抚民同知顾"，"成化贰拾叁年拾月初柒日知县陈言救荒□患事"，并盖有"三原县印"。三原县明代属西安府，宣昶为西安府同知，加之出唱本的女性墓主棺上的"宜"字，当为"宜人"，即明代命妇五品的封号。据金洞所写的宣廷政的《明故宣尧卿墓志铭》中记载，宣昶夫人张氏死于宣昶任西安府同知时，文中说，称当宣廷政在得知母亲张氏逝世时，"惊闻失恃，昼夜悲号，累日不食饮，迎柩而归"，此时宣昶应尚为五品官，故封为"宜人"。张氏生前喜爱戏剧，常看戏，也常看这些剧本，故她亲人扶柩归嘉定时，带回了她生前常看这套剧本，又成了陪葬品。

2003年11月，宣家坟被公布为"嘉定区登记不可移动文物"。

（作者系嘉定博物馆原研究部主任、副研究馆员）

册籍之外：《娄子柔先生集》诗文补遗

文\张行刚

缘起

娄坚（1554—1631，图一、图二），字子柔，嘉定四先生之一，晚明嘉定文派代表人物。娄坚诗文尔雅，得归震川流风余泽。师友多出归有光之门，能融会师说，成一家之言。针砭俗学，具有条理，学者推为大师。其文朴雅向古，尤为不苟。诗律在元和、庆历之间，古风独胜。

《娄子柔先生集》为娄坚诗集《吴歈小草》、文集《学古绪言》的合编本。其中，《吴歈小草》十卷，共录娄坚所作诗一千二百余首；《学古绪言》二十五卷，录文三百余篇。全书所涉，内容宏富，古诗、绝句、律诗等诸诗体皆备，序跋、碑记、书信、哀祭等多文体并行，诸呈、书牍、碑记、墓铭等多语涉诸多地方史事和重要历史人物，诸书序、题跋、杂铭、祭文多彰显娄氏诗文旨趣、书画艺术追求和真朴文风，故颇具文学价值和史料价值。

《娄子柔先生集》现行版本主要有崇祯本和康熙本，其文集《学古绪言》另有四库全书本。崇祯三年（1630），嘉定县令谢三宾合娄坚、唐时升、程嘉燧、李流芳诗文镂板行世，名曰《嘉定四先生集》。其中，娄坚诗集《吴歈小草》、文集《学古绪言》合编为《娄子柔先生集》。康熙三十三年（1694），嘉定文士陆廷灿对明季《嘉定四先生集》进行了重校，将《吴歈小草》与《学古绪言》合编为《娄子柔先生全集》。相较于崇祯三年本，陆廷灿康熙本进行了一定的体例调整，但新补入诗文内容有限。清乾隆年间，四库馆臣编纂四库全书，将娄坚文集《学古绪言》收录在内，其以康熙本为底本，内容有部分删略，未见新添。其后，《娄子柔先生集》未再见新校勘本。

娄坚善书法，明末大儒钱谦益《列朝诗集小传》称娄坚"书法妙天下"，《明史》称娄坚"工书法"，清

图一 娄坚像（《练川名人画像》）

图二　明曾鲸绘《子柔先生玉照》（福建博物馆藏）

著名书画鉴藏家陆时化在其所撰《吴越所见书画录》中称"有明书家，娄为后劲，不下思翁（董其昌）"。因此，娄坚"尺蹏寸简，人争传购"。

　　故清朝、民国书画题录中对娄坚书法亦有不少著录，当世亦有不少娄坚书作藏于各大博物馆和私人藏家手中。这些书法作品中留有相当数量的娄坚诗作、题跋和尺牍手札，且很多未被《娄子柔先生集》所收录。兹将从北京故宫博物院、台北故宫博物院、上海博物馆、上海图书馆、嘉定博物馆、香港中文大学文物馆等机构所藏部分娄坚书法作品中辑录的诗文，与在清人陆时化撰《吴越所见书画录》、《孔广陶撰岳雪楼书画录》、方濬颐撰《梦园书画录》等书画题录中搜集的娄坚诗文汇合在一起，并稍加标点，以略补前刻所遗。

一、诗作

明日候雪

昨朝晴暖试题诗，忆对庭梧雪满枝。
一夜凝寒连曙色，千花冲腊弄春姿。
撩人暂觉轻盈好，润物犹悭晷刻移。
麦短泉枯何以慰，及今三白最相宜。

叔达表兄六十有赠

四十年来弟与兄，相看意气渐能平。
晚怜抱汲汉阴叟，早困躬耕栗里生。
无我有缘棋作伴，助君高兴酒为兵。
花浓月净频携手，过眼都无爱疏情。

《明日候雪》《叔达表兄六十有赠》两诗节录自香港中文大学文物馆藏《娄坚草书自书诗卷》，该卷为娄坚草书，共录其自作诗八首，其中六首《吴歈小草》已有著录，另两首未见著录，即上述两首。

暨阳绝句

松声作涛枝攫龙，与尔同开尘土胸。
却怪前山遮海色，还须别上最高峰。
江流日夜带潮浑，极目烟波城市昏。
不是时清无宠窕，登山牛咒入江豚。
吾乡有浦旧名黄，申浦黄田复此方。
磨得虎牙封邑远，子完归后楚将亡。
吴亡越霸只须臾，三楚俄然混一区。
虽辟东封无救郢，向来拓地为秦驱。
函关兵散逼强秦，家就吴封国去陈。
空复三千跂珠履，江潭迁客久沉沦。
自归淮北乞江东，二十余年擅楚功。
所善舍人元不弱，楚黄秦吕略相同。

《暨阳绝句》节录自清人陆心源纂辑《穰梨馆过眼录》卷二十六《娄子柔画暨阳绝句卷》。此处娄子柔画暨阳绝句卷中"画"字疑为"书"字笔误。

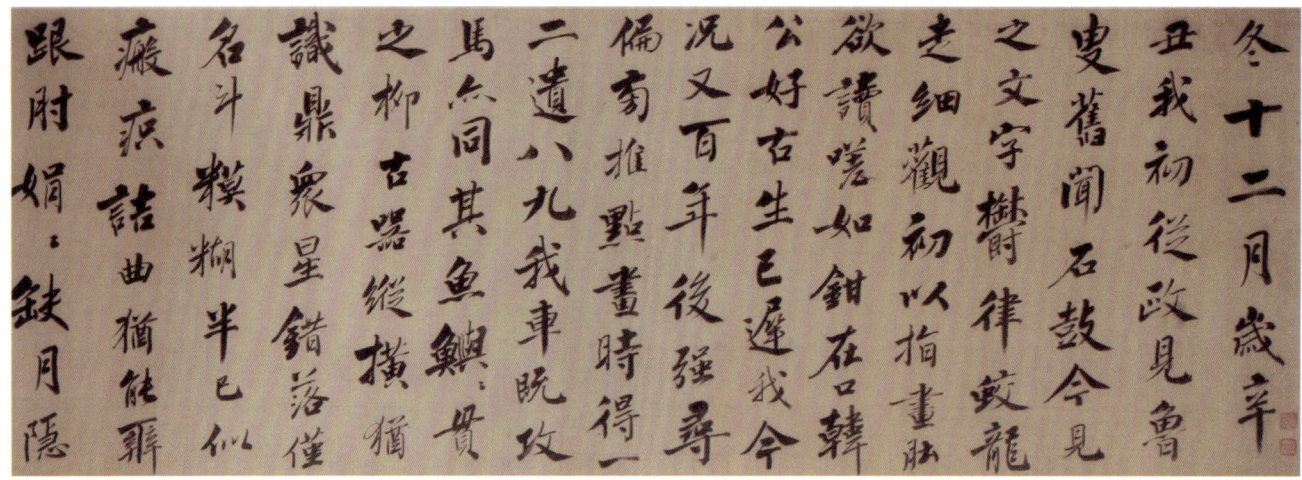

图三 明娄坚《楷书苏轼石鼓诗卷》（局部，嘉定博物馆藏）

二、题跋

（一）题楷书苏轼石鼓诗后[1]

右苏文忠《石鼓诗》为凤翔推官时作，盖八观之一也。公年尚三未壮，八诗皆俊伟，尝欲尽书之为一通而未暇及。偶长文以素卷索书，因书此篇应之，且以为勖。壬子（万历四十年，1612）首夏，娄坚识。（图三）

（二）书尔常饷天池虎丘茶赋谢诗后跋

去年初夏为尔常赋诗后，又致高丽纸索草书，久留未暇也。昨磨佳墨，因余沈，欲了此。老眼眵昏，已不辨灯下书。而今日又以事当之南翔里，不忍弃之无用，乃炷灯试黄生笔。但觉随手，初不辨点画如何。晨起视之亦不甚乖，复题小字以识。庚戌（万历三十八年，1610）三月丁丑朔也，娄坚。

该跋节录自上海博物馆藏娄坚《行书答尔常送茶诗卷》（图四），《尔常饷天池虎丘茶赋谢诗》在娄坚诗集《吴歈小草》卷一中有收录，即《谢饷天池虎丘茶廿二韵》。诗后即为该跋。该诗卷在娄坚跋后继有数跋，皆对娄坚书法进行了高度评价，兹择其二，录如下：

覃溪老人论明人书格，每服膺娄子柔、孙雪居。其实，子柔有萧羊余韵，雪居不能及也。此卷谢尔常惠茶诗全用李怀琳笔法，大有胜文董处。亦如怀琳在唐与颜、柳并视，毕竟带有六朝气韵耳。琴山以为何如？道光丁酉（十七年，1837）三月，吴荣光记。

子柔人品既高，书法亦妙，每于几窗明净、笔墨精良，方欣然染翰，不受促迫。此书谢尔常饷茶诗机神流畅，洒脱自如，无一点尘俗气，犹想见其吟余啜茗兴酣落笔时也。俪荃甫题。

（三）行书同谷七歌后跋[2]

余少即喜字画，常恨不获多见古人真迹，以助发其意。及逾壮，游太仓，得尽揽琅邪王氏所藏，始知古人用笔之妙，决非近代所能仿佛也。已又渐悟草书以平淡简远为宗，自唐而后虽颠、素之怪奇，去晋人远矣。米元章、黄伯思持论凿凿，至其自作，容或未然，况胜国至今乎？余诚笔不逮意，然中之所窥，颇亦自信。表兄唐叔达、故友王辰玉皆谬相奖借，非所敢当，以为尤贤乎？流俗而已，庶可无让焉耳。久雨新霁，闲窗种兰为伴，得此卷于案头。漫写老杜七首，固知不无乖合，传之好事，不知评论当如何也。庚戌（万历三十八年，1610）三月二日，歇庵道人坚题。

该跋为娄坚《行书同谷七歌卷》自写题识。《行书同谷七歌卷》，绢本，《同谷七歌》为杜甫诗。娄坚诗歌推崇杜甫，故其书法中有不少以杜甫诗作入卷。

---

[1] 该跋为娄坚《楷书苏轼石鼓诗卷》自写题识，诗卷现藏于嘉定博物馆。
[2] 该卷有娄坚之印、陈氏鉴赏之章、少石审定三印，曾著录于《中国古代书画鉴定笔记》《宋元明清书画家传世作品年表》《中国古代书画图目》等书。

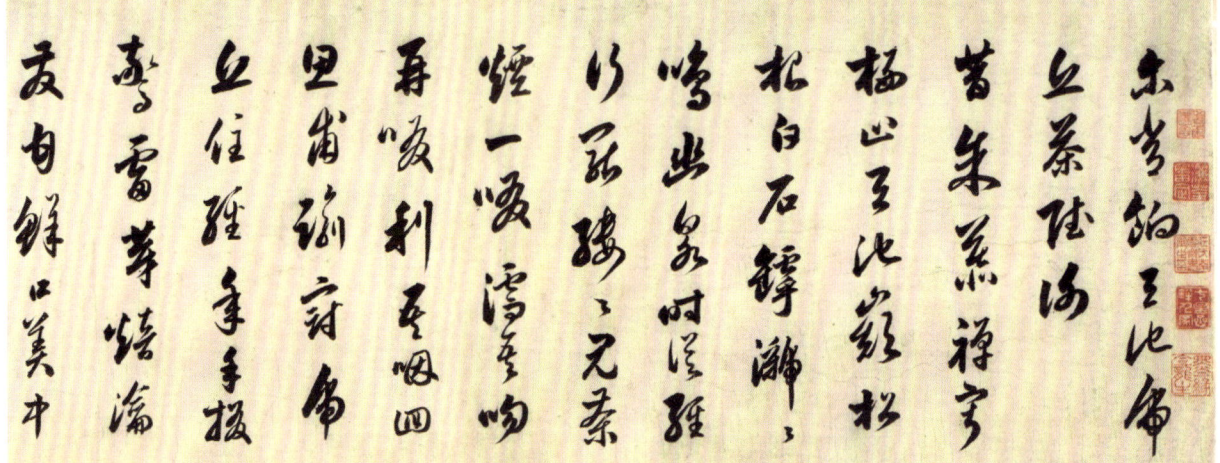

图四　娄坚《行书答尔常送茶诗卷》（局部，上海博物馆藏）

（四）行草书列女传跋

宣君季嘉之门人姚氏兄弟正先、士先，奉其太母苏太孺人以居，能极孝养。今年寿八十矣，尚康强无恙。与之善者若季嘉辈诸君子乞予书古之列女，可以为闺内之范，而孺人之所乐道者。再拜献之，以侑一觞，以颂而祝焉。乃为节取其尤且切者，以行草相间录之，凡六则，而以小楷识其岁月。万历丁巳（四十五年，1617）之长至也，娄坚题。

该跋为娄坚《行草书列女传手卷》[3]自写题识。《行草书列女传手卷》，绢本，为娄坚手书《列女传》，卷中娄坚以行书、草书两种书体依次书写《鲁季敬姜》《齐相田稷子母》六则列女传记。跋尾有娄坚之印。另有清嘉定名士张鹏翀题跋："子柔先生法书真迹，同里后学张鹏翀拜观，时雍正癸丑（十一年，1733）中秋日。"钤印：鹤天清秘、抑斋居士。

（五）题行书凤林纪事诗后[4]

壬寅（万历三十年，1602）孟秋日，偶遇双凤里珍所先生以纸索书，遂录薇庵先生[5]凤林纪事》一首。薇庵，字孟昭，讳昶，景泰辛未进士，仕至福建参政，与梅斋、竹斋二先生同里。时天顺癸未，薇庵手书于金台公署。后学娄坚。

（六）题手书自诗后

癸亥（天启三年，1623）长至日，书于娱晖阁中，时年七十矣。丙辰冬闲居，触绪与怀，尝赋五言近体，得三十首示儿。复闻一二好友见之，谓颇有当日承□□□。姚金玉柱书，致金笺索拙翰。择其或可暴诸众目者，录二十焉，而匿其十，行草各半。惜金之不可以久也，徒耗目力耳。娄坚识。

该跋为娄坚《自书诗册》所写题识，诗册现藏台北故宫博物院。诗册录三十首五言近体诗，皆娄坚为其子娄复闻所作。因写于金笺，故有脱损字。

（七）题王羲之寒切帖后

此右军《廿七帖》为长洲韩宗伯收藏，去年春始获见之。今又从辰玉内翰索观，寻绎再三，往往得其异趣，真所谓从容中道者。米元章云："世人以努张为筋骨，不知不努张自有筋骨焉。"予幸得再睹神物，益信此语之妙解。甲辰（万历三十二年，1604）春三月，娄坚题。

该跋为娄坚在唐人摹王羲之《寒切帖》后所写题识，娄坚题跋前有董其昌跋。该帖现藏天津博物馆。

---

[3] 该卷著录于《憨斋珍藏书法集》，曾展览于2006年广东美术馆主办《憨斋珍藏书法展》和2007年汕头市博物馆主办《憨斋珍藏书法展》。
[4] 该跋为娄坚《行书凤林纪事诗轴》自写题识，该诗轴现藏于北京故宫博物院。
[5] 薇庵先生：陆昶，字孟昭，号薇庵。明太仓双凤人。少耽学，好为诗。明景泰辛未进士。历官刑部郎中，决狱明恕，能以文学饬法。出为河南、山西佥事，升福建布政参政右参政，巡视海道，设防备倭寇，筑堤免海患。终陕西参政，以逸罢归。所至以廉能称，及归隐于乡，不入城府。有《荧窗稿》。

目前存世确信无疑的唐摹本羲之帖极为稀少,该帖为王羲之晚年成熟书作的代表。著名书画鉴定家徐邦达先生曾称,《寒切帖》"双钩淡墨帖,极为明显,觚棱转折,备见锋芒,精好亦不在《远宦》之下,是唐摹善本无疑"。而娄坚题跋亦表达出了该帖的珍贵和其对该帖的珍爱。

(八)草书自书诗卷跋

己未(万历四十七年,1619)冬,为严寒所困,笔墨几废。适腊雪,因为草书,录旧作数首以拨烦闷。娄坚子柔识。

《草书自书诗卷》,现藏香港中文大学文物馆,由娄坚手书,共录娄坚自作诗八首,其中六首《吴歈小草》已有著录,而《明日候雪》《叔达表兄六十有赠》两首未录。

(九)题丘先生[6]墓志铭册后

予以丘五丈临殁见属,虽极知不文,不敢辞铭墓也。文成而接武兄致此卷索手书,留箧中三岁,所尚未暇。及去冬至今,接武兄亦久卧疴。顷往候之,留连榻前,语及写卷,告以当候雨凉可近笔砚。至曰:"吾待此以瞑目。"予为凄然许之。今日虽风燥,而日不甚炎。自晨展卷,杂以酬接,尽未而毕,聊以慰吾病友,岂复计工拙耶。丁未(万历三十五年,1607)五月十八日,坚题。

该跋节录自《娄子柔书丘先生墓志铭册》,《丘先生墓志铭》一文《学古绪言》卷九有载。《娄子柔书丘先生墓志铭册》著录于清人陆心源纂辑《穰梨馆过眼录》卷二十六。

(一○)题暨阳绝句卷后

君山示同游六首,子光兄喜予书,至或以赝售。岁莫(末)雨窗,写今夏《客游诗》一卷寄之。姑取其真,勿论工拙也。乙卯(万历四十三年,1615)冬立春后三日,坚题。

该跋节录自清人陆心源《纂辑穰梨馆过眼录》卷二十六《娄子柔画暨阳绝句卷》。此处"画"字疑为"书"字笔误。

(一一)题行书卷后

泗洲胡先生[7]来教邑之人士六年矣,兹秋当以擢去,谓坚好字画,以此册见授曰:"子其为我书之,留为他年故事。"今日雨窗多暇,因信笔杂录三文,不觉绢素之尽也。爰识岁月于后纸,壬寅(万历三十年,1602)四月廿九日,吴郡门人娄坚题。

该跋节录自清代著名书画鉴藏家周二学著《一角编》甲编所载《娄子柔行书真迹》。该书作先录《子产不毁乡校颂》《鹎说》《文与可画筼筜谷作竹偃记》三文,后书该跋。周二学附评曰:

先生评坡公书肉丰而骨劲,态浓而意淡,藏巧于拙,特为奇伟。余于此册亦云。同时李檀园、宋比玉与先生,书法皆规摹眉山,而擅胜处正各不相似。学书所以不贵袭其貌也。

(一二)自书诗跋

子彬从弟持此纸索书,梅雨中为录旧作十一首。子柔。

该跋节录自叶恭绰《遐庵清秘录》卷一《明娄子柔诗卷》,叶恭绰附书曰:

娄子柔此卷诗中多见道之言,而胸怀之潇洒,溢

---

[6] 丘先生:邱集,字子成,嘉定诸生。从学归有光,所涉广博,尤长三礼。少时家贫,读书不辍,有"寒谷"之称。以娄坚、唐时升等人为小友。著有《横梁小稿》《阳春堂稿》《西行山稿》等。
[7] 胡先生:胡思诚,字克成,泗州人。万历二十四年(1596)任嘉定县学训导。后升任宜春教谕。

于楮墨。知词翰之超迈，盖有由也。余新得李檀园字幅，纵横酣恣，与此可称双璧。遐翁，民国二十四年春病起书。

越十二年，扶病还乡，重展此卷时，余藏珍星散，有类易安居士，念之慨然绰志。遐翁。

（一三）题自书五言古诗后

辛亥六月雨窗，娄坚呈。

该跋节录自台北故宫博物院藏《明娄坚书五言古诗卷》，卷中娄坚书自作诗序曰："纯中道兄方有子妇之戚，戏以弈解之。"书后附程嘉燧跋：

子柔兄尝自言，少从墨刻法帖中学书，徒费岁月。后于琅邪两王家见苏、米真迹，始悟古人用笔，书法乃大进。此卷精能之极，筋骨振动，时有俊气，已入襄阳堂奥间。至于形模老颠，似稍踏沓拖矣。性喜弈，晚依净戒，尝缘物观妙，文字往往以弈为喻。是诗辛亥夏作时，余在武昌，盖为余赋止弈之次年也。纯中得兄真草书甚多，瞿起田时珍秘之，属余并志其后。崇祯五年（1632）二月，偈庵程嘉燧。

（一四）题周叔宗书金刚经册[8]

如来不可以色见音声求也。自正法没而有像不言，言而有经，故庄严佛土者，往往托之于写经画像。况以人子之孝，诚欲资其亲以人天之福者乎！世尊之升忉利为摩耶说法不过如是而已。夫六度门，虽禅定，亦修福也。究竟于般若智盖六如之假皆空，而如如之真不动矣。若彦威之生其心者虽未住，而不住可也。廿二日，未古楼娄坚题。

（一五）题手书四十二章经墨迹册

万历三十九年（1611）辛亥二月清明日，戒弟子娄坚为善男子唐际遇敬写。

该跋节录自清孔广陶撰《岳雪楼书画录》卷五明《娄子柔书四十二章经墨迹册》。孔广陶评曰：

子柔先生以学行著，书法妙天下，五十贡于春官，不仕而归。二册写四十二章经，此经为摩腾法兰自中天竺携来，当时但以梵书纪梵音耳。至元赵文敏始能以汉语作汉字，要亦受如来心印者。先生继文敏书此，落笔遒媚，结构谨严，得唐人风韵，每一开卷，想见晴窗染翰、不受促迫时雅度。咸丰岁次戊午冬至，后学孔广陶敬识。

（一六）题草书千字文后[9]

万历岁辛亥（三十九年，1611）清明，书于敬庵。非印，"印"字草帖多作"芒"，而"芒"字草又类"荒"，今仍之。坚识。

（一七）题仿苏文忠书册后

右《东坡书道子画后》，辛亥（万历三十九年，1611）清和，为淑士兄作草书，娄坚识。

余性好文忠公诗文，有妄评公诗者，必唾之曰："不笑讥不足以为妙。"有同声赞叹公文者，又唾之曰："是文何至为若所称，得无有遗憾乎？"以是颇不为人所喜。然而不知余书之拙者，往往以纸素见征，则又写公诗文应之。亲朋或谓之曰："安用是召闹取怒为？"予既恬不悛，久之而人亦不以为怪，知其实出于谑也。今日连为淑士书公三篇，因并书平日嘲谑之语，往发一粲。如其还以相讥，则所谓"相视而笑，莫逆于心者"耶。四月十三日，漫识。

---

[8] 该跋节录自清方濬颐撰《梦园书画录》卷十四《明周叔宗书金刚经册》。
[9] 该跋节录自《娄坚草书千字文册页》，该著录于《守研斋珍藏》（江苏省泰州市博物馆，2002年版）、《明娄坚草书千字文》（上海书店出版社，2002年版）。

该跋节录自清陆时化撰《吴越所见书画录》卷五《明娄子柔仿苏文忠书册》。该册中娄坚仿写苏轼《书道子画后》《书鲁直李氏传后》《净因院画记》三篇，后接题跋。又有狄亿跋：

> 子柔先生为太仆公高弟，虞山宗伯序其诗，谓在元和、庆历之间，书法亦直造晋、宋人妙处。惜名位不显，不为时所艳称。然赏音光价，又岂以名位为增损耶？盛唐四家，不废襄阳；有明七子，亦首茂秦。若准此例以评书，故应为先生高置一座。戊寅十二月十九日，狄亿呵冻书。

（一八）题手书二苏择胜铭后[10]

长公铭诗，极体物之妙致，兼押韵之天成，如飞天仙人，骨节皆活，难乎其继矣。次公和作，和而庄婉而多讽，又似法家拂士高议严廊，正不当以优劣论也。或曰"长公笔力变化，故非次公可伦"，亦犹皮相之谈乎。甲寅（万历四十二年，1614）仲冬廿八日，后学娄坚识。

（一九）题自临十七帖后[11]

去冬有持素来索书者，缘遇寒暑，辄不近笔砚。迟至开岁，始为临此帖。特效颦西子，观者其谅之。庚申（万历四十八年，1620）二月六日，娄坚识。

（二○）题手书千字文卷后[12]

余尝为友人作真行二卷，今日久雨初霁，为作草书。第欲仿佛古人，所以不无束缚之患，遗赏鉴家诮也。万历庚子（二十八年，1600）秋八月廿三日，坚书。

（二一）题与长蘅书画合卷后

庚申（万历四十八年，1620）仲春九日，灯下乘酒写子美题画一诗，应华甫之索。坚。

该跋节录自上海博物馆藏《娄坚李流芳书画合卷》，该卷由李流芳作画，娄坚书诗。前段李流芳画江南胜景，后段娄坚行楷书杜甫《戏题画山水图歌》一首，颇富韵致。

三、信札尺牍

（一）致缁之函及尺牍[13]

细读新篇，轻扬中有沉实，可以横行场屋矣。更望于追寻刻画留意，则雅俗共赏矣。珍墨见分，甚荷甚荷。仲和处索得草稿，当觅便致之。并复坚生□，缁之学士文几。

顷以遣人约豫江南来，乞过同话话。坚顿首。

（图五）

（二）致缁仲手札[14]

令叔前在舍下，子鱼兄适来，语次及遭贺淄川韩大公七十，约勿多人，人各分金三两，以备制轴、具币、求文之用。令叔答以当致二分，不审曾为足下言之否？太夫人处已豫留分金否？期已迫矣，乞共令伯作计，或取之囊中，或贷之亲朋如闲孟、仲和辈，于一二日内付来，庶便写轴时次第题名也。余图晤既。坚顿首白，缁仲解元文几。令叔云，叔侄皆不可阙。今适之武林，故奉书相闻。廿三日启。

---

[10] 该跋节录自清陆时化撰《吴越所见书画录》卷五《娄子柔书二苏择胜铭附千字文卷》。
[11] 该跋节录自《书与画》2019年第五期《历代名家临王羲之十七帖（中）·娄坚临十七帖》。《娄坚临十七帖》，草书写就，颇具风神。
[12] 该跋节录自清陆时化撰《吴越所见书画录》卷五《又娄子柔书二苏择胜铭附千字文卷》。
[13] 该函及尺牍现藏于台北故宫博物院。
[14] 该札现藏上海图书馆，著录于《上海图书馆藏明代尺牍》。

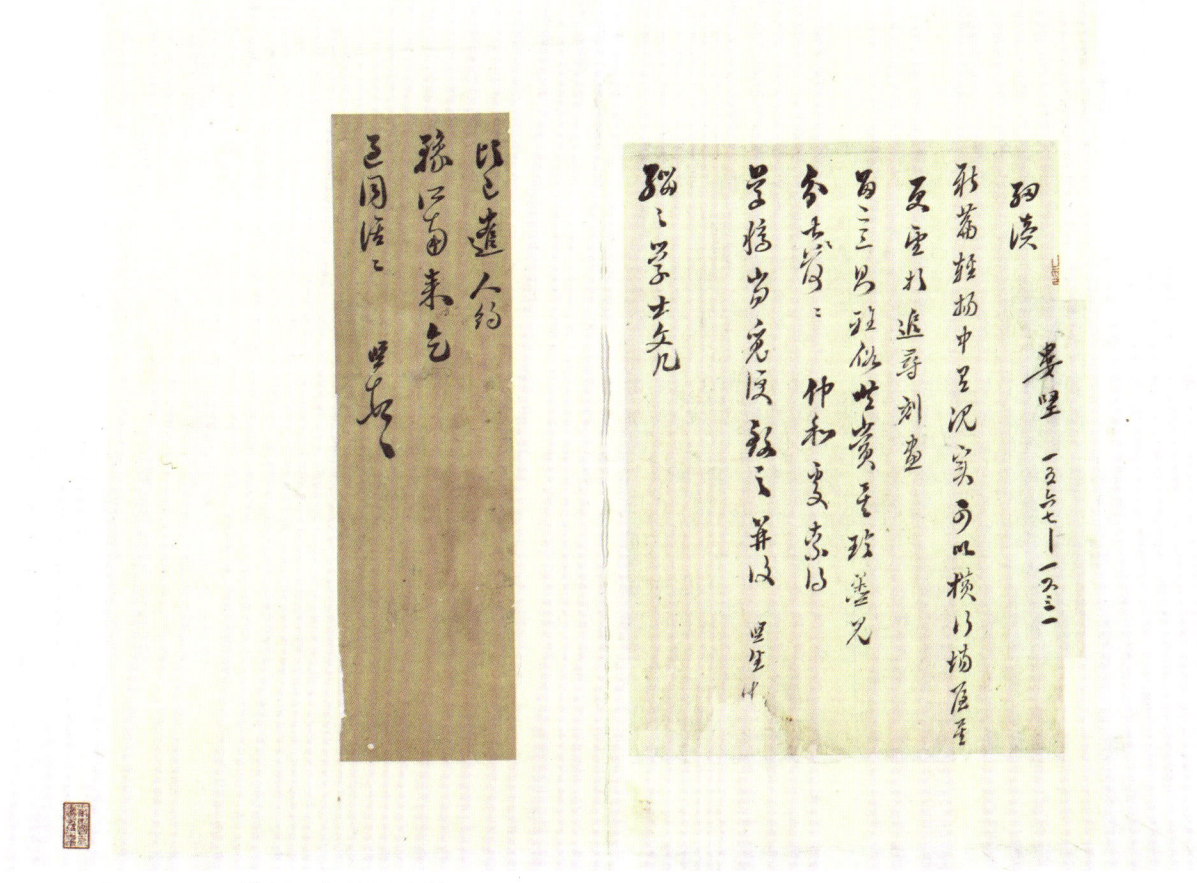

图五　娄坚《致缁之函及尺牍》（台北故宫博物院藏）

（三）致孟成手札[15]

晨有一札投尊处，盖为人借易拟题也。便间幸拨及。坚稽颡，孟成解元。

（四）致克勤手札其一[16]

前之求晤，偶乘早凉，初不忆目前诸兄同有□城之行也。顷奉札示，不及奉答。欲索致缁仲一编耳，已乃知□，为友人传观。且系之仁兄已远于时，亦何乞呈览耶？但觉缁仲文觅南室诸篇尤为畅快耳。克勤学兄解元，坚顿首□。

（五）致克勤手札其二[17]

仆虽懒，以语言章句庀人之须，顾目兄以得戴为戴，而颂楮先生所不辞也。第恕落笔便似今人举业，乍似烨然，徐更往复，即同嚼蜡耳。然前既受小暇，当有以报，正虑草草强所不能，未免供人嗢噱，如何？老劣坚顿首，克勤契兄解元文几。

（六）致克勤手札其三[18]

日来怯泞，未获走晤。稍干即奉诣，并欲一丛晦父文兴也。率尔裁报，不悉。老劣坚生顿首，克勤世兄解元文几。长孙兄少顷即送来札复之。坚再拜。

---

[15] 该札现藏上海图书馆，著录于《上海图书馆藏明代尺牍》。
[16] 该札现藏香港中文大学文物馆。
[17] 该札现藏香港中文大学文物馆。
[18] 该札现藏香港中文大学文物馆。

(七)致两如手札[19]

虽从汝廉问知兄已东下,然初不言有悼亡之戚也。启缄知之,相为愧愕,追念祖均,不觉凄然。兄中年遘此,纵欲自遣,将奈郎君辈何?强饭为望。即拟走唁,因牍尾所示,未敢遽前,且仍托汝廉代致。区区拙书,草差胜行,故以草题兼明兄扇,非率尔也。犬子生才十五月,重蒙眷存损贶,此必先世之遗,谨已拜纳,什袭藏之,永以为好。周翰兄处念当面道尊指,未即以书达也。后九月十日,友弟娄坚顿首启,两如契兄先生函丈。

(八)致巽甫手札其一[20]

诸君子岂仍不至耶?早间遣讯,时已日加辰矣。孝冲文已得十首,贤弟近作亦可乘间录付,不久当送去也。昨烦写拙诗付来,顷了一宿遄送看。坚拜白,巽甫贤弟。

(九)致巽甫手札其二[21]

一缄一书,乞付主人。致黄先生所欲言者,已为及之。足下书中亦望为道谢。坚顿首,巽甫贤友文几。

作启后,忽思使者之便,可投户部一词,充作家僮,万无他虞也。如见许,当续写上。坚又言。

(一○)致孟先手札[22]

云云必宜速完,庶于处已处人为两得也。巽甫方从郡城书肆归,敦甫仆曾有所偿,合并了此,似不甚难。若尚有微亏,仆亦能代觅。前日往返之言,虽非面商,然理合如此,辄以臆决。至今日则古人所谓吾亦爱吾鼎也,望不惜从臾决之。坚顿首,孟先解元函丈。

《长庆集》捡送,他日见还,度二序皆大书且少讹字也,但仍得佳纸为荷。坚稽颡。

(一一)致辰玉手札[23]

徽号礼成,将复荐问元老,想兄家又未免一番劳费也。兄夜眠渐熟否?面肿便除根否?关中有熹音否?翁东泉偶经过,弟密问之,云兄尚有二三真郎,亦许弟必不孤,且云近在明年。至时当自分明,目前且以自慰耳。孟阳得故乡新茶,色味佳绝,念不可不使吾兄尝,特遣僮赍上,附此相闻。叔达方有山西远客,其人姓刘,盖北游时旧识也。诸不多及。友弟坚顿首,辰玉内翰老兄前。

(一二)致张异度札[24]

仆虽已过小寓,桥断未能求晤也。前兰布若送而不受,便可付来,不则以直付来手。陆兄前对使索价若昂者,缘此间市肆交易,每每如此故也。逸季虽得生,而病势不减,尚可忧悬。孟坚顿首。

异度兄足下,仲容处有书目一纸,乞遣使索付。并问,卖此诸书者定在尊寓旁耶?抑廊下多有之耶?

(一三)致智渊手札其一

昨觇日华兄,知有华亭之行,未曾与谈,已留一缄阍人处矣。子鱼兄见呼,为调停高家事,至则沈三丈、龚三哥久在坐矣。弟以初不与事,但从傍彼此劝解而已。诸君子处法,已似得中,且还人墓田,良是厚道。弟

---

[19] 该札录自《中国古代美术丛书三集》第二辑《我川寓赏编》。
[20] 该札录自清端方撰《壬寅销夏录·明贤遗墨真迹册》。
[21] 该札录自清端方撰《壬寅销夏录·明贤遗墨真迹册》。
[22] 该札录自清端方撰《壬寅销夏录·明贤遗墨真迹册》。
[23] 该帖现藏北京故宫博物院,著录于徐邦达《古画过眼要录·元明清书法》。
[24] 该跋节录自清孔广陶撰《岳雪楼书画录卷》五《明名人尺牍精品二册·娄坚一札》。

坚顿首。兄宜谕令侄孙勉从也。子鱼嘱语,智渊作兄怡怡。附闻。

（一四）致智渊手札其二[25]

昨承赐札。适东行,失答。《宋史》一本送揽,揽毕仍乞暂拨也。尊卷未及录,容续上。衰劣坚顿首,智渊尊大解元。尔凝处三传抄首本,望索还。

（一五）致子鱼手札其一[26]

夜闻公路奄逝,殊为悼惜。遗命即归骨泉壤,而租入未期,经纪须豫。欲丐兄为转觅百金,不必尽取之橐中也。特此代恳,尚容晤悉。坚顿首白,子鱼老兄前。

（一六）致子鱼手札其二[27]

友人来约谢明府公,不审宜在出案后,抑在今晨?幸裁示。他日之集,苟简情话,知不拒也。弟坚顿首,子鱼老兄前。

（一七）致行之手札其一[28]

智渊文佳甚,灯下览再过,健羡。度同人当无先之者矣。顷已,令犬子手录留副,专力送还。僭评非有誉也。弟坚顿首,行之老兄亲家。

（一八）致行之手札其二[29]

夜集,仍烦具疏。且饫及家僮,兄嫂意特厚矣。窃谓小女当力止之,众中或有知者,恐不无碍耳。多谢多谢。弟坚顿首,行之老兄亲家。兄处如有降真香,求借一炷。

（一九）致心山手札[30]

患处得痒,且疮口渐小,皆是将平之兆。但痒时最不可禁,但以指微搔其旁,勿令少触为要。敦甫未即入城,若至,当道来嘱。外科医例可憎者,是不欲人即愈。想所悉也,别云云。可恨可恨。余图面尽。坚顿首复,心山老弟几前。

（二〇）致彦深手札[31]

仆为人所诋,昨乃得见其词。三四日前,有与家弟一札,录污清目。凡巷西之友,有谈及者,不论长幼为出此求亮。坚顿首白,彦深贤弟文几。

（二一）致云栖大师

八月八日,戒弟子娄坚广绂顿首和南本师和尚导师法座下:广绂久切向往,幸于春暮获遂顶谒。初心只欲受伊蒲戒而已,过蒙提奖,为说大戒,临别又承法施种种。此生或不沦坠,敢忘师慈?尝悼世缘障重,既苦终鲜,复艰胤嗣,慈母悬悬,未容摆脱。两月前得举一男,今当不计后来成长,遂绝房室,一意净严,庶几不负接引。但恨禀性素慈,而偏深嫉恶,亦知颠倒分别,挂碍匪轻,虽痛自刻责,而遇有不平,辄复背觉。惭悚如何!会友人入山,附讯起居,不觉此心已驰于五云之麓矣。秋气渐高,伏惟为法为众生,倍万珍重。

---

[25] 《致智渊手札其一》《致智渊手札其二》两札录自江兆申编纂《明清名人法书》（明清书法丛刊第一卷）,曾经徐恕、袁守谦递藏。
[26] 该札录自江兆申编纂《明清名人法书》（明清书法丛刊第一卷）,曾经徐恕、袁守谦递藏。
[27] 该札录自江兆申编纂《明清名人法书》（明清书法丛刊第一卷）,曾经徐恕、袁守谦递藏。
[28] 该札录自江兆申编纂《明清名人法书》（明清书法丛刊第一卷）,曾经徐恕、袁守谦递藏。
[29] 该札录自江兆申编纂明清名人法书（明清书法丛刊第一卷）,曾经徐恕、袁守谦递藏。
[30] 该札录自江兆申编纂明清名人法书（明清书法丛刊第一卷）,曾经徐恕、袁守谦递藏。
[31] 该札录自江兆申编纂明清名人法书（明清书法丛刊第一卷）,曾经徐恕、袁守谦递藏。

该札录自《云栖大师遗稿·答嘉定娄子柔居士广纺》。云栖大师,明代四大高僧之一,名袾宏,字佛慧,别号莲池,久居杭州云栖寺,故被称为云栖大师。《云栖大师答嘉定娄子柔居士广纺》原文如下:

好善疾恶,人情也。恶而不疾,是同恶也。今谓疾恶一事,而分二心,恐已亦有是恶而疾之。疾之者,以为戒也,可也。但见彼之恶而疾之,又疾之已甚,不可也。若立朝临民则小异,司黜陟之柄,操赏罚之权,宁有任其恶而不黜不罚者乎?则一以直心行之,因物付物,终日疾恶而已不与也。更详之。

(二二)南还帖[32]

自闻旌旆南还,即拟从长蘅附候。会渠体中不适,逡巡未果,阙然至今。乃更蒙柱及针题,愧悚何如。阁下之加礼衰劣,自甫下车,迄于人觐,真如一日。人非木石,怀德酬知,应无不同。冀以此蒙察,或不屑屑于形迹间也。愚甥宣蕴感佩提奖,何日忘之?顾未敢轻以书渎耳。京师备边倥偬,留都江山清美,正堪养望,以需进用。此中士庶,亦便于攀附,同所欣悦。受伯语及二扇,约先送长蘅画,次及涂鸦,承命当从索之。存老立朝大节,不激不随。虽在草莽,亦知闻翘企。闻长蘅行期未远,先此奉复,容续附纳也,忽遽不宣。姓名正束。

(二三)畏暑帖[33]

仆与令母舅殊思相见,所以迟迟者,非独畏暑,实不欲此时忽遽同于世俗礼数也。尊大父相公、尊公内翰俱曾来束,获少追陪,极知痛悼令弟。然止于遗书相慰,自以懒性必蒙见亮耳。无隅驾部尚未有生子消息,并复。即日坚稽颡。稚皋世契门下。来书过谦,令人愧悚。此后往还,不烦别赐长束也。

余 论

娄坚为晚明著名书法家之一,亦是明清嘉定史最著声名的书法家之一,其书法被后世广泛珍藏,少量作品还曾流入清宫内苑,并得到了清帝王的喜爱,如其所作《娄坚书王缙诗》,卷上有"乾隆御览之宝""乾隆御赏之宝""嘉庆御览之宝"等清帝鉴赏之印。同时,其书作被后代书画题录广泛记载,诸记载对娄坚书法评价亦高。然学界对于娄坚书法的研究似仍十分薄弱,犹缺乏对其书法经历、艺术风格、理论的整体梳理和深入挖掘。要想对娄坚书法有更深的认知,其书法题跋和后附的他人题跋评价便无法绕过。在本篇汇集的娄坚诗文中,娄坚书法题跋最多。诸题跋内容丰富,书写的时间状态、材料用具、天气状况、赠书的对象、书法批评等不一而足,是还原娄坚书法创作情境,认知娄坚书法理论难以忽略的重要资料。故兹多方搜检,缀联此篇,深望能对有识之大雅君子研究娄坚(尤其是娄坚书法)略有助益。

(作者系嘉定博物馆馆员)

---

[32] 该帖现藏北京故宫博物院,纸本,右上方钤"娄坚"印,著录于徐邦达《古画过眼要录·元明清书法》。
[33] 该帖现藏北京故宫博物院,纸本,右上方钤"娄坚"印,著录于徐邦达《古画过眼要录·元明清书法》。

志书、黄草与民谣
——16—20世纪嘉定疁东市镇发展史

文\周祯伟

嘉定位于长江之尾,唐代属昆山县疁城乡,[1] 故亦别称"疁"。本文所指的疁东即民国《疁东志》（图一）中所述的嘉定东乡,包括澄桥、徐行、范桥、曹王、新庙、吴行六乡,在地域范围上指南至练祁塘,北至太仓县界,东至宝山界泾,西至横沥,东西广十八里,南北袤二十里的地区。[2] 从地貌上来看,该区域处于"高乡",[3] 该地带地形平亢,土质含砂,[4] 因而不宜稻作,民人多以棉作为营生,并因地制宜发展出了极具地方特色的手工产业。本文从《疁东志》的诞生、疁东市镇的发展及民谣声中的疁东,这三个维度来展现16—20世纪初疁东地区的人文环境、市镇发展及特色产业,以期对这一地区的历史有进一步的认识。

一、姗姗来迟的《疁东志》与两个
疁东市集的出现

明清时期,尤其是在清代的江南,在州县志以下,江南出现了相当数量的乡镇志,以嘉定县为例,就有《娄塘志》《马陆志》《石冈广福合志》《方泰志》《安亭志》《南翔镇志》《续外冈志》等,分析这些乡镇的地域分布,就能发现明清时期的疁东并无方志传

图一 民国吕舜祥、武嘏纯编纂：《嘉定疁东志》,上海社会科学院出版社,2004年版。

世。实际上要迟至1958年,《疁东志》方付梓,该志的编纂者吕舜祥自然也注意到了这一点,并在志的序言中分析了原因。

本邑南西北三乡均有志书,如南乡之马陆、南翔、黄渡、纪王、诸翟,西乡之外冈、钱门、望仙、葛隆、方泰、安亭,北乡之娄塘等志是,因而文化发达,事业不断演进。惟我疁东,独无只字流传,虽风气晚开,人才

---

[1] 明嘉靖《嘉定县志》卷一《疆域志·沿革》。
[2] 民国《嘉定疁东志》卷一《区域》。
[3] 所谓"高乡"和"低乡",主要是指太湖以东平原上两种不同的地貌,以古海岸线长期停驻所形成的贝壳沙堤即"冈身"为界,"高乡"和"低乡"一般存在一至二米的海拔差,嘉定除西乡部分地区外,大部分地区都处于高乡地带。
[4] 民国《嘉定疁东志》卷一《区域》。

鲜少，文化演进迟滞，然开疆辟土，建治施教，未或稍后；村落人口，较为繁密，前人前事，未始无可记之处。

本邑在宋嘉定十年前，为昆山县之疁东乡，文化未著，成县后，文化由西向东发展。本区在清康、乾之时，尚在草昧时代，所谓读书种子，尚凤毛麟角；乾、嘉以后，文风渐启，胶庠之士，后先接踵，但较之西、南各乡，尚瞠乎其后，岁科两试，每有绝无其人者。[5]

吕舜祥认为志书的晚成是因为嘉定的文化由西向东发展，疁东文化发展较为迟滞，"读书种子"较少有关，从《疁东志》卷一二《科举》记载中可以得知，疁东在明清科举史上仅有一人中进士、二人中举人[6]，而整个嘉定在明清科举史上中进士者有180人之多，可谓人文较为寥落。

除了迟到的方志，疁东相较于嘉定其他地区，另一个显著特征是市镇少且规模小，究其原因，可能是与疁东所处的地理位置相关，"近海滨，河流多潮水，易淤塞，运货多担负，操舟者少"，[7]在水运不便的情况下，疁东地区进行贸易时主要靠人力担负，而人力是有限的，贸易量自然也受到相应的影响。相反，嘉定运货多用船只的地区，容易形成大规模的市镇，因船只的载货量远非人力可比。明清两代历史上，疁东仅有两地逐渐发展成镇，即新泾镇与徐家行镇。

嘉定现存的第一部县志是成书于正德四年（1509）的《练川图记》，该志首次记载了嘉定县的五市七镇，在这五市七镇中未有一处是在本文所述的疁东地区。而据正德元年(1506)的《姑苏志》记载，嘉定除了上述五市七镇外，另有州桥市、新泾市、封家浜市、纪王庙市，其中新泾市地处疁东，[8]是疁东最先成市之市集。

至嘉靖三十六年（1557）刊印的《嘉定县志》中新泾市仍维持着市的规模，并指出其地窄民稀，不在前十六镇之列。[9]而距新泾市不远的徐家行异军突起，在县志提及的十六镇中位列第十五位。[10]

徐家行，在县东北五里。里人徐冕所创，故名。其地四面方广仅一里，出菅屦。[11]

按照江南的习惯，称"乡之大者曰镇，其次曰市，小者曰村，曰行。"[12]明代苏州府的市镇，除了部分是宋元时期保留下来的，很多均脱胎于村庄。[13]徐家行镇从字面上无疑保有从行到镇的发展痕迹，从村庄发展成市镇显然并非一蹴而就的过程，不见前志的徐家行在嘉靖《嘉定县志》中跃升为镇必是经历了一段时间的发展，徐家行的创市是由徐冕这一出身粮长家族的地方权势人物推动的，嘉靖年间徐家行成镇之时正是徐氏家业鼎盛之际。[14]

当时徐家行镇的人口规模，从明人周鸣凤的记略中可知：

嘉定乡镇十六：最大者曰南翔、曰娄塘、曰罗店。户率千五百有奇；次曰大场、曰江湾、曰高桥、曰月浦、曰

---

[5] 民国《嘉定疁东志》序。
[6] 民国《疁东志》卷一二《科举》载进士二人：一为明姚师曾，中嘉靖四十年进士；一为清施锡卫，同治四年进士。举人一人，为施豫，道光十一年举人。考清光绪《嘉定县志》卷十四《选举志上》附《科贡表》，姚师鲁实中明嘉靖四十年举人。则，明清时期的疁东地区，仅出进士一名，而举人为二名。
[7] 民国《嘉定疁东志》卷六《风俗》。
[8] 在县治东三里，跨新泾桥成市，因新泾而得名，后亦因跨桥名澄桥而有澄桥镇之称。新泾位于嘉定镇东北部，南濒临练祁河，北入浏河。
[9] 明嘉靖《嘉定县志》卷一《市镇》。
[10] 徐家行镇，简称"徐行镇"，位于新泾东岸，大理港南，南距新泾市四里。
[11] 嘉靖《嘉定县志》卷一《市镇》。菅屦，指由菅草制作而成的草鞋，下文述及的凉鞋、蒲鞋、靸鞋皆是由菅草、黄草为原料制成的草鞋。
[12] （清）钱大昕：《处士徐昌期墓志铭》，载《嘉定碑刻集》，上海古籍出版社，2013年版，第2009页。
[13] 吴滔：《赋役、水利与"棉业市镇"的兴起》，载《嘉定县事》，广州：广东人民出版社，2014年版，第62页。
[14] 参见周祯伟：《碑刻中的明代疁东徐氏家族》，载《疁城文博》2022年第1辑，上海：中西书局，2022年版，第27—32页。

真如、曰安亭，户半之；又次曰广福、曰黄渡、曰纪庙、曰外冈、曰葛隆、曰杨行、曰徐（家）行，亦三百户。[15]

徐家行虽发展成镇，但仍属于较小规模的市镇，这可能还是受限于当地的自然环境。归有光于嘉靖二十六年（1547）所作的《陈君厚卿墓志铭》中写道："君自黄浦转徙南翔，已又耕新泾之上，新泾近海，会飓风作，海水流漂，嘉定东门外弥望波涛无际。君自南翔行至新泾，不识泾术，忽浮忽沉，遂病"[16]，可见当时新泾一带的自然环境并不宜居。

二、新泾镇的兴与衰

嘉靖《嘉定县志》编撰近半个世纪后，在1605年刊的万历《嘉定县志》中，新泾市已升为镇，并突出了其"为棉花营篓所集，顷年浸盛"[17]，除了营篓外，棉花也是交易的重要物品，其时是在嘉定"改稻为棉"的背景下，木棉已成为重要的经济作物。[18]

> 国初，承宋元之后，考之旧志，境内塘蒲泾港大小三千余条，水道通流，犹可车戽，民间种稻者，十分而九。以故与他县照常均派本色、兑运，尚能支持几二百年也。其后江湖壅塞，清水不下，浊潮逆上，沙土日积，旋塞旋开，渐浅渐狭。既不宜于禾稻，姑且办于木棉。[19]

1620年立于嘉定县西门外的《嘉定粮里为漕粮永折呈请立石碑》，记述了当年嘉定经济实情："地不产米，止宜木棉，民必以花成布，以布贸银，以银籴米。"[20]由此，通过商品布的生产和流通带动了嘉定一些新兴市镇的崛起与繁荣，新泾市升格成镇的驱动力应来自此。崇祯九年（1636），嘉定知县万任命立于县城隍祠前的《为严禁牙行兑低扯派指税除折告示碑》，述及了新泾镇编篓和花布生意兴隆的市况：

> 东门外新泾镇地方绵延数十里，历赖编篓营生，投镇易价度命，自向平买平卖，三尺无欺……看得新泾一镇，为邑东孔道，商贾要区，凡民之业篓，与夫花布等货，齐集于市，平买平卖，照物之精粗，定价之高下，以有易无，古今通义，□突出牙棍总持行市，每以客之纹银贱兑低钱，以十折□□发小民至于争换……[21]

碑文所述"新泾一镇，为邑东孔道，商贾要区"，新泾镇西至县邑仅三里，南濒县主要干河练祁塘，具有浓厚的县邑商业附郭的性质，凭借着区位优势，新泾镇成为东门外一个重要的贸易中心，当地牙行对市镇经济的操纵，也从侧面反映出市镇经济的繁荣，其市况之繁盛无疑要胜于同时期的徐家行镇。

明清易代后，康熙十二年（1673）刊的《嘉定县志》基本延续了前志对新泾镇、徐家行镇的描述，新泾镇依然是嘉定重要的花布交易中心，不过此时嘉定县的花布贸易已受到外来花布的冲击：

> 往年花才入筐，即为远贾所贩，民之公私皆赖焉。今楚、豫诸方皆知种艺，反以其货连舻捆载而下市于江南，客花赢而土花诎矣。近来花布壅滞不行，民且空机

---

[15] 清乾隆《嘉定县志》卷五《学田》。
[16] （明）归有光：《陈君厚卿墓志铭》，载《震川先生集》，上海古籍出版社，2007年版，第490页。
[17] 万历《嘉定县志》卷一《市镇》。
[18] 嘉定因土质关系，产稻之区偏于西乡，县邑之北、南、东因地势较高，土质不宜于稻，故历史上嘉定之粮食长期仰给于外来。今嘉定镇西门外，有座横跨练祁河上的高义桥，始建于明万历三年（1575），桥两侧镌刻的一副对联"东望千艘吉贝来，西城万户稻粮入"，"吉贝"即木棉，该对联生动地描述了嘉定东西乡物产之别。
[19] 明万历《嘉定县志》卷七《田赋考下·槽折始末》。
[20] 上海博物馆图书资料室编：《上海碑刻资料选辑》，上海人民出版社，1980年版，第137页。
[21] 《为严禁牙行兑低扯派指税除折告示碑》，载上海图书馆图书资料室编《上海碑刻资料选辑》，上海人民出版社，1980年版，第82页。按：该碑文又作《抚按道禁碑》，载《嘉定碑刻集》，上海古籍出版社，2013年版，第5—6页。

图二 徐行黄草采收情景之一（1980年代）

图三 徐行黄草采收情景之二（1980年代）

不织，妇子哀嗷，而远方之人犹将曰嘐，花布之乡地，固绕也。噫！土之所宜，民存实去，可胜道哉。[22]

而草鞋虽新泾镇、徐家行镇皆出，不过新泾镇所出的草鞋显然更为有名，"蒲鞋出新泾镇。其居民取黄草、菅草织之，无论男女皆习以为业。又有凉鞋，则夏天鬻之，坚致精巧，用以馈远。四方来游者，必市之以归"[23]，"草屦所在有之，纂组之工，未有如邑之新泾者，凉屦尤佳"[24]。此后的乾隆、嘉庆《嘉定县志》县志都描述了新泾镇"男妇多业菅屦"[25]的生计状况，昔时棉花交易繁盛的景象已不存。光绪《嘉定县志》记载"蒲鞋市向聚新泾镇，同治以来移于徐家行"[26]，至民国《嘉定县续志》记载：

新泾镇。街道东西一里，商店二十余家。每日早市一次，贸易为花布、杂粮之类。附近村民多种黄草，织成凉鞋，行销远近。向以镇中为集散地，后渐移至徐行，市况今不逮昔。

徐家行。街南北约一里，商店二十余家，每日早市一次。乡民以黄草织作凉鞋、提囊诸手工品入市，贩客俱集于此，每年输出颇广。其他贸易物，市况与新泾镇相等。[27]

从诸个版本的县志记载来看，两镇市廛范围并没有发生改变，新泾镇依托区位优势，以花布、凉鞋贸易而闻名，自明万历年间起，市况胜于徐家行镇。直至同治年间，嘉东蒲鞋贸易中心转移到徐家行镇，而新泾镇的市况也就此不如往昔。

这一变化的时代背景是在上海开埠后，洋纱日渐盛行，土布市场日益萎缩，乡民纺纱织布逐渐无利

---

[22] 清康熙《嘉定县志》卷四《物产》。
[23] 清康熙《嘉定县志》卷四《物产》。
[24] 清康熙《嘉定县续志》卷四《艺文·黄草鞋赋》。
[25] 清乾隆《嘉定县志》卷一《市镇》；嘉庆《嘉定县志》卷三《市镇》。
[26] 清光绪《嘉定县志》卷八《风俗》。
[27] 民国《嘉定县续志》卷一《市镇》。

图四 徐行草织工艺厂女工工作场景(1970年代)

可图,而黄草鞋及其衍生品却逐渐销路大开,销往上海乃至海外,[28] 在这一需求的刺激下,如吕舜祥所指出:"(黄草织品)初时只有新泾桥那边的蒲鞋村人编织,后向四周传播开来,向北尤有飞奔的情势,东边虽然也在传播,但速度不高,面也不广,西边有城墙阻止,南边有练祁塘横亘,不易通过发展。"[29] 黄草织品为扩大生产逐渐向北面发展,南距新泾镇仅四里的徐家行镇由此成为黄草织品贸易的核心。

原始的新泾桥一带变成出品的小部分,(黄草)编织的重心在北而不在南,且年复一年的不断前进着,在徐家行镇四周的编户每天奔到偏南的新泾桥交易已感不便,那更北的编户,不便尤甚。到了清代同治年间,广大编户为了节省时间和奔走之劳,不约而同地认为徐家行镇较近较适中,乃携货交易于此,少数服从多数。新泾桥的编户,便也自然的舍近,而就徐行镇交易。[30]

在黄草编织贸易中心转移的背景下,徐家行镇市况日渐繁盛,重新超越新泾镇,成为嘉东最重要的贸易中心。(图二、图三、图四、图五)

---

[28] 民国《嘉定嘉东志》卷一《市集》。
[29] 吕舜祥:《驰名国际的黄草编织》,载《云庐丛刊》,上海辞书出版社,2019年版,第424页。
[30] 吕舜祥:《驰名国际的黄草编织》,载《云庐丛刊》,上海辞书出版社,2019年版,第425页。

图五 徐行黄草编织常用木模
（提包模、鞋模）

三、民谣声中的疁东

疁东区内干河、支河密如织网。[31] 这样的自然环境便于河边植物菅草、黄草的生长,[32] 新泾一带百姓利用菅草、黄草编织草鞋贩卖的历史可谓悠久。元代谢应芳写有《新泾道中》:"黍熟湖田花鸭飞,雨香秋浦箬鱼肥。野翁织屦街头卖,日暮里盐市酒归"。[33] 又如朱昆田《赠顾渭符诗》:"已分为农毕此生,每思黄草靸鞋轻。夜航一夜烦君寄,好向南邻北舍行。"[34] 王鸣盛诗:"箬鱼欲上雨初晴,好向南邻北舍行。盼取新泾夜航到,数钱换得靸鞋轻",[35] 可见黄草鞋作为地方特产有相当知名度,并行销四方。"草履今售之四方,标曰:嘉定草鞋""四方来游者,必市(蒲鞋)以归""四方贾客捆载而往"[36]。编织草鞋的主要原料黄草主要依靠当地乡民自种,几乎无成本,但编织成草鞋后所售的价格却能与棉布相等,"比屋男妇,童而习之,暮成一絢,朝而易粟,其利与纺织等"[37],故新泾镇附近男女老幼都将其作为农闲时最为重要的副业,"城东三里有蒲鞋村,村民以黄菅织凉鞋"[38],从方位上来看,蒲鞋村所处的位置几乎是与新泾镇所重合。

民谣是乡民对生产和生活经验的口头总结,疁东流传的民谣《黄草工》充分反映出了黄草编织的特点:

疁东特产黄草工,成本轻微利益丰。上自力衰年老翁,下至无知小孩童,人人可做可奏功,优良副业乐

---

[31] 民国《嘉定县续志》卷二《水道》。
[32] 值得指出的是最初草鞋是以菅草为主要原料,万历《嘉定县志》首次记载了以黄草为原料制作草鞋,此后黄草与菅草皆为制作草鞋的原料,并逐渐取代菅草,成为制作草鞋的主要原料,吕舜祥指出其原因在于菅草生于海滩与潮水河边,不如黄草随地可见,嘉定的菅草大多向商贩购买,由崇明运来,编织草鞋不如黄草本轻利重。参见吕舜祥:《驰名国际的黄草编织》,载《云庐丛刊》,上海辞书出版社,2019年版,第419页。
[33] 民国《嘉定疁东志》卷一《市集》。
[34] 清嘉庆《嘉定县志》卷三《物产》。
[35] 吕舜祥:《驰名国际的黄草编织》,载《云庐丛刊》,上海辞书出版社,2019年版,第415页。
[36] 清康熙《嘉定县志》卷四《物产》;康熙《嘉定县续志》卷四《艺文·黄草鞋赋》;乾隆《嘉定县志》卷十二《物产》;嘉庆《嘉定县志》卷三《物产》。
[37] 清康熙《嘉定县续志》卷四《艺文·黄草鞋赋》。
[38] 清光绪《嘉定县志》卷八《土产》。

融融。保证我业日兴隆,花样翻新常不同。闲来携草捻手中,兢兢业业是乡风。[39]

另一首在嘉定地区广为流传的《地民谣》,音译为:

金罗店,银南翔,叫化嘉定贼娄塘,乌龟出勒徐家行,吃煞曹王庙,冷落潘家桥。[40]

该《地名谣》在1980年代经地方史专家考证,改为"金罗店,银南翔,教化嘉定食娄塘,武举出在徐家行,吃煞曹王庙,冷落潘家桥",但也不乏争议。[41]以笔者之见,考证后的《地民谣》让人质疑之处是"武举出在徐家行"之句。[42]网上另有一说为"五九出入徐家行"[43],"五九"即上午五点至九点,意为这一时间段为徐行镇早市时间。此说也有一定的史料依据,光绪《嘉定县志》卷八《风土志》中记载:"蒲鞋以黎明或清晨为市,其意谓早市早回,既充一日之用,不妨一日之功。"[44]吕舜祥也指出:"(黄草织品交易)为了更经济时间,绝不妨碍日间工作,每天天没大放光以前,携货到镇在灯光下进行交易,以便回家照常工作,因此编制黄草的农户,都养成了勤劳早起的良好习惯,特别是妇女,在天还暗黑不辨东西南北的熟路上行走的,甚至有此时已从镇上回来了。民国以后,虽然略晚一些,但仍行晨市制度。"[45]民谣《蒲鞋山歌》也形象地道出了蒲鞋村妇女的勤劳及早起赴市交易的情况:

嫁因勿嫁蒲鞋村,蒲鞋村里磨黄昏。月亮朝西还未困,晓星未上催起身……[46]

综上所述,"五九出入徐家行"亦可为一说。另《地名谣》最后两句"吃煞曹王庙,冷落潘家桥",笔者以为"吃煞""冷落"是用来形容市况是否热闹,曹王庙与潘家桥皆位于瞿东,民国《嘉定县续志》记载徐家行镇下属的十二个村集[47],曹王庙及在曹王庙东北四里的潘家桥都位列其中:

曹王庙——跨蒲华塘。光绪初年只三四小户,其后日渐稠密,居民百余户。开设小茶肆、酒肆、杂货铺十余家,肉铺、药铺、染坊等相继而起,并有鱼市、水果各摊,下午茶肆尤热闹,已成市集。

潘家桥——在曹王庙东北四里,跨界泾与宝山接壤。居民四五十户,村店约二十家,多在本境内。[48]

之后《瞿东志》对两个市集的发展做了进一步介绍:

---

[39] 民国《嘉定瞿东志》卷二十《歌谣》。
[40] 这首民谣在嘉定地区广为流传,笔者曾询问多位嘉定土生土长的老人,均能流利说出该民谣。
[41] 范其昌:《民谣义 我之见》,《嘉定报》2006年5月15日。范认为"乌龟出勒徐家行"应为"乌蔺(音同丘)出在徐家行",乌蔺是芦苇的别名,在此指徐行草编的原料黄草。
[42] 原因一为据历代嘉定县志记载,明代嘉定中式武科举者多为吴淞人,且多为军户。清代嘉定文风鼎盛,崇文抑武之风盛行,中式武科举者寥寥,亦无徐家行镇人,详见周祯伟:《嘉定历史上的武科举》,《瞿城文博》2017年第2辑,内刊。二为《瞿东志》的编撰者吕舜祥(曹王庙)、武锡寿(吴巷乡)本就皆为瞿东人,熟悉乡里,为编此志,按吕舜祥在序中所言:"到处访问调查,参考邑乘与邻县志书,以及附近之乡镇志、乡先贤遗著、区内外报刊。"可谓费心搜集材料,在该志中详列了历代科贡者姓名,然皆为文科举,"至武科无所稽考,只能举述最近若干武秀才之姓名,如陈瀛洲(范桥乡人)、杜福良、孙兆熙、孙兆桢等",并无提到任何关于徐家行镇武举的信息。笔者以为《瞿东志》的编撰者只是按传统乡镇志记载科贡内容的体例,用寥寥数语介绍了瞿东武秀才的姓名,以示未有遗漏。
[43] 穆吉悠:"金罗店银南翔,教化嘉定实娄塘,五九出入徐家行",https://www.zhihu.com/question/52328369/answer/131117543
[44] 清光绪《嘉定县志》卷八《风土志》。
[45] 吕舜祥:《驰名国际的黄草编织》,载《云庐丛刊》,上海辞书出版社,2019年版,第425页。
[46] 《嘉定文化志》编修组编:《嘉定文化志》,上海:汉语大词典出版社,1998年版,第300页。
[47] 值得一提的是,这些村集都位于徐行镇的四乡,可以视作为徐家行镇的市场圈,即"乡脚",徐行镇有如此数量的村集,在嘉定县是绝无仅有的。
[48] 民国《嘉定县续志》卷一《市镇》。

曹王庙——民国初年，吕家宅李尧松氏，在塘东沿桥塊向东筑东西街道，两旁兴建市房，租人设铺，市面益形隆盛。二十六年在此抗日三个月，市房毁损泰半，塘西则破坏较少。今塘东、塘西相继恢复原状，杂货店、肉铺、药号、染坊、酒肆、茶馆、鱼行、水果摊等，应有尽有，茶酒肆尤多。八一三以来，为附近数里之鲜鱼集散市场，沪上鱼贩，争来收购……是镇为疁东除徐行镇外之最大市集。

潘家桥——今西岸之商店较少，东岸以沪太路设置汽车站，有商店七八家，肉铺、杂货店、药号、鱼行、花米行、木作、理发店、茶肆等均有。[49]

曹王庙从光绪初年只有三四户人家发展到百余户，市况日渐隆盛，成为疁东除徐行镇外最大的市集。潘家桥的市况从"村店约二十家，多在本境内"到"今西岸之商店较少"，日渐萧条。两相比较，体现了两个相邻市集此消彼长的市况。

此外《疁东志》记载："（本区）每日集市，除徐行以早市外多全日市，惟以下午为盛。"[50]曹王庙的市集特点是"下午茶肆尤热闹""茶酒肆尤多"，如前所述，将"五九出入徐家行"理解为徐行镇早市时间是五点至九点，从《地名谣》语序来看，亦可自圆其说，即前句"五九出入徐家行"与后句"吃煞曹王庙，冷落潘家桥"，分别描述了疁东上、下午两个最热闹的市集，体现了民谣中乡民的日常生活习惯。

四、小 结

本文通过对16—20世纪嘉定疁东的市镇发展史作长时段的追踪，发现在疁东区内，市镇发展的兴衰是此起彼伏的，新泾镇及与其相距四里的徐家行镇，两镇市廛主要交易物皆为棉布与草鞋，前者是整个嘉定县明清时期极其重要的经济作物，后者是疁东的地方特产，新泾镇依托区位优势自明万历至清同治年间，长期是疁东市况最为繁盛的市镇。同治年间，在土布逐渐衰落和黄草织品对外市场不断开拓的时代背景下，为进一步扩大生产，黄草织品交易的中心由新泾镇转移至徐家行镇，这直接导致了新泾镇市况的渐行衰落与徐行镇的日渐崛起。

霍尔巴赫说："人是自然的产物，决不能越出自然一步"。在市镇兴衰交替的过程中，我们能清楚地看到在传统时代自然环境发挥的重要作用，如吕舜祥指出的："旧时交通不便，每因一河之隔，彼此往来的机会较少，风俗不相同，工作有区别，婚姻鲜相同。"[51]新泾镇南端横亘的练祁塘成为阻碍黄草事业向南发展的最大阻碍，由此，值得我们反思的是类似"江南水乡"之类概括带来的交通便捷，人员往来便利的刻板印象，这反而可能抹煞江南历史的丰富面向和过程，[52]一如对"疁东区内虽干河、支河密如蛛网，到处可通，运输物件，除笨重者用水道外，寻常多用陆道，故船只置备者少，不若西乡家家齐备"[53]的描述，嘉定"高乡"和"低乡"地区的风俗、生活有着显著的差异[54]，这种差异在江南存在高低乡的地区有多少普遍性，有待更多地研究，本文所述的16—20世纪嘉定疁东市镇发展的历程可以丰富和细化我们对江南史、嘉定史的认识。

（作者系上海韬奋纪念馆〔中国近现代新闻出版博物馆〕馆员）

---

[49] 民国《嘉定疁东志》卷一《市集》。
[50] 民国《嘉定疁东志》卷七《实业》。
[51] 吕舜祥：《驰名国际的黄草编织》，载《云庐丛刊》，上海辞书出版社，2019年版，第425页。
[52] 谢湜：《高乡与低乡：11-16世纪江南区域历史地理研究》，北京：生活•读书•新知三联书店，2015年版，第51页。
[53] 民国《嘉定县续志》卷二《水道》。
[54] 民国《嘉定疁东志》卷六《风俗》。

传承教化，担当时代
——民国时期的嘉定校歌品藻

文\朱怀兴

辛亥革命以后，嘉定地区许多进步知识分子在创办学校、传播知识的同时，还创作了许多独特风格的校歌。这些校歌，当时除了所在学校吟诵传唱，如今多数已经封进历史的泥尘，但还是有一部分刻在老辈记忆中，并载入史册，不致湮没。这些年，笔者浏览嘉定文史，留意校歌，抄录到民国年间吾邑中小学的校歌十二支，其中还保存有三支校歌的谱曲，弥足珍贵。成歌年份，既有民国初年，也有沦陷时期，还有抗战胜利之后，一直到全国解放前夕。十二支校歌中，八支明确标注了词作者，其中有两位作者写过两支校歌，所以共涉及六位校歌作者。学校坐落于数百年教化熏风的嘉定大地，在20世纪上半叶的激荡年代，有一众矢志教育立志改革的教育工作者，还有筚路蓝缕渴求知识、立志报效祖国的莘莘学子，他们编写、唱响的校歌，就有着卓尔不群的非凡风格。至今品读，犹有荡气回肠之概！

一、凌云广厦沾时雨，莫负家园好山河
——校歌唱响了嘉定学子的护国爱国情怀

私立惠民中学校歌唱道："青年似春花，灿烂又辉煌，我们是青年！""惠民似朝阳，光芒射万丈，我们爱惠民！""白鹤向南翔，洁羽造云翔，我们念白鹤！"主歌三段，一唱三叹，表达了对学校、对南翔的爱恋，自然引出副歌："我们是南翔的新青年，我们是惠民的新力量，唯我青春，用我力量建设一个光明灿烂的新南翔。"

歌词强调"我们是南翔的新青年"，肯定与五四运动前夕的《新青年》刊物心意相通。《新青年》，原名《青年杂志》，1915年9月由陈独秀在上海创办，发起新文化运动，倡导民主（"德先生"）与科学（"赛先生"），以及新文学。陈独秀在创刊号上发表的《敬告青年》中说，所谓的新青年，有六条标准：1.自由的而非奴隶的；2.进步的而非保守的；3.进取的而非退隐的；4.世界的而非锁国的；5.实利的而非虚文的；6.科学的而非想象的。《新青年》成为五四运动的号角，成为宣传马克思主义、宣传反帝反封建思想的阵地。惠民中学校歌创作于抗战后期，自豪地宣告：我们是南翔的新青年，要贡献我们的新力量，建设一个光明灿烂的新南翔。

方泰乡中心国民学校"东濒渌溪波涛汹涌，南北贯通冈身道，西横京沪路"；私立企云国民学校"应奎山兮钟灵奇，汇龙潭兮水清漪"；私立勤业中学"奎山灵秀郁苍，弦歌声彻山之阳，藏修游息环境良"；嘉定县立中学"横祁纵沥，襟海带江，方广千余里，三吴文化邦"。山不在高，水不在深，应奎山、汇龙潭、渌溪、冈身，故乡的山水，母校的草木，皆为有情之物。"指点凌云广厦，让我栖憩游戏"，"峨峨校舍景清幽，坦坦广场供游戏"，无论是对面壁之处的溢美，还是客观平铺的叙述，都是莘莘学子的精神家园。

吾身为嘉定邑人，在准备此文之前，知道应奎山、汇龙潭，知道练祁河、横沥河，根本没有听到过

"溠溪"。查了嘉定地图，也未见身影。查上海社会科学院出版社2002年出版的《嘉定地名志》，才知道，溠溪，又称溠溇，位于方泰镇中西部，东起盐铁塘，西至吴塘，五里路长，是排泄雨水和引流农田沟水的小河。细且短，却与横塘纵浦河道、京沪铁路贯通，襟海带江，视野一下开阔。溠溪溠溪，何小之有？！斯校斯室，何陋之有？！

当年步入这些学校的少年儿郎，除了自己的家与村庄，很少接触外面的世界。校歌引导学子们从认识学校的场所开始，无论是濒临溠溪的方泰小学，抑或峨峨坦坦的企云学校、新建黉舍的黄渡师范，都是办学人、教育者的心血凝聚，是莘莘学子通古识今、探索启蒙的起点。学童稚子，就读于这样的学校，热爱这样的学校，热爱自己的故乡，更热爱我们的家国，企盼在这里学好知识，增长本领，唯我青春，建设我们的好家园。唯我青春，保卫我们的好家园。

嘉定的学校，就是在这样的背景下，培养、教育、造就了无数的志士仁人。唱响"义务，义务，国民基本固""猛进，猛进，要把南翔黑暗社会改造光明"等激情校歌的南翔义务小学（后改名南翔公学）、惠民中学，师生们没有辜负他们的校歌，一边学习，一边投入社会变革、保卫祖国家园的洪流。1919年五四运动之时，义务小学与嘉定城区、望仙等国民学校师生列队上街举行反帝救国游行，以期唤起民众，抵制日货，劝用国货。义务小学成立了救国团联合会，选举了团长、副团长，声援北京学生，提出惩办国贼、拒签和约、抵制日货、提倡国货的正义要求。南翔镇各校相继集会，各校师生陆续走出校门，手执"还我青岛""毋忘国耻""取消密约""速杀国贼""同胞速醒""人心不死"等标语小旗，高呼口号，游行于南翔街头。在游行的学生队伍中，义务小学的年轻学子唱着悲伤的《国耻歌》："国魂兮谁招，耳灌亡国潮。叹中原山河如死，振作在吾曹。五月九日，国耻须记牢！愿同胞一致对外，协力争青岛！愿政府顺从民意，密约快取消！"这是私立义务小学校长周镐前一天创作、连夜教唱的歌声。随着师生们宣传，周边的市民受到感染，很多人也共声唱起这支《国耻歌》。南翔地区稍高年级的学生到附近方泰、马陆、纪王、厂头等乡镇，讲演外交失败和青岛问题，提出内惩国贼、外争国权，呼吁抵制日货、拒签和约。义务小学学生集资，购纸书抄写传单，发送南翔的家庭、店铺。义务小学校歌词作者许苏民主编的《南翔公言报》，刊发了《国耻歌》和南翔的爱国运动动态，扩大了学生运动的声威。

为了建设、保卫可爱的家园，1920年成立南翔学会（教育研究机构），1922年成立南翔教育界义务教育协进会，辅助地方自治的准备工作，举行了暑期教育讲演会，请黄炎培等讲演。1926年嘉定县第一个共产主义青年团小组在南翔公学校舍成立，成员包括嘉定县最早的共产党员陆默深、廖家礽等，次年发动商团惩办土豪劣绅。1942年日伪占领期间，惠民学校成为中共地下党开辟嘉定地区工作的据点，聘请进步人士做教师，中共路东特委也派地下党员来宣传，把有爱国思想的《正气歌》《满江红》以及鲁迅、茅盾等作品为教材，教唱抗日歌曲，进行爱国主义教育。建立中共地下党支部，发展八名师生入党，输送五名学生参加新四军队伍。团结、参与南翔地区青年组织"微音社"，宣传进步思想，培养锻炼爱国骨干，为抗日做了积极的贡献。

为了建设、保卫可爱的家园，容不得豺狼践踏我们的家园，嘉定涌现了许多仁人志士。他们中有反抗国民党反动统治、英勇献身的陈君起、陆默深、夏采曦、顾作霖等中共早期的优秀党员，还有在列强环伺中，慷慨陈词，维护祖国利益的职业外交家顾维钧，筚路蓝缕，艰辛发展民族工业的吴蕴初、胡厥文、顾吉生，学习西方医疗技术、创办普济医院造福家乡百姓的葛成慧，研习中外药理、编纂了我国第一部大型《药理学总论》的医学博士张昌绍，等等。更有无数的青年才俊，投入嘉定的"五抗"运动、外冈游击队，奔赴抗日战争、解放战争前线，悲壮激越、前赴后继，传承着这种爱家、爱国精神。

就是这样，爱校园，爱家乡，爱祖国的旋律，唱响在嘉定的校歌里，融化在学子的血液里，体现在一代又一代新老嘉定人的实践中。

二、先哲前贤延教化，日就月将育俊髦
—— 校歌概括了嘉定校园的传承教化乡风

"古暵文化邦，忠节侯黄，学业钱王，历史有荣光。奎山灵秀郁苍，弦歌声彻山之阳，藏修游息环境良。高初中，共一堂，业精于勤古训彰，相期毋怠荒。世界潮流激荡，物竞天择不可抗，争存图强科学至上。济济一堂，日就月将，要追踪前哲，把文化发扬！济济一堂，日就月将，要认识时代，做国家栋梁！"这是1943年前后，由潘指行先生作词的勤业中学校歌。

抗战胜利后，同样由潘指行作词的嘉定县立中学校歌："仗大节，数三忠二黄；穷经学，推潜研西庄。"推崇嘉定这片土地上为国忠节、为学巨擘的侯震旸、侯峒曾、侯岐曾父子、黄淳耀、黄渊耀兄弟、钱大昕、王鸣盛这些前哲先贤，垂范标杆，鼓励师生崇文、重教、忠义，把嘉定的人文传统传承下去。

嘉定县在宋元时期，科举人才不多。明初实行过"征辟"制（征召有名望人士出来做官），不久又恢复科甲，辅以征举，所以光绪《嘉定县志》说"邑虽蕞尔，人材辈出"。清代的教育场所称为私塾，主要讲授三字经、百家姓、论语等教材，还有珠算、毛笔字，无其他课程。清末废除科举，创办官立学校、私立学校，推行现代教育（当时称为"新法学堂"）。1896年，许苏民等创办南翔教育学会，李燕候、冯保如创办淞娄育才馆，开本县新型学堂和教育研究会的先河。辛亥革命以后，本县中小学迅速发展，还相继开办了法政、商业、农业等专业学校。

民国时期嘉定各校延续教化传统，特别注意爱国主义这个魂。即使在日军侵占、嘉定沦陷期间，各学校也守住民族节操，教工坚守民族气节，对学生进行爱国主义教育。1941年创办的勤业中学，坚持冠以"私立"二字。有人以为这表明办学的资金资源来自民间。其实体现了嘉定办学人的智慧和气节。当时日伪政权图谋建由他们控制的"县立中学"。假如勤业中学挂靠县立，资金可能会多一点，但是校长、师资、课程就由日伪政权操纵，而冠以"私立"，独立性比较强。日伪在学校里安插了特务，但师生们摆脱特务跟踪，通过各种方式宣传、学习爱国思想。

勤业中学校长郁钟峻提出，中学训练目标是"锻炼强健体格、陶冶公民道德、培育民族文化、充实生活知能、培植科学基础、养成劳动习惯、激发艺术兴趣。""（学校的）主要科目为国文、算术、外语等，各级应分别订定一个学生必须达到的最低标准""试探学生个别的兴趣、倾向与能量，而施以个别的指导，以培养社会各部分的有用人才"；"使各种不同的才能都能各尽其所，人得其才"；"训练学生能适应各种社会环境"；"在各科中引起学生有独立思考和自行研究的兴趣，而且养成他们有喜欢与人合作研究的习惯。"

勤业中学坚持德、智、体全面发展的方针，为每个学生都建立一份称之为"人格表"的档案记录，包括各科成绩、思想行为和身体状况，签上班主任老师的评语。每学期都把学生的成绩报告单邮寄给学生家长。每周一有周会，经常由校长或教师作专题演讲，内容主要是有关个人道德修养、民族气节和青年人立志等问题。学生来自社会各阶层，家庭贫富不等，但学校里没有发生看不起贫穷学生的情况，老师对学习努力但家境贫寒者还特别器重并加以鼓励。

勤业中学聘任的俱是一时俊彦，教学认真，管理严格。学校把包括校长在内的每位教师的学历、学位、经历、年龄等情况书写清楚，装入镜框，张贴在教学楼走廊，鞭策教师的责任感，增加学生的信任感。在教学管理方面，学校给予任课老师充分自主权。当时在勤业中学任职的教工有：国文课程庄乘黄、周承忠、戴峻斋；英文课程庞伯龙、顾湘霖、蔡宝钰、唐承余、杜凌霄、秦清宇；数理化、生物、公民、地理、图画都有敬业、名重一时的教师，甚至还有家政教师叶国英（按，当年勤业中学已经有了明确的家政课程）。当时，社会动荡，知识分子拿着低薄的工资，清贫自守、

一身正气、两袖清风，在黑板上写下的是真理，讲授的是科学，传授的是中华民族的千年文脉。

勤业中学有一个图书馆，不大，绝大部分是接收原县立中学的藏书。书籍不算多，但品种丰富，包括了一些中外名著，介绍西方各国国情的图书，还有介绍马克思主义的书籍。学校的文体活动相当活跃，学生自己成立的"黎明音乐会"，组织音乐爱好者参加，乐器以口琴、二胡为主。平时习练甚勤，适时在校内演出。每逢节假日，组织各种联欢会。还经常与外界举办篮球、足球等比赛。增加师生的凝聚力和学校的文化张力。

勤业中学设备简陋，可是在郁钟峻等教育骨干的认真管理下，治学严谨，富有条理，学风特佳。同学们均能深受感召，体恤时艰，专心求学，奋发不懈，没有旷课违纪行为。同学间和睦相处，友爱团结，互相帮助，共同前进。私立勤业中学的创办及其发展，使日伪政权的县立中学迟迟办不起来。直到1943年9月，才勉强办起了一个初中一年级班和一个简易师范班，学生人数不足百人。

除了勤业中学，其他学校也不乏进步、严谨的教化氛围。黄渡乡村师范学校把陶行知先生"生活即教育，社会即学校，教学做合一"的教育思想贯穿始终，重视社会实践，密切联系劳苦大众。学校办有农场、小工厂，让学生参加种植、饲养、教具制作等实践活动。学校联系了多所义务小学，安排常任教师一人，应届毕业生实习讲课，白天小学生上课，晚上举办成人读书班。这个学校校歌唱"致知力行，国教重任铁肩"，先后为嘉定及周边县乡培养了大量的乡村教育骨干，还输送了一批革命积极分子。

教育家许苏民在为南翔公学写的校歌唱道："一个宏大庄严的公学，是无数热心人士的结晶。"从民国初年开始，嘉定先后涌现了曾加入孙中山同盟会、后立志教育救国的教育家许苏民；不愿出仕国民党政府县长、甘当清贫校长的王培孙；重视劳动群众文化、与黄炎培共同发起成立中华职教社、创办中华职业学校的沈恩孚；早年加入中国共产党从事党的地下工作、从事过新四军文化教育、新中国成立以后长期担任高等教育领导工作的黄辛白，等等，教育英才辈出。记载下来的校歌作者，无论在当时，还是世纪风云后，都算得上是学界精英、讲坛巨子。

1921年前后，嘉定私立普通小学校校歌："红色勇敢黄公平，诚实色青青。在此校旗下，普通知识需分明；体育使我常强健，德育勤和诚，智育大自然，美育安慰我精神；用我脑力和体力，靠己不靠人，将来科学精，农工实业安我身。"教育界的志士仁人，不仅重视校歌这种形式，还配套有校旗、校训等，作为本校区别于兄弟学校的标志，更是本校教学精神的高度概括。

这些教育界的前辈巨擘，就是这样布衣青灯，诲人不倦，不图名不图利，吃的是草，挤出营养丰富的牛奶，将教化嘉定的传统生生不息，赓续发扬。

三、唯我青春敢担当，争存图强作栋梁
—— 校歌彰显了嘉定青年的时代担当胸襟

1911年孙中山领导的辛亥革命，推翻了清王朝统治，建立了中华民国，结束了统治中国两千多年的君主专制制度，开创了完全意义上的近代民族民主革命。1915年兴起的新文化运动，在中国社会掀起思想解放的潮流。五四运动孕育了以爱国、进步、民主、科学为主要内容的伟大五四精神，其核心是爱国主义精神。民国时期的嘉定师生，受五四精神的召唤，用校歌为载体，唱响了这个年代年轻人的爱国、担当血性，更是用他们的青春和热血，彰显着几代人的爱国主义情怀。

1943年，潘指行先生为勤业中学创作校歌："世界潮流激荡，物竞天择不可抗，争存图强科学至上。济济一堂，日就月将，要追踪前哲，把文化发扬！""要认识时代，做国家栋梁！"戴思恭1919年为启良小学校歌："砥柱中流楫，既倒挽狂澜。"黄渡乡村师范学校校歌："当精神焕发，意志坚强，光大我乡村之师范，即光大我民主之家邦。"

清末嘉定普通女学校校歌："野云漠漠练川长，风动浪尘扬。滋兰树蕙有芬芳，吐气答春阳。万古阴霾，一朝开朗，女界荣光。文明柔顺人宗仰，才德须兼仗。尽收拾脂粉排场，还我天然样。天赋人权，一般智慧，一般思想。思想神州，莽莽黄人，老大白人强。有一半承担干系在吾身上，秀得江山珠辉玉丽视我同裳。"开唱柔绵清秀，越唱越高扬。不留恋脂粉排场，要与男子儿郎分担责任干系，让锦绣江山珠辉玉丽。该女校为嘉定西门黄世荣（1848—1911）创办于光绪二十九年（1903），开嘉定女子入学先河，三十四年（1908）停办。这是近代嘉定思想解放标志性大事，创办者的远见及胸襟，办学的理念，让人感佩不已。

我们想到了《毕业歌》："我们今天是桃李芬芳，明天是社会的栋梁，我们今天弦歌在一堂，明天要掀起民族自救的巨浪。巨浪巨浪，不断地增涨，同学们同学们快拿出力量，担负起天下的兴亡。"民国时期嘉定的校歌，与《毕业歌》的胸臆，真是一脉相承。20世纪上半叶，嘉定的学子们在与帝国主义、封建主义斗争的岁月里，寻找真理，接受中国共产党的领导，热血悲壮，改天换地，创造了可歌可泣的光辉业绩。

1923年唱着"猛进，猛进，要把南翔黑暗社会改造光明"校歌的南翔公学，1926年建立了嘉定第一个共青团组织——由金子杰、陆默深、廖家初三名成员的共青团小组。1942年中共路东特委决定发展嘉定、太仓一带党的工作，把南翔惠民学校作为党的据点；1944年，这个学校校歌唱道"唯我青春，用我力量建设一个光明灿烂的新南翔"。

随着中国革命形势的发展，1948年10月中共上海局外县工作委员会决定撤销原先的昆青嘉工委，改建成三个独立的工委，其中嘉太工委领导嘉定、宝山、太仓党的工作。嘉太工委的主要任务是：提高党员的数量与质量，加强党在群众中的领导作用；依靠和发动群众，开展护厂护店护校斗争；积极开展统一战线工作，争取中间阶层；分化瓦解敌人，进行策反和反特斗争；调查研究，为党接管嘉定做好各项准备。

嘉太工委建立后接上关系的第一个党支部，就是唱着"济济一堂，日就月将，要认识时代，做国家栋梁"校歌的县立中学支部。早在1947年，昆青嘉工委就在嘉定县立中学建立了有三名党员的党支部。在嘉太工委领导下，这个支部积极发展优秀师生入党，到嘉定解放前夕，已有党员十七名。像我敬爱的嘉定一中老校长翟彦章回忆："我的入党宣誓是在一间摆放杂物的小屋子里举行的，在场的有张烨宇、潘仁爱夫妇。宣誓后，誓言和入党报告全部销毁，不留痕迹。党的活动极端秘密，每周一次的组织活动都是到上海潘仁爱的家里举行的，以利用她社会名人的家庭背景作掩护。徐嘉同志（时任中共嘉太工委书记）经常参加我们的组织生活，传达上级指示，布置党的工作。党支部要求我们每个党员教师在工作、学习、生活诸方面以身作则，严格要求自己，在师生中起表率作用。我们除了认真备好课，教好书外，还要了解每个学生的家庭情况，关心学生的思想、学习和生活。上课时，结合讲新闻、讲故事、讲理想，有意识地联系社会实际，进行评析，但不作结论，启发学生自己去思考探索，做到既不暴露自己的党员身份，又能培养提高学生的思想觉悟。……对少数积极分子，通过家庭走访、组织春游等方式，和他们畅谈人生和理想。还布置同学作些社会调查，帮助我们了解更多的情况。""由于我们的工作做得很深很细，在同学中树立了很高的威信，师生间情深谊厚，许多同学有话不向父母讲，却愿意同我们老师讲。……地下党斗争充满了危险，一个疏忽就会带来杀身之祸。对于国民党反动派的迫害，我们在党支部的领导下沉着应付，使敌人的阴谋始终未能得逞，党的队伍在斗争中不断壮大。"

县立中学党员在支部领导下，利用"庆祝锦生堂落成典礼"的时机，由积极分子带头，组织文娱演出，吸引城厢居民观看，锻炼了学校的骨干力量。为了迎接解放，保护师生安全和学校财产，在党支部领导下成立了"应变会"（后改名为"嘉定县立中学师生员工联谊会"），建立了巡逻队，手拿童子军棍作武器，轮流值班巡逻。加强了对学校粮食、电源的重点防护。护校工作做得十分出色，胜利迎来了5月13日人民解放军进入县城，嘉定宣告解放。当天，地下党组织三百多名进步师生，走出学校，宣传党的政策，揭穿敌人散布的谣言，稳定人心。

当人民解放军进入嘉定城，嘉定人民唱响庆祝解放的歌曲《五月十三》。这支解放歌，就是由嘉定县中的地下党员、进步师生创作，并首先在嘉定县中唱响，很快在全县传唱开来。县中师生政治热情高涨，纷纷响应党的号召，报名参军参干，有的投入建设新嘉定的各项工作，有的随军南下，融入解放全中国的革命洪流。

南翔惠民中学没有建立支部，但是为党输送了许多优秀分子。解放前夕，惠民中学（含苏民学校）的中共地下党组织成员，分赴太仓、昆山、嘉定、青浦、川沙等地进行地下工作，或者投入武装斗争。继续留在南翔的党员，按照党组织的指示，收集国民党驻军的情报。黄渡乡村师范的地下党员，编印秘密刊物《青联》《青时》，宣传解放战争形势和党的政策，揭露敌人的破坏阴谋，动员师生们用实际行动迎接解放。黄渡乡村师范和南翔惠民学校的地下党员，抄写、复制、投寄地下党组织致当地国民党党、政、警负责人和工商界头面人物，要求他们老老实实，不要继续干危害人民的活动。宣传党对民族资产阶级政策，要求他们配合工人护厂护店，防止国民党军队溃败时候破坏活动。组织进步学生开展护校、护厂斗争，挫败了国民党部队炸毁顺丰纱厂的图谋。

据当年担任嘉太工委领导的徐嘉同志回忆，嘉定解放时，由嘉定地下党组织移交给嘉定县委的党员六十四名，其中近三十名是在校歌嘹亮的嘉定中学（其前身为勤业中学）、黄渡师范（黄渡乡村师范）、南翔惠民中学。

嘉定莘莘学子的担当精神，就是这样唱响在校歌中，体现在改造旧社会、迎接新中国的斗争中，壮怀激烈，铁板铜琶，成为嘉定人宝贵的精神财富。

四、古朴庄雅开新风　为人师表谱壮歌
—— 民国时期的校歌及部分校歌词作者介绍

为便于读者欣赏、学者研究、同好探讨，把本人采撷到的民国时期嘉定校歌十二支全部展示如下。对部分词作者做了简要介绍。

1. 方泰乡中心国民学校校歌（1947年，戴一天词）

看我校，东濒渡溪波涛汹涌，南北贯通冈身道，西横京沪路。新奇知识随输入，愿我同学自切磋，大中华之胚胎兮，人才俱英勇。救国不忘求知能，增我祖国光荣。

（上海社会科学院出版社1992年版《方泰乡志》）

2. 私立南翔义务小学校歌（1909年，许苏民词）

义务，义务，二百余生徒，男孩女婴，一样做功课。愚的明，贫的富，造福地方多。义务，义务，国民基本固。

（上海人民出版社1992年版《南翔镇志》）

词作者许苏民（1867—1924），原名朝贵，字稚梅，祖籍安徽，居南翔。出身于布庄店员家庭，清光绪年间考中秀才。早年发起成立南翔学会，从事学术研究和兴办教育，任总干事；出版《南翔学会月报》，宣传新学。1908年创办私立南翔义务小学，后改称私立南翔公学。主办《南翔公言报》，编著了《许选国文》《礼记节要》等教材。为南翔义务小学、南翔公学制订校训，编写校歌，十分注意师生的思想品德教育，爱国主义教育。

1911年9月，在上海加入孙中山的同盟会。1911年10月，当选为嘉定县自治会议员和候补议员。1912年辞职政界，致力于教育事业。病逝于1924年。为纪念许苏民，现南翔镇有苏民路、许苏民墓。

3. 私立南翔公学校歌（1923年，由南翔义务小学改名，许苏民词）：

一个宏大庄严的公学,是无数热心人士的结晶。猛进,猛进,要把南翔黑暗社会改造光明。莫轻量我小学生,这叫做有志竟成。

(上海人民出版社1992年版《南翔镇志》)

4. 私立惠民中学校歌(1944年,陆象贤词)

1.青年似春花,灿烂又辉煌,我们是青年!爱我好时光。

2.惠民似朝阳,光芒射万丈,我们爱惠民!建设新南翔。

3.白鹤向南翔,洁羽造云翔,我们念白鹤!建设新南翔。

按:三段歌词,每段之后是副歌,三段共同的副歌是合唱——

我们是南翔的新青年,我们是惠民的新力量,唯我青春,用我力量建设一个光明灿烂的新南翔。

(上海社会科学院出版社1995年版《嘉定县教育志》、
上海教育出版社2909年版《南翔教育史》)

词作者陆象贤(1917—2010),中国工运史专家、作家。六岁就读于南翔公学。1929年考入上海中华职业学校机械科、南洋中学。1936年冬考入上海邮局。日军攻占上海后,陆象贤撰写爱国诗歌、给青年邮工讲述古代诗文等形式,积极参加中共地下党领导的爱国运动。

1941年9月,陆象贤与地下党员胡训谟、顾家骥等创办惠民学校,并让惠民学校成为在嘉定开展地下工作的基地。1945年8月加入中国共产党。抗日战争胜利后,相继在南翔邮电局、台湾省邮电管理局、南京邮务管理局、嘉定银行从事管理和工人运动。之后,经组织安排转移香港,在中央上海局书记刘晓领导下,收集材料,起草了关于上海社会经济、人民生活、社会阶级的分析材料,由刘晓递交给毛主席、党中央,作为中央决策的依据。

1949年5月上海解放后,担任中共中央华东局秘书、上海邮政工会主席等工作。1950年3月,调北京担任中国邮政工会全国委员会副主席兼办公室主任、中华全国总工会政策研究室交通运输组副组长、《中国工运》杂志编辑。1979年任中华全国总工会中国工人运动史研究室副主任、全国政协文史资料研究会委员。工作勤勉,笔耕不辍,文坛工运两相宜。单独撰写或与人合著、出版了《人物与回忆》《爝火集》《中国劳动协会简史》《中国工人统一战线研究》《胡厥文生涯:从资本家到副委员长》《朱学范传》等共计二十余部著作。

5. 启良学校校歌(1919年左右,戴思恭词)

名园郁苍翠,灵秀此包藏。曾经沧海兴废,花木又芬芳。指点凌云广厦,让我栖憩游戏。弦诵乐相将,好鸟亦朋友,花落尽文章。播佳种,沾时雨,附门墙,良禽栖此。砥柱中流楫,既倒挽狂澜。

(上海人民出版社1994年版《嘉定镇志》)

词作者戴思恭(1872—1958),字伯寅,又字伯行,号敬庵,今嘉定区嘉定镇人。前清廪生。曾任嘉定启北学堂校长、嘉定禁烟局总董、上海圣约翰学堂国文教员。辛亥革命后,担任过嘉定军政分府副民政部长、嘉定教育会会长、县众议院议员、江苏省议会议员。应聘担任过嘉定修志局协纂、海军部编译处编译委员,后又任上海三育中学、夏光中学、陆行中学教员。重视教育事业,创办启良学校,自任校长。关心故乡城市建设,发起整修名园秋霞圃;提出整修城厢老街,把城中东南西北四大街改造成坦直大道;发起重修金沙塔(又名法华塔)。曾为疏浚嘉定东境干河练祁、蒲华、新泾、华亭泾诸河,奔走呼号,认真督饬,劳苦卓著。热心社会公益事业,如存仁堂施诊给药,育婴堂抚养弃婴,城中救火会之组织等,都首先发起,竭力提倡,造福一方百姓。

擅诗文,1941年参与发起成立"秋霞诗社",著有《偶止舟诗文稿》。工书法及绘画,尤其擅长绘梅。1953年,被聘任为上海文史馆馆员。

6. 私立企云国民学校校歌（1921年左右）

应奎山兮钟灵奇，汇龙潭兮水清漪。惟吾企云，国民学校，独占文明地。峨峨校舍景清幽，坦坦广场供游戏。大家欢喜大家勉励，莫辜负此山河之秀气。

兄弟姐妹来此地，国民资格求备齐。勤诚两字吾校之训，同学须牢记。耐劳耐苦毋荒嬉，诚心诚意毋自欺。学些知德学些技艺，吾辈学生做个佳子弟。

（上海人民出版社1994年版《嘉定镇志》。按：载有歌谱）

7. 私立勤业中学（1943年前后，潘指行词）

古疁文化邦，忠节侯黄，学业钱王，历史有荣光。奎山灵秀郁苍，弦歌声彻山之阳，藏修游息环境良。高初中，共一堂，业精于勤古训彰，相期毋怠荒。世界潮流激荡，物竞天择不可抗，争存图强科学至上。济济一堂，日就月将，要追踪前哲，把文化发扬！济济一堂，日就月将，要认识时代，做国家栋梁！

（《鉴史创新：上海市嘉定一中建校九十周年（1926—2016）纪念史册》，上海人民出版社1994年版《嘉定镇志》。按：两书所载均有歌谱，而词与谱均略有不同，此处采用嘉定一中校史版）

8. 嘉定县立中学复校校歌（1945年11月，潘指行词）

横祁纵沥，襟海带江，方广千余里，三吴文化邦。仗大节，数三忠二黄；穷经学，推潜研西庄，北城内，黉舍极辉煌；丙寅初创，春风化雨长，十载滋培，桃李蔚成行；枝荣叶茂，根本日坚强。倭寇猖狂，学子彷徨；赖勤业掩藏，阙功不可忘。剥极而复，天日庆重光；完成高级，进接升上庠。济济一堂，日就月将，要追踪前哲，把文化发扬。济济一堂，日就月将，要认识时代，做国家栋梁。

（《鉴史创新：上海市嘉定一中建校九十周年（1926—2016）纪念史册》。按：载有歌谱）

词作者潘指行（1892—1958），名昌豫，原字志行，嘉定娄塘镇人。清宣统三年（1911）毕业于上海龙门师范学堂，先后任教于上海衣庄公所小学、市立梅溪小学。民国四年（1915）起兼任嘉定县劝学所学务委员。民国七年回故里娄塘，任第三高小校长。发起组织"娄塘教育实进社"，集资4000元，并动员家族，捐出宅后屋基约3.5亩为校址。民国十五年（1926），任县教育局长，于城厢奎山小学创试中心校制，取得经验，在全县推行，教育管理与教学质量蔚然改观。不久其基本模式在全国推广，沿用至今。1931年以后任职江苏省农民银行总务处、嘉定分行、苏南办事处、中华珐琅厂董事长等。屡拒敌伪诱胁，不就伪职。

1949年后，潘指行本其热心教育事业的初衷，每学期仍为普通小学、企云小学、高义小学和中光中学等校筹措经费，还集资创办承德中学、人民中学。1950年，潘指行任县工商业联合会主任委员、县抗美援朝分会主任，发动工商界支援抗美援朝前线，获苏南人民行政公署表彰。历任嘉定县各界人民代表会议驻会委员、副主席、苏南行政区各界人民代表会议代表。1954年起，担任县人民代表大会常委会副主任、县政协副主席、嘉定县副县长。1958年去世后，其子女将其全部遗产包括"适庐"住宅捐献给人民政府。

9. 嘉定县立师范学校校歌（1923年）

练水之阴，讲舍峨峨，今昔之人，堪自豪！诚以成物，朴以范己，教育始基，在躬操！勤则不匮，敬业乐群，多士纷纶，育俊髦！如辙始轫，如日方暾，树人沿化，赖吾曹！

（上海人民出版社1994年版《嘉定镇志》）

10. 江苏省立黄渡乡村师范学校校歌（1949年，龚家驷词）

猗欤黄师，史绩辉煌，胜利复校，在安亭之兰塘。平原绿野，麦稠稻香，黉舍新建，弦诵种作味长。凡我同学，永矢勿忘，致知力行，国教重任铁肩。当精神焕发，意志坚强，光大我乡村之师范，即光大我民主之家邦。

（上海社会科学院出版社1995年版《嘉定县教育志》）

11. 嘉定普通女学校歌（清光绪末年）

野云漠漠练川长，风动浪尘扬。滋兰树蕙有芬芳，吐气答春阳。万古阴霾，一朝开朗，女界荣光。文明柔顺人宗仰，才德须兼仗。尽收拾脂粉排场，还我天然样。天赋人权，一般智慧，一般思想。思想神州，莽莽黄人，老大白人强。有一半担承干系在吾身上，秀得江山珠辉玉丽视我同裳。

（上海小说林社《女子世界》，1905年第二卷第一期。

按：载有歌谱）

12. 私立普通小学校（1921年左右）

红色勇敢黄公平，诚实色青青。在此校旗下，普通知识需分明；体育使我常强健，德育勤和诚，智育大自然，美育安慰我精神；用我脑力和体力，靠己不靠人，将来科学精，农工实业安我身。

（上海社会科学院出版社1995年版《嘉定县教育志》）

后 记

以上，笔者对嘉定学校中产生校歌的几所学校，在民国建立前后至1949年这段历史中的奋斗片段进行了回顾。黉学寒窗，岁月峥嵘。现在回顾，人物已是我们的前辈，故事已是记忆中的历史。在撰写过程中，我有几点感想，供读者参考，供同仁商榷探讨。

其一，民国时期嘉定的学校，是不是就是这么几支校歌？笔者搜寻检索，到目前为止的嘉定县志、区志、乡镇志，以及文化、教育专门志的文献中有记录的，就是这十二支。在个别老同志的回忆文章里，有过某些校歌的字句碎片，但没有其他佐证。我想，可能有其他学校产生过校歌，教唱过一届两届或多届，但是没有沿承下来，没有录入史志，没有时人、后人的记录，湮没了。这是很有可能的。

其二，文中涉及的师生们爱国壮举、敬业崇教、担当奉献的精神和行为，能不能说是校歌所激励？笔者的意见，不必这样说。从这些学校走出来的学子们，不一定记得唱过什么校歌。校歌不单是词作者的大声吟唱，更是土地的孕育、时代的召唤、民风的凝聚。校歌唱出了积极的氛围，表达了师生共同的心曲，校歌、校风鼓舞着师生，师生的不懈奋斗又让母校的校歌添彩增色。所以，校歌嘹亮，校风清正，师生理想健康，肯定有助于培养出更多的俊髦栋梁。

其三，校歌是一种文艺作品，受创作者三观影响，更受时代左右，在所难免。校歌文字忌冗长，不能面面俱到。这是我们现在能够理解的。总体看，民国时期嘉定的校歌，创作者本身是教师、诗人，也是视野广阔、脚踏实地的开拓者，唱出了那个时候士子们的心声。民国时期嘉定的校歌，是教育文化、江南文化、海派文化的艳丽奇葩。

此文酝酿已有若干年头，码字期间，却赶上新冠疫情，足不出户，不能访友，不能外出查阅。承蒙陶继明先生、顾建清先生提供不少宝贵资料，徐征伟先生也提供相关信息，在此深表谢意。

2022年7月

（作者系嘉定文史研究者）

至性诗篇血写就，劫后文章老更成
——陈一凡的古典诗词创作[1]

文\刘霞

一、缘起

我是通过理解一凡老师，而理解中国古典诗歌的。年纪愈大，愈发觉得，我们穿越尘世，颠沛流离，踽踽顾盼，就是为了遇到未了缘之人，他将融入你的生命，给你密钥，带你走进命定的未知世界。关于与他相识相知的过程，2010年我曾写过《怀念陈一凡老师》，由于涉及他的隐私，未发表。在此，只将那些镌刻在灵魂深处的细节略微回放一二帧，作为祭献的"水仙"（他最喜爱的花），点缀于重塑他之诗园的灵台上。

2002年，他在《嘉定报》上"发现"了我，数十里迢迢地辗转至偏远的乡下寻找，然我已像随风飘散的蒲公英一样，顺着命运之风回到了故乡。2005年，我兜兜转转又回到嘉定，与他的缘分正如智者所言，"不必寻明师，明师必将寻到你"[2]，他受邀为我单位撰写纪录片解说词，像所有美好的相遇都是"久别重逢"一样，他一进学校就"识别"出了我[3]。

他希望我随他学写诗词，我却愚蠢地婉拒了。那时，我正处在与生存搏斗的白热期，深陷生活的泥沼，加之古典文学知识储备贫匮，且缺乏体悟品味古典诗歌的静心与从容，纵然面对上乘的"导游"，仍然执拗地选择躲闪与逃避。我伤了他的心，他在临终前两个月，表达出对我的失望。2009年11月他逝世后，我带着深深的愧疚缅怀了九年。[4]我曾向师母提及他最后一本文集出版事宜，师母与他的儿女均不置可否，嘉定文联方面也无人愿意出面主持此事，他的遗愿就此搁浅。出乎意料的是，师母于2014年年底，终于认定我是他"最好的朋友"，将他以前秘不示人的手稿，连同整理好的原打算出版的《风叶集》底稿，一并"送"给我，以作"纪念"。我当然明白师母的言外之意，她大概受了他的梦中之托吧。除了一片深心，目前我还不具备能力将之出版。近十年，蒙受诸神恩宠，处于命运的炼丹炉里，顾不上细读他的"全部情感"，但我既肩负着厚望，便一刻都不曾忘怀他的诗魂。他将精神的遗产留给我，为的是做我的贝雅特丽齐和维吉尔。在我也经历了带血的啼叫之后，读着他整个的人生，抚摸着他以心血写成的字迹，已没有愧负，只有温柔的怀念。

---

[1] 本文是国家社会科学基金后期资助暨优秀博士论文项目"明清嘉定文学研究"（批准号：22FZWB049）的阶段性成果。主标题由陈一凡老师的两句诗化合而成："至性诗篇血写就"，来自七绝《读丁芒文〈老柳犹吹三月絮〉泣赋》首句"至性文章血写成"，亦源于他的散文集《秋雨拉茬的日子》里《至性文章血写成》的篇名；"劫后文章老更成"，来自七律《赠柳絮用高唐原韵》中颈联第二句"劫后文章仰老成"。
[2] 一位不愿具名的导师之语。
[3] 2005年7月至2021年8月，笔者在上海科学技术职业学院工作。
[4] 这篇论文的原始稿（3万字）成文于2018年10月，是为参加2018年11月28日由国务院参事室中华诗词研究院与复旦大学中文系联合举办的第三届"中华诗词古今演变研究"学术研讨会而作，因诸多原因，拖延迄今发表。

图一 中年陈一凡

图二 陈一凡:《啼鹃》,江苏人民出版社,1984年版

二、诗作:至性文章血写成

陈一凡(1932.10.7—2009.11.10,图一),上海金山县泖秀村人,笔名一凡、逸帆、一帆、曾烟帆、叶帆、尹凡、伊凡、化石、英子、耿耿、田心力、老烈、杨子文、钟晚晴等。他的杂文《爱惹祸的文人》,颇可解释他笔名如此之多的缘故,大概有话要说,如鲠在喉,又担心莫名的攻击与构陷,只能以游击战的方式表达改良社会的意见,实现文艺讽谏社会的功能。但即便"敢于说真话"让他吃够了苦,他仍然秉持文人的"传统特色",喜欢秉笔直书,因此自嘲道:"吹皱一池春水,干卿底事!"[5]

他12岁习古文,15岁学写诗,一度想入无锡国专学习,因父亲的强烈反对而止。然而他对古典文学的喜好,则完全受父亲的影响。父亲是中学教员,考虑到那时的大环境已变,文学不足以养家,他又是长子,有两弟一妹,应该学实用性强的学科,于是他1951年3月考入苏州华东革命大学。1952年8月至1954年8月,在华东师范大学政教专业学习;1954年至1959年,任华东农业机械学校教员;1959年至1970年,在南京农学院做行政工作;1970年至1980年,任镇江农机学院附属中学教师;1980年至1986年,任太仓县教师进修学校教师,太仓师范教师、副校长;1986年至1987年,任嘉定县教师进修学校教师;1987年至1992年,任嘉定县幼儿师范职业学校校长。

自1949年起,他陆续发表散文、杂文、新旧体诗、报告文学、寓言、论文100余万字,著有散文集《啼鹃》《秋雨拉茬的日子》(图二、图三),诗词集《青青吟草》(图四),文论集《寓言阅读与欣赏》等。2001年,《登燕子矶忆丙午旧事》获中华诗词学会"国学创新优秀成果奖银奖";2002年,《芙蓉山庄红豆歌》获"红豆杯诗词大赛"三等奖;另获苏州市文联"好散文"奖等多个奖项。

2005年,他的古典诗词集《青青吟草》出版,青青是他的乳名兼诗号。《后记》中他说,自15岁起学写旧体诗,25岁因文贾祸,此后虽戴罪二十二载,写

---

[5]《爱惹祸的文人——〈马家军调查〉读后》,笔名老烈,发表出处、时间不详。说明:本文所引陈一凡老师的散文,大多来自其尚未出版的《风叶集》底稿剪贴本。因剪贴本中只有见刊文章,而未标注发表的刊物及时间,加之目前尚未有当代报刊的数据检索库,故而暂时无法提供文章发表的具体刊物与时间,歉甚!

图三 陈一凡:《秋雨拉茬的日子》,珠海出版社,2001年版

图四 陈一凡:《青青吟草》,上海古籍出版社,2005年版

作却并未废止;"文革"期间,他将旧作编成诗集三种:《青草集》《江浦集》《浮沤集》,词集一种《秋螿集》,手抄孤本,秘不示人,共存诗词1200余首[6]。《青青吟草》从留存的诗稿中选出407首,分体编排,同体作品则按时序排列;多方考虑,他抹去了具体时间,幸好手稿保留了部分诗词的写作时间,对于追索他的心灵史、恰切理解诗词意旨,起到了至关重要的作用。

此生合是诗人未?他生来就是要做诗人的,若无诗,他的生命便会枯萎,存在便无意义。他把自己的诗比作苔花,若用他的现代诗解释旧体诗词创作的冲动,便是:"假如没有花朵,要什么春天?"[7]1963年,他把一百余首新诗结集为《十年诗钞》,《序言》

---

[6] 这其中的大部分,在"文革"中被销毁或遗失。
[7] 录自手稿本《十年诗钞》中的《假如没有花朵》。

是近万字的"从一个早晨写到第二个早晨"的"心声",他深情详尽地剖析了自己的诗魂,反思诗性人生的形成,描述由苦吟带来的幸福与憔悴,痛苦地叩问自己该"沉默,还是歌唱"。此序虽是为1953年后的新诗而作,但他对自己诗性心灵的袒露和追问,与写作旧体诗的动机和初衷是一脉相承、彼此相映的,如果不了解他在序中表现出的痴狂与激情,便无法理解他为艺术而生的全部赤诚。这面"心灵的镜子""跳动着"他的"脉搏",却被他"沉埋"多年,在此引用《十年诗钞·序》中的片段,以便共情"那是一个圣所,在那里,我生命中最深的真实得到了荫庇"(泰戈尔语):

我的性格天赋就是诗的。造物者没有给我过人的智慧,却给了我最典型的诗人气质,我觉得这是一个可悲的玩笑……

这是一张心的录音片,一幅生命的曲线图。它展示着我思想情感的全貌——它的光明面和黯淡面。它交织着我的欢乐和忧伤,我的呼喊和呻吟……

多少年来,我没日没夜地在苦吟中消耗自己的生命,可是很少共事者发现我在写诗。我没有强烈的发表欲,也并不在周围寻求知音,因为我觉得诗人写诗,恰如泉穴喷水、春蚕吐丝一样,几乎是一种自然现象……

诚然,诗是苦役,但它又是甜蜜的苦役。"知之者以为诗仙,不知者以为诗魔",当他沉湎在诗的仙境里的时候(哪怕它只是呈现在优昙一现的瞬间),他只感到快乐,而当他注视着那些安稳地睡在语言金盒里的安琪儿时,就像一个母亲注视着自己才生下的婴儿,他们流出的血获得了超量的补偿,他们的心同样装满了幸福……(手稿)

这篇未刊序言是他灵魂的唱片,借此可以了解他的人生与诗深刻缠绕的起因。他15岁后,"游居寝食,非诗不与",诗是结习,又是密友,他常怀疑:"究竟是我在做诗,还是诗在做我?"诗安慰了他的敏感忧愁,成了他的至爱,但也带给他人生的急剧转向——1957年被打成"右派",但诗是他的宿命,他无法割舍,无力抗拒,即便在严酷的岁月里,他依然为诗痴狂。不知者谓他何求,知他者终会明白:诗,就是陈一凡的存在。

(一)15至24岁:少年如旭日,泖秀独钟灵

1955年,他将394首旧体诗结集为《青草集》,序中记录了金山某诗老对他"雏燕学鸣"的赞赏,乃一绝句:"人事有代谢,文章无古今。童年如旭日,泖秀独钟灵。"15岁时,他"罹瘵疾"(肺结核),乡居两载,郁郁寡欢,"朝夕以读书吟咏自遣",此后"八年诗缘,实种因于斯"。他"独步深山,自寻幽径",并未获"法家"指点,自述此阶段"轻赋而重比兴,格调变通,不拘韵律","窃韵于《诗经》,窃意于白傅,窃神于江左三家;而尤瓣香随园,专重性灵之说,以其扫尽肤毛饾饤之弊,辟废沿袭滥觞之陋也"[8]。因喜爱性灵说,他专门作《瘦庐诗话》,阐析颇详,但被友人所失。

《青青吟草》保留了《青草集》中的若干诗作。七言古体《求眠歌》(1956)效法李白诗风,以激烈痛苦的情绪详摹被诗魂拘牵而冥思苦想、殚精竭虑、深夜苦吟的疯魔状态,诚如《十年诗钞·序》所云"诗是苦役"。即便被"虐我"的创作冲动折磨至惨,他依然狂热地祈祷心窍大开,能于心神凝一的状态中挥洒"仙笔",留下杰作。在未刊的七律《秋怀》(1947)中他说"病魔不敌又诗魔"[9],将创作欲望定性为"诗魔"。60年代,处于肃杀的环境中,心意消沉的他自然会说没有发表欲,然而当初"呕血八年诗万首,性灵追到古人先"的"惊才"诗人[10],是有着名山愿望的,"格孤诗骨瘦,学废性灵来。吟罢千回改,惊人意始安"(1955)[11],为的就是"冀入骚台一卷传"[12]。《拥怀》(1956)更是在对命运的反思中坚定了以诗系命的人生抉择,诗风抑扬顿挫,已开中年学杜的先声:

> 弹指华年掷苦吟,灯前酒泪渍尘襟。
> 江湖病鹤萧疏气,风雨名山寂寞心。
> 果有文章憎命达,漫将歌哭托言深。
> 一从放梦匡庐后,十倍清狂直到今![13]

处于新文艺日新的文化氛围中,他"非敢以沧海余音,妄图使潮流复古"[14],不免调侃自己是"诗痴"。《自嘲》(1957)云:"输心颇畏时人笑,无奈旧酬偿未来。舞鹤姿怜自抑扬,屠龙术炫招讥诮。"[15]他渐渐感受到了黄景仁的"悔"。怀璧其罪,"性僻耽佳句"无异于作茧自缚,却难以化蛹成蝶。但结习难改、文心难违,即使"招讥诮",他仍不由自主地"自抑扬"。"凡有所学,皆成性格"[16],他理解喜爱黄仲则,心摹手追,青年期特有的炽恋、哀伤、迷离、爱而不得,均仿黄景仁的《绮怀》与李商隐的《无题》而出,因是切己之痛,他能仿而不滞、脱胎换骨,故而凄楚缠绵、悱恻动人,堪与黄李比肩。

《绮怀》四首(1956)描述了他的爱情初体验,

---

[8] 此段中的引用语,皆出自手稿本《青草集·序》;《青草集》,未出版。
[9] 手稿本《青草集》,未刊。
[10] 手稿本《青草集》之《南窗独坐》,1955年,未刊。
[11] 陈一凡:《诗境》,载《青青吟草》,上海古籍出版社,2005年版,第16页。
[12] 手稿本《青草集》之《步曲江珠树轩主志怀原韵十绝句》其八,1948年。《青青吟草》选刊了这组诗中的三首,此首未刊,全诗云:"豪气当年诣谪仙,人皆欲杀志弥坚。苦吟不惜诗肩瘦,冀入骚台一卷传。"
[13] 陈一凡:《青青吟草》,上海古籍出版社,2005年版,第31页。
[14] 手稿本《青草集·序》,1955年。
[15] 陈一凡:《青青吟草》,上海古籍出版社,2005年版,第7页。
[16] 培根语,录自《十年诗钞·序》。

绝类晚唐体的风才艳发、情深韵长。他在婚前爱过三次，前两次都是单恋，品尝的是苦果，即《十年诗钞·序》所言"love is pain"（爱的痛苦），"几乎全是柏拉图式或希吕彭式的"。希吕彭是莫扎特歌剧《费加罗的婚礼》里的男仆，他那著名的咏叹调《你们可知什么是爱情》，表现的正是被销魂荡魄的爱情所浸透的心神不宁，一凡老师以此比喻自己那交织着激情与迷茫的爱之悸动。他说："当我们年华正盛，谁的心不像酒一样醇？"对于视诗为灵魂的人，"诗歌和爱情在心中很难划分"（苏联诗人梄企巴乔夫《爱情诗集》语），"它们常常替换着做主体和影子，有时甚至连自己也弄不清楚究竟是诗为了爱情，还是爱情为了诗？"前两次单恋是"永远觉醒的睡眠"和"否定的存在"（《柔密欧与裘丽叶》语），第三次则是混合着甘甜与苦涩的鸡尾酒，由于高歌猛进的时代风暴覆盖了个人情爱的和风细雨，遂成为刻骨的伤心。恋人霞君是他早年的邻居[17]，姿容秀美，聪慧伶俐，能歌擅舞，尤擅弹琵琶，与他可谓青梅竹马，亦理解他的精神追求，但似乎早于他受到政治侵袭。《无题》八首之七有云：

> 刻烛缠绵写绮思，风光细腻记当时。
> 踏波渺渺弓无影，绕腕离离藕有丝。
> 愁比蘼姑三倍重，情输楚玉十分痴。
> 他年朱鸟眉无语，百转千回悔已迟。[18]

暗示爱情受到了"反右运动"的冲击，两颗相印的心灵经历了痛苦的犹豫与抉择。在后来的情诗中，他更是大量注入了忧伤的身世之感，如1957年的《阙题》，便预示着他的诗风即将大变，沉郁激愤将成为主色调。

学诗的前九年，他博览精研，用心极苦，但受限于阅历，笔端不脱模仿的痕迹，然因揣摩至精，已臻化境。他自述受杜甫、白居易、李商隐、吴伟业影响较深，最心仪黄景仁。这九年令他深知作诗之甘苦，然乐此不疲，"诗已经渗进我生命的每一个皱褶，成了我精神生活的第一需要；或者说，嗜诗耽咏，已病入膏肓，不可救药了。诗是我偏安的港湾，也是我托梦的天堂。种种烦恼与痛苦，种种不能承受之重，只要把它们倾注在诗里，便消减了许多"[19]。暴风雨将至，诗果然成了他的避风港、他的救赎，若非诗的存在，他大概熬不过人生的寒冬。

（二）沉沦22载（1957—1979年）：嚼血苦吟的子规，暗飞自照的萤火

1957年，25岁的他，因写诗讴歌新时代，被打成"右派"，从此开始了泣血啼鸣、呼唤东风的苦难生涯。生活的大转弯像利刃一样挑拨着他的神经，致使他性情大变，诗风亦随之改变，由旖旎缠绵变为沉郁顿挫，由清新俊爽变为辛酸愤慨。但转变的关键点，并不在戴上"右派"帽子之初期。那时他还怀抱着一腔热血，努力将自己融入劳动的天地里去，意欲通过积极主动的改造，能使思想跟得上变幻的局势。1958年2月至1959年8月，他被下放至江浦农场，劳动虽辛苦繁重，但在精神上尚未遭受严重的践踏。迄至农场放归后，他的屈辱残喘的压抑生活才算开始，世人残忍冷漠的一面才真正揭开面纱，独自承受的痛楚才逐渐而又隐隐地发作，不堪凌辱的心灵才算饱受折磨。

起初，下放农场一年半，虽"稼穑纷纭，而积习未忘"，他创作了大量反映农村生活和自我改造的诗篇。当然，也有抑郁哀伤、疗愈伤口的诗。受"反右运动"的影响，他与恋人劳燕分飞，各自飘零；"右帽"沉沉，他只能独自消化由爱之甜蜜化为空梦后的苦涩滋味。但与此同时，耳目一新的农村生活也令他生发出崭新的创作激情。1963年的《十年诗钞·序》云：

---

[17] 通过手稿和诗中隐晦的暗示，可猜出名字或许是"王雪霞"，俟考。
[18] 陈一凡：《青青吟草》，上海古籍出版社，2005年版，第24页。
[19] 陈一凡：《青青吟草·后记》，上海古籍出版社，2005年版，第166页。

"这儿的一切都那样的新鲜活跃,正如屠格涅夫说的:'连空气都充满着思想。'不,简直充满了灵感!从播种到收割,我参加了全部农活,同时也用双手打开了一个诗的世界。"《江浦集·序》(1962)亦云:

> 每当寻肥南陌,叱犊东皋,绣垅春锄,珠畦夜割,或迎风酣唱,或仰雨微吟,颠倒诗魂,忘乎所以。性情既变,诗风亦异,大都清新粗犷,吐属自然,一扫无病呻吟之弊。[20]

在接触广阔的农村生活后,他的诗风转向清新自然;同时,苦难的磨砺带来了诗格的独立,让他摆脱了此前模仿大家的那种拘谨和束缚。具体而言,首先是题材的扩大。既有表现农村生活乐与苦的,又有反映改造生活的热烈与紧张的;既有歌颂新时代新气象新事物的,又有赞美乡间恬静淳朴生活与生机勃勃的景色的;既有意志消沉、暗伤身世的,又有斗志昂扬、壮烈满怀的;既有对初恋的追怀与怅惘的,又有对未来的担忧与祈祷。他把全部的生活与情感都融汇进诗里了,诗像是密友,倾听着他每个意念的展开与颤抖。此时的诗歌,可全然复原他渴望与时代共呼吸、愿意把自己完全融入新中国建设的洪流中去的赤子心。如《战寒潮(夜工即景)》表现了奋斗的热情,《拾肥吟》反映了农事新景象,《耥秧田》体现着劳作的健美轻快等。这些诗已不单单是他个人生活的写照,也是录像机,在用旧制胶片刻录着新时代的气息,亦可谓旧瓶装新酒而酒味醇厚。其次是风格的别开生面、自成一家。他的创作进入成熟期,技法圆熟,辞藻妥帖,随物赋形,真切自然。如《放牛即事》,吐属清新、俏皮可爱、神情朗然;《壮行二首》,风骨遒劲,是激昂的革命热情、空前的社会运动与个人命运交织的赞歌。以上这些诗作,都是他开拓题材、风格多样化的尝试,胶合着绵密深邃的情感与粗犷豪迈的神气,反映出他能将婉约与豪放熔铸为一体的功力。可以说,对于古典诗词的现代化,他从中华人民共和国甫一成立,就是有着思考和实践的。

通过这些记忆的载体、历史的镜子,我们能体味到新与旧、古与今兼容并蓄,涵宏光大的交融。他已有纯熟的技巧,加上真诚的创作动机,新生活与旧体诗毫不违碍、和谐地化为一体。至于命运转折的1957年,他则以极婉转的方式纪事。《丁酉杂诗》六首(手稿本是八首),跌宕有致,风味独绝,因有着深切的五味杂陈、追悔莫及,成为其个人命运的史诗、时代影子的呈现,亦夹杂着夙业难改的清高、才情横溢的压抑,读来尤为感人肺腑。在这组诗中,他表现出工愁薄命的黄景仁"百无一用是书生""枉抛心力作诗人"之"忏悔",以反语发舒郁积凄怆的心绪。他心仪李白和黄仲则,孰料造化弄人,他也复制了偶像的"穷工"。到底是诗歌成就人生,还是人生成就诗歌?抑或两者原本就是一体两面,像福楼拜所说"如果你以艺术决定一生,你就不能像普通人那样生活了"[21]。要成就艺术,就必须为此做出一生的牺牲。

如果说下放农场近两年使他眼界大开,思想振奋,开辟了诗作新天地,尚算因祸得福,那么回到南京后的19年,却十足成了考验他生存勇气的炼狱。丁芒先生在序言《江南芳草多情碧》中记述道:"一九五九年夏调回学校任缮写员,成天刻钢板,多至每天刻八张蜡纸,一万两千字。这种生活持续了十九年。"[22]写于1962年的《忏悔词》[23],是他第一次摘去"右派"帽子前后所作,已无下放农场时的高昂情绪,在政治错误和高压气氛面前,只剩觳觫感。"风雨舞干戈",使他既惊且怕,所谓"忏悔",正是听闻"消息""流言"后,"心机十万梭"而惶惶不安的表现。"铁错铸成",他预感到诗骨

---

[20] 手稿本,未刊。
[21] 木心讲述、陈丹青笔录:《1989—1994:文学回忆录》,桂林:广西师范大学出版社,2013年版,第1077页。
[22] 陈一凡:《青青吟草》,上海古籍出版社,2005年版,第3页。
[23] 由《浮沤集》编排时间推测。

将销，诗稿将焚。[24]

1966年6月，他再次被打成"右派"，浓重的黑夜笼罩了天空。在被批斗的日子里，人性的凉薄与丑恶令他感到绝望，他不堪屈辱，决意攀上燕子矶，投江自尽，那里曾见证过他短暂的爱情。或许真是"天意君须会，人间要好诗"，或许是白天的劳作使体力消耗过度，他在手脚并用的攀爬中，竟然意外摔落下来。摔落使他清醒，他悲愤泣血地说出："留得头颅唯一用，教人指点说冥顽"。此情境，三年后被写成诗，放在记忆的橱柜里，2001年获中华诗词学会"国学创新优秀成果奖银奖"，即《登燕子矶忆丙午旧事》（1969）：

> 旧时江水旧时山，月黯风凄记昔攀。
> 拚曳惊魂沉浊水，忍将绝笔掷朱颜。
> 浮生只合当时了，跛足何须乘夜还！
> 留得头颅唯一用，教人指点说冥顽。[25]

写诗至此，他继承的风骚传统才真正有了自己的印记。鲜活的生命、时代的投影、带血的反抗，都在这首七律中凝缩为记忆的琥珀，后人看到的只是一团晶莹的泪滴，囿于浮生中哀伤的姿态，但于当事者，却是深入骨髓的生命之痛。只有亲身经历者，或有类似经历者，才能感同身受，沧桑一叹，掩面而泣。还是丁芒先生总结得好：

> 一生坎坷，因而生命体验丰富、深刻、立体；一生写诗，因而生命体验经过诗性思维的编织，往往形成理与情深相结合、却又迸射绚烂多彩艺术光芒的锦绣佳句……这种细腻深刻的生命体验表现，使他的诗骨格铮然，撼人心腑。[26]

他1960年至1966年的百余首诗，被毁于"文革"中，他仅撕藏两页，后来循踪辨迹，追捕若干，合成《浮沤集》。受时代与境遇的两重伤害，他一变早期的自然浏亮、含蓄蕴藉、温婉醇雅，此时诗歌的内容，悲怆凄伤，格调沉郁顿挫，几近杜诗韩笔。无论是政治上的严冬，还是人际关系中的寒夜，要在"胸中冰炭鏖千战"（1973）[27]的挣扎中存活下来，除了"尚存尺木风头气，未老文章笔底花"（1963）[28]的自我激励与"不信东风唤不回"[29]的热望，还需亲情的支持和对温柔情感的回忆。两页存留的诗多与爱情有关，想必这是他最难割舍的部分，正如朱彝尊宁愿不食两庑冷猪肉也要保留《风怀二百韵》一样。人间知己难得，霞君情深意挚，两人却被迫分别，爱到深处只换来有缘无分的痛楚，这种情殇怎可用销魂一语概括？从手稿推测，《重逢》写于《尺幅赠霞君》之后，他有意轻生之前。他欲留给霞君尺幅画像，以做最后的纪念，孰料曾经相恋的心灵可以感通，霞君有不祥之感，特来看他。这一推断，是从《丁未杂诗》（1967）中索隐而出：

> 十年消息阻天涯，青鸟南来问落花。
> 笑靥依然霞映雪，春心奈是茧成纱！
> 风帆萧索青衫客，雾毂迷离白玉桦。
> 此日重逢如梦觌，欲持绛蜡问南华。[30]

"青鸟南来"，说明霞君被发配到南京以北。如梦般的重逢，令心头泛起多少涟漪！往事一幕幕涌现，饱受肉体和精神折磨的诗人再也抑制不住创作的

---

[24] 陈一凡：《青青吟草》，上海古籍出版社，2005年版，第76页。
[25] 陈一凡：《青青吟草》，上海古籍出版社，2005年版，第33页。
[26] 陈一凡：《青青吟草》，上海古籍出版社，2005年版，第6页。
[27] 陈一凡：《癸丑春节后返校车过常州作》，载《青青吟草》，上海古籍出版社，2005年版，第33页。
[28] 陈一凡：《离心》，载《青青吟草》，上海古籍出版社，2005年版，第32页。
[29] （宋）王令《送春》诗句。
[30] 陈一凡：《青青吟草》，上海古籍出版社，2005年版，第78页。

冲动，在最不适宜写作艳情的年代，冒着被发现的极大风险，一口气写下追溯相识相恋历程的风怀组诗。《丁未杂诗》12首（手稿是18首）既是爱之历程，又是命运轨迹的展现，始欢终悲，由绮至朴。"风催雨虐各天涯"，奠定了组诗的基调，作为对"桃根桃叶都无份"的回答，亦是"灯前数作逃禅语，生怕情多误雪儿"的缘由。这次重逢，除了短暂的心灵慰藉外，更多的是后会无期的悲伤。"后约愿将红泪蓄，秋坟衰草哭西坡"，以那时"红旗白戟战方酣"的情形看，人生哪有未来？他终生感念霞君"知己之深"，是因为在那风声鹤唳的年代，面对人见人恶、穷愁潦倒的"贱民"，霞君义无反顾地"回肠一语吐缠绵""愿作鸦鬟不羡仙"，以朝云侍奉苏轼之事作为来生之约[31]。知己如此，夫复何求？那时他已有家庭和孩子，面对命运的错置与如此侠骨柔情，作为晚辈，真不知以言表内心的震动！

（三）新时期的创作（1979—2009年）：劫后文章仰老成，老树新花再突破

"文革"后，他迎来了新生。大病初愈的社会与人生都需要缓慢而温和的恢复，在1979年"右派"错案改正前，他的诗词间或夹杂着以往伤口的血丝，但已开始了自我宽慰，"诚觉世事尽可原谅"（木心语），不再计较时代错误，而是以最虔诚的心态迎接吹绿大地的新风。不需任何人督促，他那纯洁轻信、孩童般真挚的天性与满腔报国的赤子心就开始撩动他，让他憧憬未来，唱起了明亮的歌。《遣怀》（1976）：

> 劳生何计复何求？泣血啼乌盼白头。
> 尚有毛锥惊鬼魅，未妨瓦枕梦风流。
> 千遭唾溺成顽石，半饱乌菽作力牛。
> 恩怨陶镕成一气，濡将风雨洒江秋。[32]

"文革"刚结束，他这块遭人唾溺的"顽石"便决意再做"力牛"，消泯恩怨，化风化雨，融入时代江河。1977年的《述怀一律步盛老坚夫原韵》，色泽就更加明亮欢快了：

> 正道沧桑信未差，书围放眼即天涯。
> 中年百感沉豪竹，南部余声葬乱蛙。
> 科学新风欣拭目，文章旧价漫矜夸。
> 芳林处处催时雨，醉蕹惺忪也著花。[33]

他渴望用诗记录时代，尝试将崭新的内容注入旧体，增强其活力。或曰，他一直在寻找古今融合的恰当方式，不止像黄遵宪那样熔新事物新名词入诗，而是以当代人的思想情感、生活辙迹入诗。可以说，他的古体诗之精神本质是现代的，是与命运同步、与时代共呼吸的。1979年《己未四月某夜寄钱璱之》系"改正错案"后寄友之作：

> 敝葛危冠二十年，强持羸骨涉沉渊。
> 牛衣风雪秦淮渡，赤脚冰凌江浦船。
> 唾垢斓斑犹待濯，芳荃寥落可重妍？
> 平明血吻声声切，此诗春山老杜鹃。[34]

在这首寄寓身世的陈情之作中，他以个人命运的转折、沉浮，折射出国家和时代的曲折，依然是杜诗风格，格局阔大，境界深邃，骨格厚重，沉郁顿挫，读来格外沉痛。错案改正后，他的心境逐渐开朗，努力突破诗体格式上的局限，期冀以小见大，颂扬可歌可泣之事，描绘时代新风貌、生活新风尚。其中，表现新日常的叙事诗，往往灵动活泼、俏皮可爱，能以古体

---

[31] 此段所引诗句，均出自组诗《丁未杂诗》。
[32] 陈一凡：《青青吟草》，上海古籍出版社，2005年版，第34页。
[33] 陈一凡：《青青吟草》，上海古籍出版社，2005年版，第34页。
[34] 陈一凡：《青青吟草》，上海古籍出版社，2005年版，第35页。

存留鲜活的现代影像。他暮年所作《领孙杂咏》十首（2004）乃此中翘楚：

其三
孙子居然疗法高，催眠降压抗疲劳。
新来添得强身术，屋角花丛避野猫。

其四
才上书台又灶台，翘臀拱首奋登攀。
通天若有绳梯架，定向蟾宫折桂回。[35]

这组诗清新通脱，自然流畅，颇有袁枚诗味，然精神风貌属于当代，是他退休后领孙生活的真实写照，令读者有旧体新颜之感。七绝的旧框缚不住朝气洋溢的新情景，其中的才情韵致、性灵神髓，迥异于以往的古典诗，超越了平滑寡淡的时流。2007年的"急就章"《祖孙对话——五言二十韵》，在形式与风格上，他是瓣香白居易的轻快俊逸，内容则完全是现代社会的性灵：

见我曼吟哦，童孙沿榻绕。
问汝何为来，要糖要梨枣？
答云欲学诗，闻之几绝倒：
汝今方六龄，如蕾花始葆。
百科待汝攻，何独钟吟藻？
邓公曾倡言：娃娃学电脑；
一网揽天下，堪称宝中宝。
诗乃娱情物，难以托温饱。
告汝两新闻，汝当知分晓：
深圳有少年，当街售诗稿；
"行为"号"艺术"，情状类乞讨。
又闻瘦西湖，桥头坐一老；
朗吟声抑扬，船过索酬报。
诗人多偃蹇，虚名更缥缈；

不见汝爷爷，苦吟发已皓？
孙儿不耐烦，连说"好好好"；
诗还没沾边，牢骚先吃饱；
不学就不学，谁听这道道！
扮个鬼脸儿，撒腿"拜拜"了。
撇下踽老头，兀对荧灯悄。[36]

他描摹孩童的可爱神态，一两句便传神，丝毫不与古体相违碍，这缘于他亦如孩童般天真，能把老者的担忧啰唆与稚者的随意多变融化一处，开合自然，流转自如。他评朱振和《化外诗思》曰："常情常景，一经妙手拈出，便成灵境。深一层想，这妙手通向妙心，一颗充满童趣的爱心……离开诗心而侈谈诗法，舍其本而逐其末矣。"[37]正是夫子自道。

其成熟期所形成的沉郁风格，在他暮年的未刊稿中间或有，那是他遇到了激动难眠之事，久已平静的心弦被再次拨动所致。《青青吟草》出版后，获得了诸多旧体诗词爱好者的好评，他收到一些读者来信；亦有年轻诗人按捺不住"大雅久不作"之后而再见"文质相炳焕"的欣喜，常来信求教，其中的杰出者，有住在上海金山区的三峡移民张青云。张青云从小受祖父教导，研习韵文，深造自得，诗词很见功力，他在信中诉说了移民生活的艰辛，并附上诗作。一凡老师阅后，大为震动。他没料到当今还有如此诗才，既喜又悲且急，为惜才故，他多方宣介，同时与友人商议，用帮其谋职的方式，来改善张氏的生存窘境。《读金山青年诗人张青云吟集感赋》（2006.3.9）便是接到来信后所作：

寒露凋残枫树林，酣歌一叶傲秋深。
青云路曲迷行脚，皓月潭渊印素心。
三峡啼猿呼远客，九峰唳鹤迓知音。
吟边饱蓄怜才泪，欲洒莲花梦笔簪。[38]

---
[35] 陈一凡：《青青吟草》，上海古籍出版社，2005年版，第90页。
[36] 自订打印本，未发表。
[37] 《一杯别有风味的鸡尾酒——〈化外诗思〉序》，2007年，录自未刊文集《风叶集》之底稿剪贴本，发表刊物不详。
[38] 自订打印本，未刊。

这首藏名诗意蕴丰富，包含了张氏身世、流离现状、才情抱负、诗风诗貌等内容，情、事熔铸婉转妥帖，是他暮年的佳作。

他晚年公认的杰作是2002年的《芙蓉山庄红豆歌》。他绝爱陈寅恪先生的《柳如是别传》，陈先生寄寓其中的家国情怀与身世之感是他这类"冥顽"所感同身受的，柳如是的侠骨血性亦正是他这类立志报国者的赤子心。他从两枚红豆中不仅看出了钱柳的爱情誓言，更读懂了柳如是的英雄气和家国承诺，以及侠女的异代知己陈寅恪先生的心泪。他三游偶像故地，思幽怀古，凭吊钱柳，且致敬自誓：膑名盲翁陈寅恪能铸史诗，他陈一凡亦曾跛足，不妨步其后尘，任逸罄而葆赤子心，以诗为史，灌注时代精神。这首七言古体诗可分为前后两段，正如周笃文先生所言，"村翁示我双红豆"以下十二句尤为颖妙入神[39]，一改缘起的雄健、叙事的跌宕和写景的清丽，把红豆拟人化，物我交融，温婉旖旎。红豆就是柳如是的化身，晶莹如婴孩，温馨似美人，骨髓里却是天生血性，不肯妥协，勿论投降。结尾呈现出作者昂扬的心态，他愿中华大地处处有爱国者的"花果香"。张青云评曰："实乃梅村堕绪，风流华美且清韵旖旎，所谓'寓雄奇于婉约，纳悲咤于芳侧'，此篇实足当之，无怪荣膺大奖，岂偶然哉！"[40]

他评阿迹子（陈月盘）的诗曰："'天为诗坛降此翁'，特殊的年代，特殊的经历，特殊的学养，特殊的才华，造就了阿迹子的诗。"[41]可以借之总结他自己的诗作。

三、词作：豪放婉约，不拘一格

许多评论者更偏爱他的词，钱仲联先生曰："豪放婉约，不拘一格，唯其情真，是以语挚，梅村、迦陵再世，定当把臂入林。"[42]他自己也说："词的抒情性可能更适于我的创作个性。"[43]他最喜爱的词人是纳兰性德，他的天性和情感亦如纳氏般真醇深厚，藉由填词，他可以暂时搁置诗的社会责任感，而尽情抒写那段刻骨铭心的恋殇。

然而，他并非狭隘之人，始终把迎合时代精神、尝试旧瓶装新酒、融会苏辛温柳之风作为追求的目标。雄劲的时代风云给他最初的词作带去不同于传统的气息，颇具现代豪放派的风味（以毛泽东词为典型代表）。《沁园春·志愿参军》以直抒胸臆开篇，没有铺陈比兴，直奔主题；情绪高昂，热血气息弥漫于字间纸背，虽然叫嚣呐喊的痕迹过于明显，削弱了苍劲的艺术表现力，但不如此则不足以表现他欲为国效力、不惜头颅的报国热忱，那时的词人毕竟只有18岁！

1958年的《满江红·欢呼两颗国产卫星先后上天》，在艺术表现上已有了长足的进步，风格趋于成熟，有了自身的印记，即凡反映社会生活、祖国进步的时事词，他均能熔铸豪放婉约于一体。这首词上阕描绘画面——发射腾空、地面欢呼、天上壮游，由拟人化的意象构就；下阕系议论和抒情，以形象化思维展开，没有凿枘难入的榛莽之气，而是以贴切的比喻、适度的夸张、古典意象的现代化使用，展现新中国冉冉升起的航空科技之前景。此后的《贺新凉·国庆十三周年》就更为圆熟了。

那些描写田园风光与农事劳作的词作，其艺术表达尤为出色。因有充分的生活体验，加上他对自然、劳作中的一切都充满了好奇，本性又极为贴近淳朴的乡间，故而描摹细腻、意象灵动、情感明朗，堪与古代田园词媲美，然内容和精神风貌又是现代的，气韵新鲜，令人倍感趣味盎然。《点绛唇·灌园》

---

[39] 陈一凡：《青青吟草》，上海古籍出版社，2005年版，第12页。
[40] 2006年3月17日来信。
[41] 《当代田园诗圃的一簇奇葩——世纪老人阿迹子的乡土诗（续）》，录自《风叶集》底稿剪贴本，发表日期、刊物不详。阿迹子，原名陈月盘，《沙家浜》中的原型人物之一。
[42] 《青青吟草》扉页影印钱钟联先生为《秋蜇集》所题之手迹。
[43] 陈一凡：《青青吟草》，上海古籍出版社，2005年版，第167页。

(1958)：

> 细壅轻锄，翠苗些吐须勤溉。
> 露肩风背，更把星星戴。
> 灌罢西园，荷勺回头再。撩人爱，
> 一畦春在，雪嫩瓢儿菜。[44]

一派春机蓬勃的田园景象，通过瓢儿菜展现出来。春是生长在菜上的，而菜是灌溉出来的，因此可以说，春是灌溉出来的。通体动态描摹，欢快的神情与满足欣喜的心情，在"回头"与"撩人爱"中天然流露。再看《西江月·放牛即事》：

> 突兀簪花箬笠，居然挽纼牛郎。
> 牧歌遥答上平岗，绝胜浅斟低唱。
> 随意绿阴芳草，留连细雨斜阳。
> 豆畦麦垄尽诗行，何必挂囊角上！[45]

朗朗上口，好一派新田园牧歌！放牛簪花，是诗人的亲身经历，他不再是旁观者，而是参与、互动者。他以灵心慧眼体察一切，笔底自然妙趣横生。他的田园词胜处在于，画面多是动态的，又能使日常景致和活动焕发出独特的色泽与魅力，给人以常景新境的欣悦之感。反语的使用，为词注入了幽默感，似在调侃苦吟者：诗情诗境皆在田间，不必远行！

感怀身世的作品则又有着完全不同的风貌。"反右"初期，他虽因努力改造、积极向上的心态而创作了大量明朗俊秀的田园词，但作为政治风暴所冲击的当事人，怎能没有忧虑抑郁、沉重的心曲？1962年首次摘帽前后的紧张自伤，心情的忽上忽下，消息的真真假假，落帽后的辛酸痛苦、感慨万千，等等，难言多变的心绪，在他的词中都有记录。《贺新凉》之一（1962）：

> 消息真耶否？报归来、孤鸿投侣，沉舟援手。注到心头多少味，辛辣甘酸都有。千万事、此时回首。长发不羞吹帽落，把残杯泼尽伤心酒。浑不寐，今宵又。
> 泪痕暗滴青襟透。叹平生、参商绝类，文章抱负。况是蹉跎家未就，二老华颠弟幼。空自许、千金敝帚。二十九年如梦过，化灯前子影槎枒瘦。都莫问，身前后。[46]

两首《贺新凉》（引用略去二）既有婉约词的感时伤怀、委曲细腻，又有豪放词的开阔沉郁、旷达洒脱，颇得辛词况味。第一首的叙事，是从外在消息的传播，到心头情绪的颤抖，再至生平思想的回顾，家庭责任的愧负，最后感慨人生如梦，呈曲线书写的顺序；摹写的镜头由远及近再远，切换自然，开阖有度，大大拓展了情感表达的深度与广度；他伤情于文章抱负的"空自许"，忏悔未能尽家庭之责，虽听闻摘帽，但命运依然未知。第二首的情感力度更强，忏悔"风义多孤负""半生识字糊涂透"；但即便因诗贾祸，他仍在寻思，舟归故乡后，"心迹"怎剖？唯有以"和血泪"之诗词来抒怀[47]，真可谓结习难改、诗是宿命。

他被交口赞誉的词作当属绮情类。《青青吟草》刊词56首，绮情类的占了多数，这也从侧面说明了他更偏爱词的原因，即"情有文不能达、诗不能道者，而独于长短句中，可以委婉形容之"[48]。他那丰沛的情感适宜用词来宣泄，那段心灵深处无法湮灭的痴情，各种忧伤不舍、悲欣交加，皆可藉词无所顾忌地充分流淌。

没有吴文英的迷离惝恍，更没有韩偓、王彦泓香奁体之纯粹香艳情态的描写，他的绮词是个人情感的留影，情真境深意醇，感人至深，恰如钱仲联先生的

---

[44] 陈一凡：《青青吟草》，上海古籍出版社，2005年版，第93页。
[45] 陈一凡：《青青吟草》，上海古籍出版社，2005年版，第94页。
[46] 陈一凡：《青青吟草》，上海古籍出版社，2005年版，第95—96页。
[47] 陈一凡：《青青吟草》，上海古籍出版社，2005年版，第96页。
[48] 查礼：《铜鼓书堂遗稿》卷三十二，清乾隆查淳刻本。

评价，"情真是以语挚"。他的情诗总是交织着个人际遇、情感离合与时代风云，他的绮词亦缘此而显出至痛的底色。像朱彝尊《静志居琴趣》乃《风怀》诗注脚一样，他的情词亦可与《绮怀》《无题》诗同看，实为双璧。词中情事皆他亲历，非梦幻、无矫饰，情文双至，格外动人心肺！《金缕曲·代谏寄云》(1962)：

一别情何已！怅归来、孤灯转侧，小楼徒倚。梦断宵残思倍切，谁识者般滋味！久颙望、浦城云美。拚得缠绵拚得病，料今宵一样无眠寐。歌一曲，同声气。

星辰昨夜分明记：记绸缪、红笺分韵，雕栏把臂。不信聪明多薄福，消得风光旖旎。况对此、盈盈秋水。明日春风何必问，便些时吹抚成沉醉。神婴矣，逃无计。

又：

风雨无端起。怎禁他、纷纷谣诼，沉沉猜忌。一面白门心已许，信是云儿眼慧。最难得、絮弦知己。不道狂飙侵绮瑟，扫飘飘一梦无头尾。芳草路，迷荆杞。

劝君莫滴无名泪。任飘零、人间明月，忧欢同倚。我自终生长展眼，报答当时青睐。错已铸、底须翻悔！但乞一抔弓下土，把零丝断茧深深瘗。根再发，他生里。[49]

首句奠定了全词的基调。他的词，故事性都很强，情节俱为写实，又以情行文，故而举凡动作、描摹、叙述、心理、揣测，皆是情语；辞藻简明隽永，情绪跌宕起伏，起承转合间，与恋人互动的情境跃然而出；虽无刻意穿插对话与神态，但两首的下阕都是与恋人相聚、温存盟誓、沉醉的景况，有声有色，镜头感极强；尾句急转而下，道出此情此景终成梦幻，三生情缘来世再续，岂不悲哉！读着这样的词，令人心肝俱碎，伤怀不已。《金缕曲·丁未十月初十纪事》(1967)记述了他与霞君在"文革"中见的最后一面，而再次相聚已是十年之后了：

一握悲欢乍。记儿时、青丫短竹，门前嬉耍。骯髒风尘人贱惯，谁识真珠无价！渐楚楚、纤腰盈把。偶堕燕矶烟水梦，几风傸雨儌成凋谢。身世恨，泪同洒。

我亦飘零者。寄江城、青衿尘浣，紫箫声哑。去日苍凉何足问，试看秋风病马。但未改、狂奴骨架。一死艰难须破涕，共征歌拍舞今宵且。君不见，霓虹惹。[50]

他的词首句都是情感的强烈爆发，且是多种情感的混合，语言的张力使叙事直接处于高潮。上阕讲述他们青梅竹马的往昔，身世遭际的同病相怜，下阕是"狂奴"倔强的宣言。沉江未果，他度过了自我伤害的精神状态，只剩下悲愤的情绪和抗争的决心。这首词可看作是他们分别前的约定：要坚强地活下去！这也是他为我讲解过的唯一的词，或许他最希望我记住，在政治高压的折磨与造化的捉弄下，他始终未改"狂奴骨架"吧！十年后，他们重逢。《金缕曲·己未二月纪事》的手稿上写着："1979年3月17日赴宁改正错案，明日偕霞游玄武，赋此词。"[51]词曰：

再握眉峰卸。唤哥哥、一声宛转，十年愁化。多少离情多少恨，多少梦魂牵惹；更多少风吹雨打！百劫柔条犹有待，待吟舟再系长杨下。缠绵语，向中夜。

离离去梦春潮泻。揽城湖、酣红惨绿，旧时图画。一纸澄冤平宿恨，断梗余生何挂！奈辗转、蕉心未谢。雪晕霞波留眼底，展青绡细照桃花写。脂和泪，斓斑洒。[52]

其中蕴含着多少感慨多少恨，多少沧桑多少泪啊！此时他的填词技巧娴熟流转，但已不再需要技巧。十年生死未卜，音容两隔，不思量，自难忘；千言

---

[49] 陈一凡：《青青吟草》，上海古籍出版社，2005年版，第97—98页。
[50] 陈一凡：《青青吟草》，上海古籍出版社，2005年版，第101页。
[51] 手稿中的这句小序，在《青青吟草》中未刊。
[52] 陈一凡：《青青吟草》，上海古籍出版社，2005年版，第109—110页。

万语、柔情离绪，汩汩而出，倾泻奔涌，只怕曲子缚不住，何尝考虑技巧。然而人至中年，情绪已能自动控制，下阕笔触即刻内敛，又回到叙事。错案改正，故地重游，横亘在他们中间的外在因素俨然无迹，曾强制压下的情愫又辗转而起，奈何！但生活已经定型，多少欲说还休，多少爱意未谢，都只能借画肖像，留影于心底。

他的暮年生活安定，在词的创作上亦做了突破性的探索。与诗相映照，他写孩童生活的词，皆童心洋溢，活泼有趣，融入现代语，十分摩登。《金缕曲·三龄孙生活录像剪辑》（2005）：

咄尔知错否？踩窗台、攀梅送鼻，背人狂嗅。更耍飞镖惊险戏，乱掷玻璃彩豆。记粉壁、回回战斗。迷煞英雄奥特曼，强爸爸扮作冰龙兽。凭汝打，装熊狗。

忽然兴发开洋口。仿朵拉、"温拖说李"，声情酷透。却笑爷爷音不准，教我装腔作秀。说弗像、手心等候。问汝学来何所用：找洋娃做个家家友？"诺诺诺"，频摇手。[53]

唯有童心盎然的老者，才能作出如此灵动俏皮、时代气息浓烈的词吧。与之相衬，他暮年的沉郁词，依然气势跌宕壮阔，情深境高，已臻化境。《金缕曲·酷暑夜怀张青云》（2006）把怜才、爱才、惜才的古道热肠一寓于此：

知汝无佳况。苦炎宵、床头转侧，一灯惝恍。痛灌凉茶三百碗，不抵汗流千丈。听隔壁、空调酣唱。此物年来临万户，独云阳迁客无缘享。芭斗屋，蒸笼样。

回眸高峡重重障。别巴山、将雏挈妇，侧身瓮盎。狂气一分穷十倍。定是天衡错量。便此际、难捱昧爽。安得长风携梦去，隐篁庐小憩青绡帐。听滴露，竹根响。

注：篁庐，青云君蜀中云阳旧居名，周遭多竹。丙戌闰七月初五夜作。[54]

一凡老师暑夜遥想张青云在闷热蜗居中辗转难眠，思绪便替张氏回到蜀中。张青云的处境令他联想到黄景仁。关于穷与工的关系，历代诗人阐述多矣，一凡老师也曾在散文中探讨过这个问题，认为两者虽不是必然的因果关系，但的确存在着密不可分的关联性，一如他在《唐多令·书黄仲则〈竹眠词〉后》所云："赋新词第一工愁"[55]。愁苦之词易工，但愁苦之状落到才华横溢的具体一人身上时，仍然会让他质疑"定是天衡错量"，不该"狂气一分穷十倍"。一凡老师之所以为张青云的生计谋划奔波，竭力帮他改变境遇，正是基于这样的判断：才情诗人不该受穷。事虽未果，但他提携后进、培植诗坛新生力量的衷心，分明可见。

四、余论

《青青吟草》的选录标准是"存真"，他保留了所有被血泪浸泡过的篇章。王国维《人间词话》有道："尼采谓一切文学，余爱以血书者。"一凡老师认为血书文字不宜多作，"人是经不起一次次情感风暴的"[56]，但"血煮"的诗词仍然在他作品中占比过半，它们是他生命的缩写，魂灵的照片；诗人可逝，诗魂却常存天壤，因为至情至性的诗词本身是有生命力的，是会发光的，是会"中夜呼啸"的。

刘衍文先生收到《青青吟草》后，"喜不自胜，日夕把玩，几难释手"[57]，写了一封长达四页的信探讨诗艺。关于信中探讨的用韵问题，一凡老师曾在《青青吟草·后记》中做过解释："我吟诗填词，用韵都比

---

[53] 自订打印本，未刊。
[54] 自订打印本，未刊。
[55] 陈一凡：《青青吟草》，上海古籍出版社，2005年版，第106页。
[56] 《晚归者的祈祷》，《风叶集》底稿剪贴本，发表时间、刊物不详。
[57] 刘衍文先生信件中语。

较宽松；尤其是词，仄韵词多邻韵互押，上、去通押。有名家曾指摘此病，但我不想改。用韵过严，有时难免害意，非我所取。"[58]此点或可讨论，但他为此作出的尝试和因实践而得出的理论，应当引发学界的探讨与关注。他用韵宽，与吸收民歌经验有关，他说："民歌用韵相当自由，歌手信口唱去，天机自触，取韵转韵，纯任自然，这样的人籁已接近于天籁。我小时候在金山乡下听过几回，虽然比较简单粗犷，自有一种撼人心魄的力量。"[59]除与诗友谈艺外，他还曾求教于唐圭璋先生，"承他错爱，先后给了我十七封谈词的信札，我珍藏至今，不时展读，受益匪浅"[60]。他过世后，这17封信札不翼而飞，师母遍寻不着。她说印象中是某位老师拿走，但该老师否认此事。无论如何，祈祷它们仍存天壤间，这既可以补唐先生的文集，亦可得知唐先生的探讨和分析是如何指导一凡老师的创作的。

总结一凡老师的诗词，"情"是第一要素。《赠柳絮用高唐原韵》云："当前意慨输高蹈，劫后文章仰老成"[61]，《读丁芒文〈老柳犹吹三月絮〉泣赋》云："至性文章血写成，动人情处只缘真。"[62]他对柳絮和丁芒这两位朋友的诗文评价，亦可移植评价他自己的诗词。[63]"感人深者，莫先乎情"，他说："真情是诗歌的灵魂。无情不成诗，真情生好诗，矫情必出伪诗。"而真挚又是情感的第一要素，"如果再加上强烈和深沉，那就更感人了"。[64]"学"是第二要素。他在1955年前就已读诗千卷，尚不算其他类别的书籍，知识储备足以避免腹笥之俭。"情"得"学"养，仿若气得血养，相辅相成，足成大家。"苦"是第三要素。这并不是作诗的必要条件，但正因为经历了苦难的锤炼，他的诗才精神高洁、境界阔达、意蕴悠远，庶几接近杜韩苏的诗品。

情、学、苦[65]，还要加上勤奋。他年轻时日日劳动，没有时间吟诗，只能"粗暴地剥夺睡眠"，夜不成寐地偷吟；中年忙于生计和杂事，写作多以散文为主；暮年，诗是苦役，诗魔敦促着他，梦中亦不放过。他枕边永远备着纸笔，不知多少次梦中吟哦，醒后赶紧记下，为此落下失眠症。散文《烟波梦寻》，讲的就是梦中得诗的有趣故事。[66]不疯魔不成诗，人们因诗误解他、打压他，亦因诗理解他、爱戴他，都云作者痴，谁解其中味！他自己也感慨"痴人啊痴人！"他的绝笔是2009年2月22日的一首现代诗，那时他的视力已严重下降，看东西极为吃力，但他在诗中依然做着纯真的行吟之梦。他唱道："莫辜负了一帘幽梦千茎白发万种痴情，莫辜负了跨越一生的坚守和期待。"[67]真乃天鹅之歌，人间绝唱！他于我，永远不会是"孤帆远影"，且集他的词句，作为《行吟之梦》的余韵回响：野花偏向晚秋红，人生长奋水长东。[68]

（作者系浙江海洋大学师范学院中文系副教授）

---

[58] 陈一凡：《青青吟草》，上海古籍出版社，2005年版，第168页。
[59] 《一片鲜活亮丽的紫云英田——〈嘉定民间歌谣选〉赏读》，《风叶集》底稿剪贴本，发表时间、刊物不详。
[60] 陈一凡：《青青吟草·后记》，上海古籍出版社，2005年版，第168页。
[61] 陈一凡：《青青吟草》，上海古籍出版社，2005年版，第35—36页。
[62] 陈一凡：《青青吟草》，上海古籍出版社，2005年版，第80页。
[63] 柳絮，是张廉如的笔名；高唐，是唐大郎的笔名。唐大郎是上海老报人，1955年主持《新民晚报》副刊；柳絮是唐大郎的好友，早在1949年之前，就是上海几家小报的特约撰稿人，常辟小品专栏。此条注释的内容，详见陈一凡散文集《秋雨拉茬的日子》（珠海出版社2001年）中《大郎的诗》。
[64] 《一片鲜活亮丽的紫云英田——〈嘉定民间歌谣选〉赏读》，《风叶集》底稿剪贴本，发表时间、刊物不详。
[65] 这三点要素，丁芒先生在序言《江南芳草多情碧》中亦有总结，但表述不同。丁芒先生总结一凡老师的诗词能臻高境的原因是：一、家学渊源，二、资质聪颖，三、气质养成，四、苦难是诗人之幸。总结一凡老师的艺术表现特色为：一、抒情底色：忧郁、凄婉、古艳；二、意象建构：深邃、自然、警拔；三、生命体验：深刻、细腻、新颖；四、锻炼语言：古雅、精美、含蓄。
[66] 陈一凡：《秋雨拉茬的日子》，珠海出版社2001年版，第36—39页。
[67] 《行吟之梦》，手稿，未刊。
[68] "野花偏向晚秋红"集自《浣溪沙·烟渚苍茫一揽中》，"人生长奋水长东"集自《浣溪沙·新世纪前夕感赋》。

嘉定镇的道路绿化

文 \ 蔡秋芝

道路绿化是城市绿化的一个重要部分，而嘉定镇的绿化首先给你一种美的感觉。这种感觉是和不同类型、不同特色、不同效果的道路绿化分不开的。如郁郁葱葱的城中路，四季飘香的塔城路，绿树成荫的清河路，四季如春的北大街，园林式的博乐路，还有世界著名行道树——悬铃木的金沙路等等。正是这些境、景所构成优美环境，创建了园林城市——嘉定镇。

嘉定镇的行道树种植起步较早。在我所记工作笔记中，1960年4月17日的《嘉定道路绿化情况统计表》中已写到了城中路的绿化；1969年11月11日的嘉定道路绿化调查中，记录嘉定镇道路绿化大规模建设是从1961年开始的，当时清河路、环城路、塔城路的部分路段，绿化全长7060米，种植行道树4511棵，到1969年11月初，嘉定镇道路绿化全长已达35670米，有行道树5945棵。

随着新道路的辟建和老路的拓宽，嘉定镇行道树逐年增多。据1989年的统计，嘉定镇道路绿化已取得很大成绩，具体数据见下表：

1980年代嘉定镇道路绿化统计表

年份（年）	棵数（棵）	投影面积（m²）
1983	5643	84781.5
1986	6826	138755
1987	7516	140861.8
1989	20871	352574

1980年代嘉定镇道路等绿化情况统计表

路名	长度(m)	棵树(棵)	树冠(m)	投影面积(m²)	主要树种
城中路	2240	1351	4-8	51740	悬铃木、香樟、水杉
塔城路	2677	1222	4-8	16494	泡桐、白玉兰、龙柏
梅园路	1075	1661	1-4	11751	棕榈、香樟、水杉
温宿路	700	258	1-10	13932	悬铃木
沙霞路	505	355	4	4459	合欢、女贞
张马弄	330	93	4	4650	悬铃木
清河支路	340	116	2	820	合欢
博乐路	1793	721	1	1135	广玉兰、水杉
环城路	7800	1725	4	15626	悬铃木、香樟
南下塘街	390	84	4	3826	悬铃木、香樟、合欢
东下塘街	420	46	4	1297	女贞
中下塘街	440	131	6	3490	青桐、女贞
城中路	1290	295	4-6	7318	悬铃木、香樟、泡桐
人民街 西大街 东大街	510	155	4	5227	青桐、香樟
南大街	950	187	6-8	5395	刺槐、水杉
北大街	800	104	6	2932	刺槐、青桐
劳动街	440	79	8	3950	悬铃木
北下塘街	950	107	8	5350	合欢、女贞
沪宜公路	2200	733	8	36666	悬铃木
清河路	1510	588	1-8	26085	悬铃木、香樟、水杉
新村行道树		3768	3.5	34603.8	合欢、女贞、水杉、香樟
专用绿地行道树		7092	4	95628.2	悬铃木、香樟、水杉

当时，在调查城镇主干道树木品种和投影面积同时，对城镇主干道的建设和改造更新情况也作了调

查，其中嘉定镇情况列表如下：

1970—80年代嘉定镇道路绿化更新等情况统计表

路名	长度(m)	绿化年月	主要树种	更新年月	主要树种	备注
城中路	2240	1962	洋槐、香樟、水杉	1974	悬铃木、香樟、水杉	
城中路中段	945	1961.12	加拿大白杨	1982	泡桐、白玉兰、龙柏	博乐路—煤球厂
塔城路西段	1032	1988.2	泡桐、白玉兰、麦冬	/	/	煤球厂—沪宜公路
塔城路东段	700	1961.12	加拿大白杨	1988.2	泡桐、白玉兰、龙柏	博乐路—嘉罗公路
清河路中段	903	1961.12	直柳、香樟	1974	悬铃木、香樟、水杉	梅园路—秋霞楼
清河路西段	525	1961.12	直柳、香樟	1986	悬铃木	梅园路—项泾桥
清河路东段	80	1961.12	直柳、香樟	1988	香樟、棕榈	秋霞楼—博乐路
梅园路	1095	1984.4	香樟、水杉、棕榈	/	/	
温宿路	700	1974	悬铃木	1984	悬铃木	1983年延伸补种
沙霞路	508	1988	合欢、女贞	/	/	
张马弄	330	1965.2	垂柳	1974	悬铃木	1990补种
清河支路	340	1988	合欢			
博乐路北段	849	1988	广玉兰			
博乐路南段	654	1989	广玉兰			沙霞路—沪宜公路
博乐路中段	290	1986	广玉兰			沙霞路—塔城路
博乐支路	609	1988	悬铃木	1990	补种广玉兰	温宿路—外环城
环城路	7800	1961	加拿大白杨	/	/	
南下塘街	390	1961	白榆	1972	悬铃木、香樟、合欢	
东下塘街	420	1962	白榆、柳树	1965	女贞	
中下塘街	440	1962		1965	青桐、女贞	
城中路	1290	1963	白榆、直柳	1965	泡桐	
人民街西大街东大街	510	1962	青桐、香樟	/	/	
南大街	950	1965	垂柳	1973	洋槐	
北大街	800	1965	洋槐			
劳动街	440	1964	垂柳	1974	悬铃木	
北下塘街	950	1962	白榆	1987	合欢、女贞	
沪宜公路	2200	1961	直柳、枫杨	1979	悬铃木	

当时在调查中，还对道路绿化的比例作了二个点的调查。有关嘉定镇的调查，记录如下：

博乐路干道总宽度为21米，绿化带宽度6米，道路绿化面积占道路面积的28.6%，该路性质为市规划建设项目，位于嘉定镇，道路全长1295米。

塔城路东段干道总宽度为30米，绿化带宽度为6米，道路绿化面积占道路面积的20%，该路性质为市规划建设项目，位于嘉定镇，道路总长800米。

2016年，嘉定区园林所对嘉定区管行道树进行调查，其中位于嘉定镇的四条主干道（城中路、博乐路、塔城路、清河路）情况，调查如下：

2016年嘉定镇四条干道绿化情况统计表

路名	长度(m)	树种	树冠(m)	投影面积m2	规格(m)	数量(棵)
城中路（三环线—沪宜公路）	3100	香樟、悬铃木、水杉	7-9	3265.60	40以上	65
			9	4133.03	40以上	65
			7-9	17835.20	30-39	355
			4-6	5887.50	20-29	300
			3-4	274.69	10-19	27
博乐路（温宿路—叶城路）	2500	朴树	3-5	1356.48	10-19	108
			4-5	5132.68	20-29	309
塔城路（沪宜公路—嘉罗路）	2800	榉树	7	769.30	40以上	20
			7-8	2948.20	30-39	65
			3-4.6	5418.32	20-29	478
清河路（博乐路—沪宜公路）	2300	香樟、水杉、朴树	7	1000.09	40以上	26
			4-5	2242.43	30-39	135
			3-4	3794.19	20-29	373

嘉定镇道路绿化根据不同类型路段、不同街坊位置、不同需求，作不同布局，从而形成不同类型的绿化格局，营造出不同的效果和特色。

1. 城中路。南北走向，1959年9月动工筑路，1960

年完工，1962年完成绿化。城中路是一条穿城的主干道，全长2677米，规划红线路宽30米，实施路宽12米。1962年种行道树洋槐，1974年改种悬铃木并间种香樟，1989年为保护香樟而移掉悬铃木，故现行道树为香樟。1986年城中路改造增设非机动车道，两侧设花台，全部安装铁栏杆，并种地皮麦冬，形成一特色，以后逐年改种地皮，并改装花台栏杆。

城中路除行道树、花台外，还利用空地布置景观绿地。如城中路北段绿地内设亭、长廊，成为城中路一景，又为路人提供休闲场所。

小囡桥位于城中路中段，由于小囡桥有段神话般的传说，所以绿化时在桥堍设花台和花境，构成别具一格的美丽风貌，供传说在美景中体现。

2. 清河路。东西向，1958年动工筑路，1960年完工，1961年种植行道树，全长2447米，规划红线28米，实施路宽10.5米。树种为香樟、直柳。1974年到1988年逐年改造，树种为香樟、悬铃木，后为保护香樟，将悬铃木逐步移掉，行道树为香樟并种地皮麦冬、鸢尾、沿阶草、六月雪等。清河路属商业街，人流量大，所以早年在建设人民大礼堂时注重人性化，利用原有绿地辟建广场，让清河路南北两侧构成构思明朗、绿意盎然的综合性绿地，设出入口以方便人流，安装座椅供市民休闲，设广场400平方米，供居民活动。所以现在清河路绿地已化为嘉定镇观光、休闲、活动综合性的受大家喜爱的地方。

3. 温宿路。东西向，初建于1965年，1974年拓宽并完成绿化种植，骨干树为悬铃木。1983年该路向东延伸，移植悬铃木大树，胸径在15-25公分左右，与原地悬铃木规格一致。后经多次调种，如重阳木、女贞、杜英等，现行道树为杜英。路全长550米，规格红线路宽16米，实施路宽7米。

4. 梅园路。南北向，位于城中路、塔城路之间，建于1982年，1983年到1984年种香樟，人行道内侧种水杉，香樟内侧种棕榈和小叶女贞球，全线长1095米，路宽规划红线为16米，实施路宽7米。

5. 塔城路。东西方向，全线长2677米。中段（城中路—博乐路）长945米，1961年种加拿大白杨为行道树，1982年道路改建后种白玉兰、泡桐；东段（上海科专门口—博乐路）长700米，行道树同样是加拿大白杨；西段（梅园路—环城路）长1032米，行道树加拿大白杨，1988年改建道路后种白玉兰、泡桐。1986年中段绿地进行充实和提高，增种花灌木锦带花、紫薇、蜡梅、紫玉兰、海棠和石榴，四季有花，很美。以后随着道路的改造和拓宽，绿化面积有所减少，近来行道树下增种月季花，不久将来，这路将给城市带来多姿多彩的美景。

6. 沙霞路。东西向，建于1982年到1983年之间，全长508米，路宽规划红线16米，实施路宽7米，1984年完成绿化，行道树为合欢、女贞，由于合欢生长不好，后统一种女贞为行道树。

7. 博乐路。南北向，全长1793米。最早通车是博乐路中段，1986年种行道树广玉兰，1988年北段完工，1989年南段完工，均种广玉兰。博乐路中段是秋霞圃与汇龙潭公园链接地段，所以种乔木广玉兰，增种花灌木加假山点缀，构成古典优雅的风格。以后随着道路的改建而改变了道路绿化，现行道树为朴树。

嘉定镇道路绿化起步早，分布广，绿化有特色，而且还有许多动人的故事。

塔城路上的雪松和水杉。塔城路虽然多次改造，但每次都有不同的特色，给人不同的感受，简洁有层次，有色彩，让城市有生机。最让人喜爱的是城中路与塔城路口的那两棵高大而雄伟的雪松，大枝轮生，主杆平展，翠绿针叶又有层次的树冠，树形高大的金字塔，让人脉脉回望。这两棵雪松，是1982年嘉定县委、县政府按照中央1981年12月第五届全国人大第四次会议发出《关于开展全民义务植树运动的决议》而部署的嘉定植树活动时种的。40年过去了，雪松随着时代的发展而茁壮成长，如今更加粗壮了。

塔城路中段，人行道上有一排高大落叶乔木水杉，这排水杉是嘉定1961年引种水杉时种的第一批水杉，现在最粗的已达围长170厘米以上，最小的也在

130厘米左右。水杉属于稀有种,是世界上珍稀的孑遗植物,冰川期之后,这类植物几乎全部绝种,后来又在湖北利川县发现水杉林,所以水杉素有"活化石"之称,它在研究古植物和地质方面都有极高价值,现在已有50多国家和地区引种栽植。塔城路水杉的保存,也是保护国家珍稀濒危树种的举措。

清河路是嘉定最繁华的商业街,在这条路上有着许多值得纪念的事和物,特别是清河路的东段,路北的那块绿地是嘉定第一块绿地。它建于1958年春,当时是嘉定人民大礼堂旧址,1958年规划,1959年底完成绿化种植,面积19.2亩。后来在路南也辟建广场,路南路北对称的广场,如灯笼,古称灯笼广场。1997年广场改造,改名为清河路广场,直至至今。据资料记载,这里在1937年前,是嘉定县署,在淞沪会战中被侵华日军炸成废墟,1950年代初,原址上建嘉定人民大礼堂。

清河路向南,连接着嘉定著名的州桥老街,这里是嘉定古城集商业和文化的核心区,为嘉定镇增添许多欣欣向荣景象。

张马路位于城中路东,是条支路,全长仅315米。这里的行道树是生长快、寿命长、遮阴面大的世界著名的行道树悬铃木,在小块空地上建设"袋袋"绿地,并设假山或石笋,配置花灌木展现绿色特色,与州桥老街构成一体。

张马路北侧,有条小街,称为"矩弄",全长仅有144米,辟建于明朝,是连接张马路与中下塘街之间的通道。所以嘉定镇道路不但美,它还蕴有很多历史文化内涵。

嘉定镇道路绿化长期来注重树木品种,注重种植质量。在管理上,一直按照行道树管理标准进行养护、修剪,使得在质量上不断提高。目前,嘉定镇被称为上海市林荫大道的已有四条,为清河路、金沙路、城中路和北大街。

嘉定镇被列为上海市林荫大道名单

路名	特色树种	路长(km)	起始位置	株数	创建年份	行道树排数	有无机动车(非)隔离带
清河路	香樟	0.54	博乐路—城中路	75	2011	单排	无
金沙路	悬铃木	0.58	博乐路—塔城路	157	2012	单排	无
城中路	香樟	2	嘉罗公路—环城路	620	2012	单排	有
金沙路(北段)	悬铃木	0.63	东大街—李园桥	268	2015	单排	无
北大街	香樟	1	清河路—环城路	200	2016	单排	无

嘉定镇的道路绿化建设,有效地增加了城市绿量,提高了城市的绿视率和绿化覆盖率,为嘉定人民创造了优良城市环境,优美宽阔、满目葱郁的绿化带,随路延伸,像翠绿的绿链,使嘉定古城生机盎然,绿盈翠绕。

2023年5月

(作者系高级园林工程师)

嘉定博物馆藏明崇祯本《学古绪言》考释

——兼论《学古绪言》的版本流传和独特文史价值[1]

文\杜以志 张行刚 陈彦昀

引言

《学古绪言》为明嘉定著名学者娄坚的文集,初刻于明崇祯三年(1630),共二十五卷,录文三百余篇,有序跋、碑记、书信、哀祭等多种文体,是娄坚一生的文章汇集,是研究娄坚生平交游、学术思想和文学造诣重要凭借,对地域文史研究亦别有意义。2021年以来,嘉定博物馆对馆藏未入账古籍进行了全面清点和分类整理,发现了不少珍贵古籍,明崇祯本《学古绪言》便为其一。明季嘉定遭兵燹,《学古绪言》书板散佚,故崇祯本流传并不广泛,当世仅国家图书馆、湖南省图书馆、日本内阁文库等少数几大图书馆有藏。

嘉定博物馆藏明崇祯本《学古绪言》[2]虽有部分残缺,但书内钤有数枚私人藏书印,且页内间有朱批与墨批,与上述几大图书馆藏本相较,弥足珍稀。兹以嘉博藏本《学古绪言》为主要研究对象,描述其基本状貌,判断其版本流传,对其页内批注和递藏进行考释,并概述《学古绪言》独特价值。不当之处,祈请方家不吝赐正。

一、嘉博藏本《学古绪言》的基本状貌

嘉博藏本《学古绪言》,存四册,装订形式为四

图一 嘉定博物馆藏《学古绪言》封面

眼线装,保存基本完整。此书竹纸刊印,纸张色黄,字体瘦长。框高19.2厘米,宽13厘米,开本长26.8厘米,宽16厘米。每半叶9行,每行18字,左右双边,上下线黑口,二横线分三格,题书名、每卷小题、卷数、页码。(图一、图二)

该书现共四册,存卷1-3、4-7、8-11、22-25。其中,第一册封面后加,内容为目录和卷1-3,目录缺卷1,卷3有缺页,下部有残损;第二册封面后加,上有墨笔"学古绪言"四字,内容为卷4-7,保存基本完整,

---

[1] 该文为嘉定博物馆藏品保管部古籍整理阶段性成果之一,笔者杜以志、张行刚、陈彦昀三人皆为藏品保管部成员,共为本文第一作者。
[2] 以下简称"嘉博藏本《学古绪言》"。

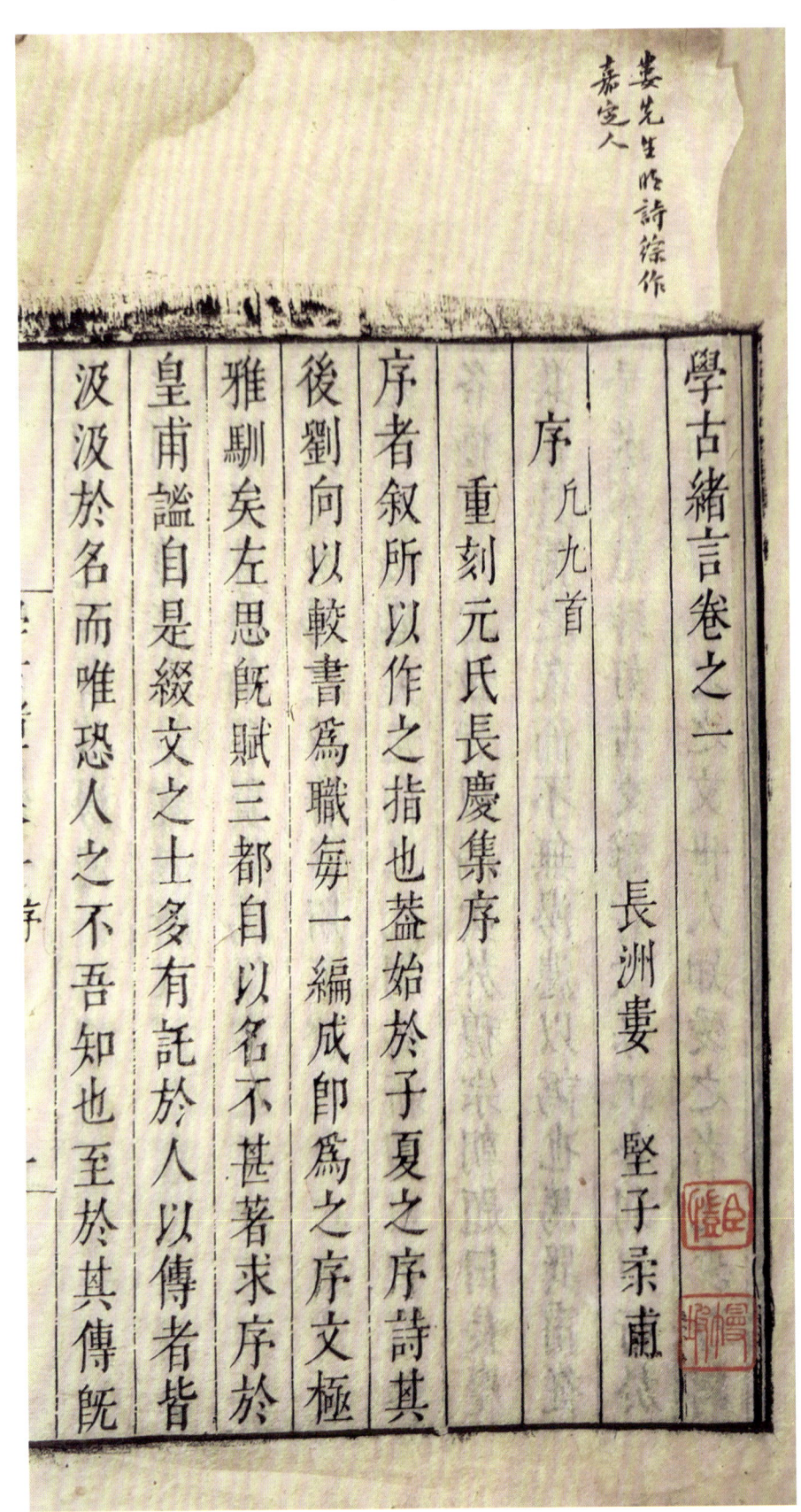

图二 嘉定博物馆藏《学古绪言》卷一书影

无明显残损；第三册封面后加，内容为卷8-11，保存基本完整，无明显残损。开头3页为第一册卷3所缺3页，置于卷8应为后人修补之误；第四册，封面后加，内容为卷22-25，页内有霉斑与水渍，残损较严重。四册之外，尚缺卷12-21及卷末补遗。

此书为批校本，书内有朱、墨两色批，眉批与夹批均有出现。四册皆有钤印，分别为"臣恺""幔坡""太原仲子"和"王安珍藏"，另有一印页面有残，仅余一"弇"字。

二、《学古绪言》的版本流传与嘉博藏本的版本断定

（一）《学古绪言》的版本流传

崇祯三年为推弘嘉定文派，嘉定县令谢三宾合娄坚、唐时升、程嘉燧、李流芳诗文镂板行世，名曰《嘉定四先生集》（又称《嘉定四君集》），钱谦益作序。其中，娄坚诗集《吴歈小草》、文集《学古绪言》合编为《娄子柔先生集》。虽为合编，然《吴歈小草》《学古绪言》各自成册，《吴歈小草》十卷在前，《学古绪言》二十五卷接后。此本为《学古绪言》初刻本，即崇祯三年刊本[3]。

明清鼎革，嘉定义士仁人举旗抗清，期间兵祸不断，乃至发生"嘉定三屠"。兵燹之下，四先生集书板散佚不全，"娄、李二集续毁于兵燹，唐、程亦多残缺"[4]。崇祯本《学古绪言》初刊六十四年后的康熙三十三年（1694），在时任江苏巡抚宋荦的支持下，嘉定文士陆廷灿对明季《嘉定四先生集》书板进行了补修，"缺者补之，朽蠹者新之"[5]，"四君集复完"[6]。修补后，陆廷灿对其进行了重刊。其中，《学古绪言》亦在其内，并与《吴歈小草》合编为《娄子柔先生全集》，此即康熙本《学古绪言》。与崇祯本相较，康熙本体例略有不同。崇祯本《学古绪言》原有补遗一卷，陆廷灿重校时，将补遗部分按文章类型进行了分解，重新补入了二十五卷学古绪言内。此外，在具体文字上，相较崇祯本，康熙本亦因避清讳等原因进行了有不少删改。

清乾隆年间，四库馆臣编纂《四库全书》，将娄坚文集《学古绪言》收录在内。《四库全书总目提要》中说四库全书本《学古绪言》（以下简称四库本《学古绪言》）以"副都御史黄登贤家藏本"为底本，实际即康熙本。故四库本与康熙本相较，体例一如，文字因避讳略有删改[7]。另，四库馆臣将原崇祯本、康熙本卷首的《钱谦益序》《谢三宾序》《宋荦序》《张云章序》《陆廷璧跋》《娄贡士传》皆省略未载，仅以《提要》置于卷首。

除上述崇祯本、康熙本、四库本外，暂未见有其他刊刻本。现仅依笔者陋查，将诸机构收藏《学古绪言》情况举隅如下：国家图书馆、湖南省图书馆、日本内阁文库藏有明崇祯本《娄子柔先生集》，内含《学古绪言》（图三）；南京图书馆、北京大学图书馆、美国哈佛大学燕京图书馆等机构藏有清康熙本《娄子柔先生全集》，内含《学古绪言》（图四）；国家图书馆、浙江图书馆等机构藏有清康熙本《学古绪言》（未与《吴歈小草》合编本）；另，上海图书馆等机构收藏有1986年文渊阁四库全书影印本《学古绪言》。

（二）嘉博藏本《学古绪言》的版本判断

嘉博藏本《学古绪言》书用竹纸刊印，纸张色黄质细薄，行狭字细，带有典型晚明版式风格。另，前文已述，《学古绪言》共有崇祯本、康熙本和四库本三个版本，诸版本间存在着不少差异，故很容易通过比

---

[3] 以下简称"崇祯本《学古绪言》"。
[4] 张云章：《嘉定四先生集》卷首《嘉定四先生集后序》，康熙三十三年刊本。
[5] 陆廷灿：《南村随笔》卷五《四先生集》，文渊阁四库全书影印本。
[6] 宋荦：《嘉定四先生集》卷首《嘉定四君集序》，康熙三十三年刊本。
[7] 除康熙本原有所避清讳（如对"夷""虏"删改）外，还另有其他改动，如因乾隆帝对钱谦益降清失节颇有意见，将原崇祯本、康熙本所载《学古绪言》卷二十二《答钱受之太史》一文删除。

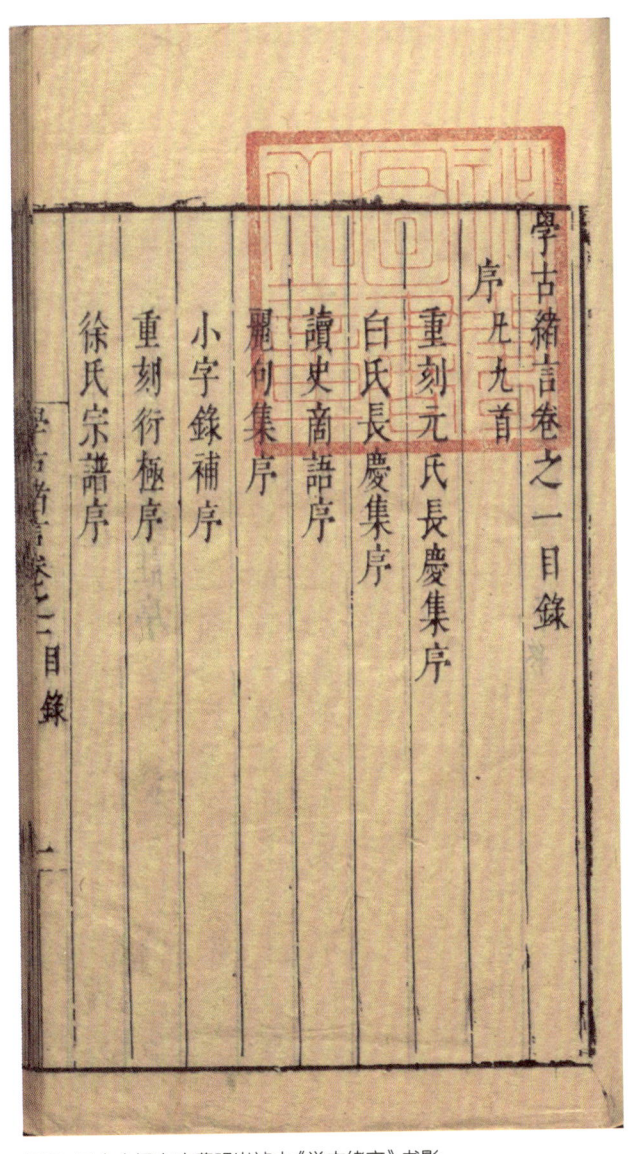

图三 日本内阁文库藏明崇祯本《学古绪言》书影

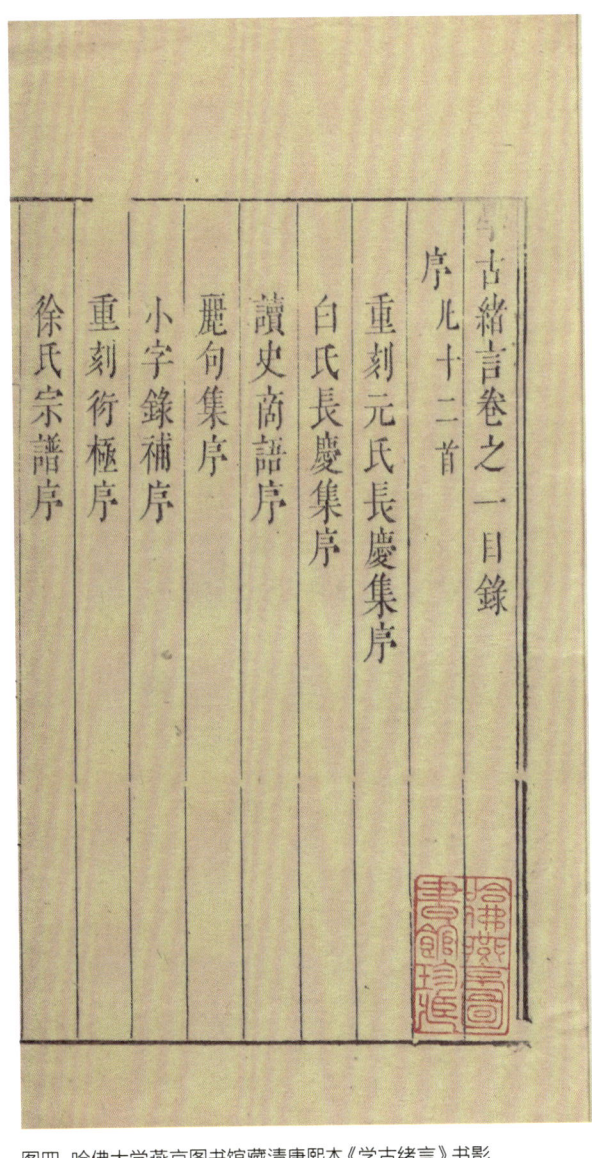

图四 哈佛大学燕京图书馆藏清康熙本《学古绪言》书影

对判断出嘉博藏本的所属版本。

因陆廷灿重校《学古绪言》时，将崇祯本补遗部分文章类型进行了分解，重新补入了二十五卷学古绪言内，所以几乎每卷康熙本《学古绪言》与崇祯本都有多多少少的差异，因此比较容易分辨两者。又因为在外流传的四库本《学古绪言》皆为影印本，且四库本无崇祯本、康熙本原序，所以崇祯本、康熙本、四库本皆较易判定。通过把嘉博藏本与日本内阁文库藏明崇祯本进行对照，可知二者卷次、文字相一致，故基本可判定嘉博藏本《学古绪言》为崇祯本。兹以《学古绪言》卷四首页为例，如下图（图五、图六、图七）：

通过比对明显可知，嘉博藏本《学古绪言》卷四首页与日本内阁文库藏崇祯本《学古绪言》卷四首页版式、文字完全一样，在具体有关碑记数量的记载上都记作"碑记凡六首"，而哈佛燕京图书馆藏康熙本《学古绪言》卷四首页却记作"碑记凡七首"。

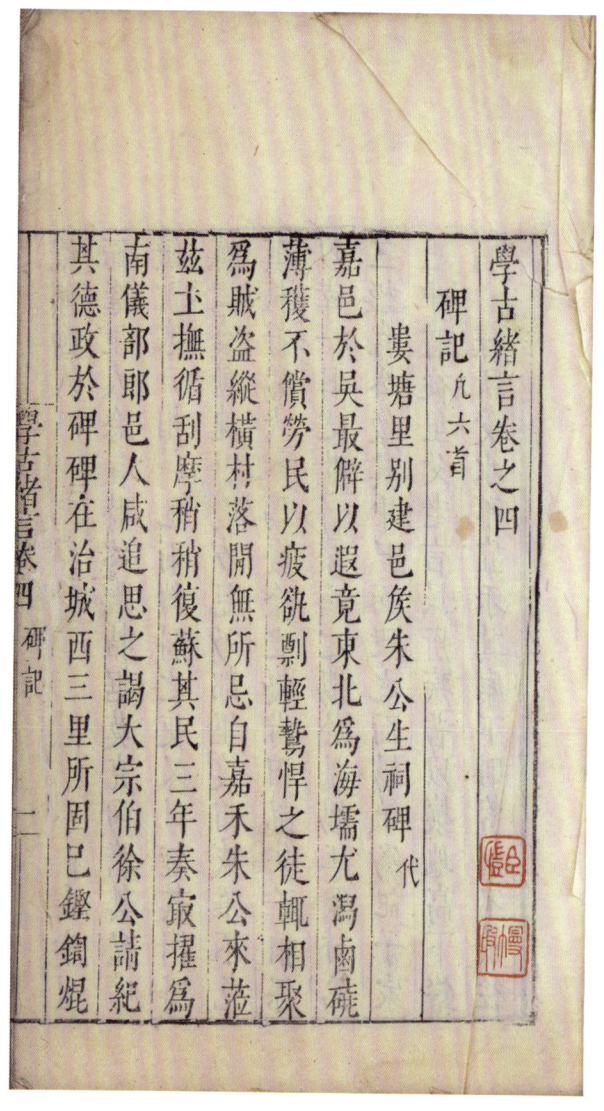

图五 嘉定博物馆藏《学古绪言》卷四首页书影

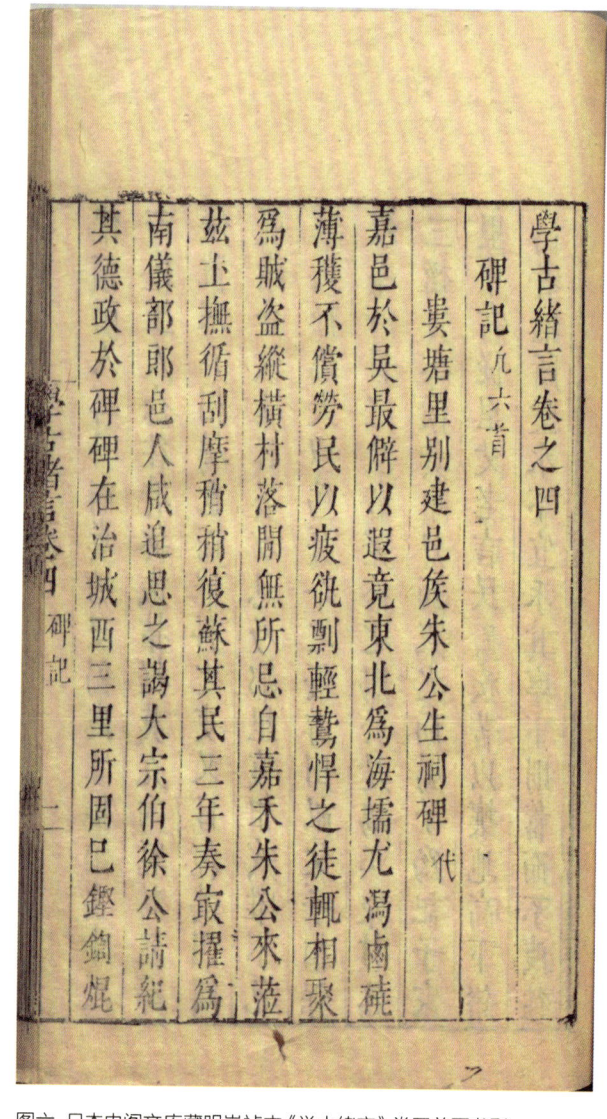

图六 日本内阁文库藏明崇祯本《学古绪言》卷四首页书影

此外，前已述及，明朝末年，因兵祸，崇祯本《嘉定四先生集》中的《学古绪言》书板遭毁，即"娄、李二集续毁于兵燹"，故可以排除入清后利用崇祯本《学古绪言》书板重新刊印的可能。因此，可以断定嘉定博物馆藏《学古绪言》与日本内阁文库藏《学古绪言》版本一致，皆为崇祯本。

三、嘉博藏本《学古绪言》批注汇纂

嘉博藏本《学古绪言》共四册，每册皆有批注，批注按颜色分朱批和墨批两种，内容有字音注、人名注、地名注、书名注、评论等多种。兹合诸注，汇列如下：

第一册（卷1-3）批注：

1.卷一首页

墨批：娄先生，《明诗综》作嘉定人。[8]

2.卷三《赠邑侯韩使君考绩序》（该卷页1）

朱批：韩侯名浚[9]，字邃之，万历二十六年进士。

3.卷三《赠邑侯韩使君考绩序》（该卷页2）

朱批：万公思谦[10]，字益甫，嘉靖二十六年进士。

朱公廷益[11]，字汝虞，万历五年进士。

熊公密，字子缜，万历十四年进士。

4.卷三《赠明府胡公改任长洲序》（该卷页3）

朱批：胡名士容[12]，字仁常，黄冈人，万历三十九年进士。

5.卷三《赠署县事郡丞吴公还署司理序》（该卷页6）

朱批：陈公一元，字太始，万历三十年进士。

6.卷三《卓明府奏最受秩蒙恩褒赠序》（该卷页10）

朱批：卓侯名迈，字贞初，莆田人，万历二十三年进士。

7.卷三《卓明府奏最受秩蒙恩褒赠序》（该卷页13）

朱批：按：韩浚、卓迈俱有治绩，然其后至附魏阉。又如谢三宾者，刻《嘉定四先生集》，当时号文学吏，而于福王时佑马阮，是止才有余而守不足者与？丙子闰六月，读娄集附论于后。幔坡。（图八）

8.卷三《赠少府丘侯擢宰景宁序》（该卷页13）

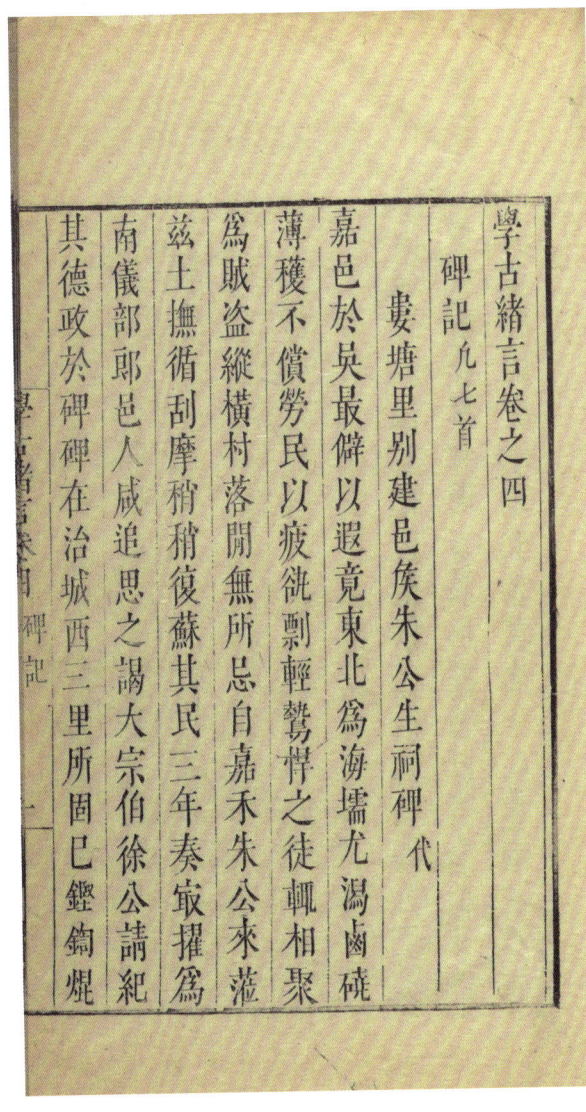

图七 哈佛大学燕京图书馆藏清康熙本《学古绪言》卷四首页书影

---

[8] 该页右下角写有"长洲娄子柔甫"，故有此批。娄坚，祖籍长洲，曾祖纲自长洲徙江东，后徙嘉定城南。

[9] 韩浚，万历二十七年任嘉定县令。为政务求民便，又尝浚河渠，缮城垣，修学校，纂修邑志。后擢御史。

[10] 万思谦，字益甫，江西南昌府人。明嘉靖二十九年（1550），以行人调吴江县丞，来摄嘉定县事。升嘉定县知县。政尚惇大，不矜名炫才，人莫窥其际。既去而益思之。历刑部主事，太常寺卿。

[11] 朱廷益，字汝虞，浙江嘉兴县人，万历丁丑（1577）进士。万历十一年（1583），由漳浦县知县，谪连州判官，寻升嘉定县知县。至则以廉俭自持，宽仁为政。数巡行阡陌，问民疾苦，悉见施行，百姓若解倒悬焉。

[12] 胡士容，字仁常，黄冈人。万历进士，嘉定县令。性聪敏。甫下车，尽悉时务缓急，兴桀黠根株所在。在任三年，酌输赋缓急，搜徭役欺蔽，裁出纳羡余。调长洲，士民泣送。

图八 嘉定博物馆藏《学古绪言》卷三内朱批

朱批：丘名敦復，字震寰，贡生。

9.卷三《赠别王逊之尚宝诗序》（该卷页19）

墨批："懻"音"冀"。懻忮，很也。《史记·货殖列传》："人民矜懻忮好气，任侠为奸。"

第二册（卷4-7）批注：

1.卷四《嘉定县吴淞所新建吴侯通渠记》（该卷页8）

朱批：吴侯，名道长，字星海，升任工部郎中。

2.卷四《先友朱清甫先生传》（该卷页15）

墨批：《居易录》："余旧题小竹山人王叔楚画竹卷云：'茅斋青壁几年成，溪路无人略彴横。一夜春雷动崖谷，四山风雨簮龙惊。'未详叔楚谁何也？读徐宗伯叔明《海隅集》有《王山人墓志》，乃知为吴嘉定之罗泾人。名翘，字时羽，一字叔楚，诗宗孟郊，山水宗米芾，尤工草虫与竹。"娄子柔叙其先友有叔楚在。（图九）

2.卷四《先友朱清甫先生传》（该卷页22）

朱批："勼"音"鸠"，或作"九"。《庄子》："天下禹亲操橐耜，而勼杂天下之川。"今作鸠，共工方鸠僝功。

3.卷五《少司寇归公七十寿序》（该卷页22）

朱批：司寇公名子顾，震川先生族子。父有升，以孝闻者也。

4.卷七《敕封翰林院编修温君暨孺人沈氏六十寿序》（该卷页3）

墨批：按：温体仁以崇祯三年入阁，与周延儒比。十年（1637），以常熟人张汉儒讦钱谦益、瞿式耜居乡不法一案，引疾归。逾年死。其在阁也，日与异己者为仇，倡言密勿不宜宣泄，阁揭皆不发，故所中伤人不能知。劾之者不可胜计，帝罪言者，多杖死云。（图十）

5.卷七《诰封夫人徐太母金氏寿序》（该卷页7）

朱批：尔常名元暇，以祖荫为太常寺典簿，累迁刑部郎中。魏阉用事时银铛满路，元暇于善类多所保全云。

墨批：淄川山东济南府属县。

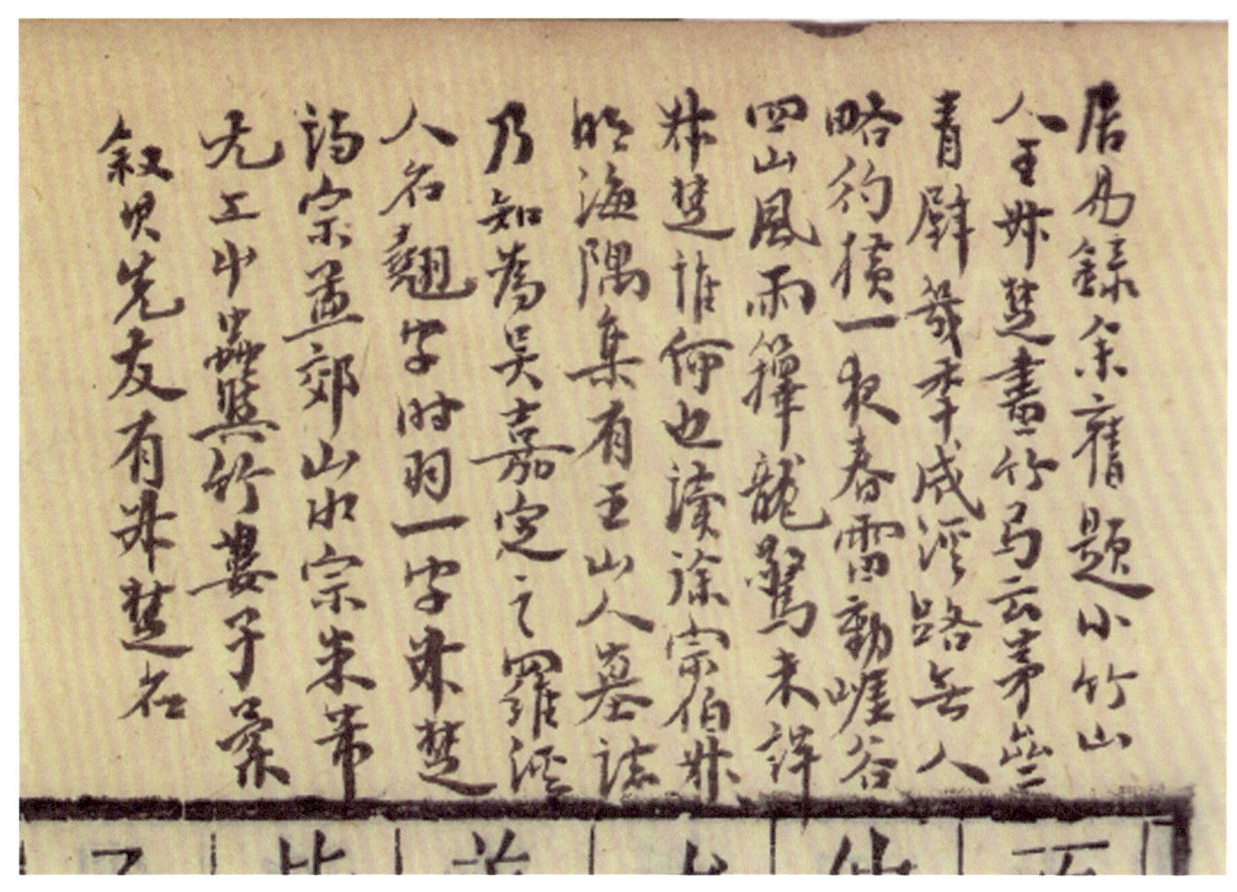

图九 嘉定博物馆藏《学古绪言》卷四内墨批

6.卷七《西安方母郑氏八十寿序》（该卷页13）

墨批：浙江衢州府西安晋为信安。

墨批：文起，文文肃震孟也。天启壬戌（1622）赐进士第一，崇祯八年（1635）七月入阁。未五月即罢，以与乌程相不合也。

第三册（卷8-11）批注：

1.卷八《李母徐氏七十寿序》（该卷页3）

墨批：《礼记·坊记》："君子不以菲废礼，不以美没礼。"

2.卷八《寿胡侯尊甫教庵先生诗序》（该卷页13）

墨批：今湖北黄州府。蕲州，汉蕲春地。

3.卷十一《徐君孺卿墓志铭》（该卷页7）

朱批："颡"音"宾"。

第四册（卷22-25）批注：

1.《学古绪言》卷二十二《与黄贞甫学宪》（该卷页6）

墨批：贞父，名汝亨，仁和人。万历戊戌（1598）进士，历官礼部郎中，出为江西提学佥事。

2.《学古绪言》卷二十二《与黄贞甫学宪》（该卷页7）

墨批：马巽甫，名元调，上海诸生。迁居嘉定，为娄先生高足，人称"简堂先生"。后与黄陶庵、侯豫瞻等守城，城破殉节。

3.《学古绪言》卷二十二《答吴兴王君书》（该卷页11）

墨批："㚷"，音"南"，语声或作"喃"，束晳[13]

---

[13] 束晳，西晋文学家、文献学家、藏书家。

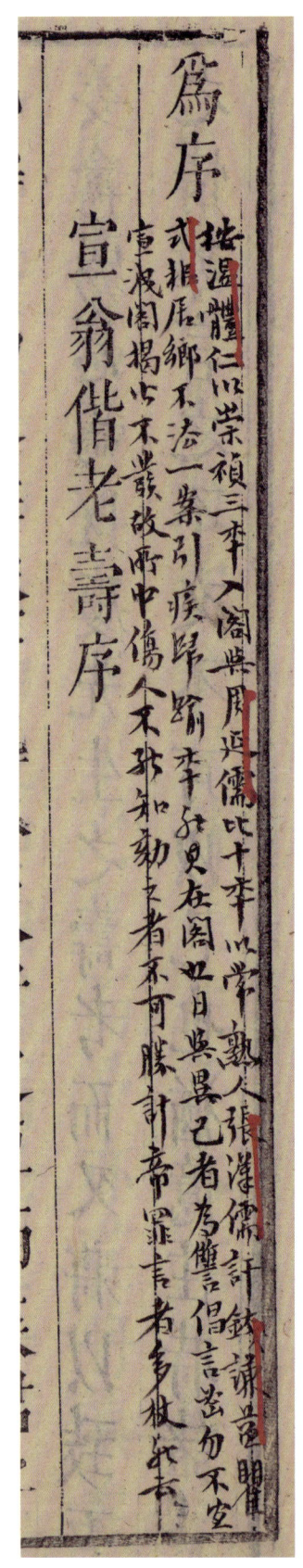

图十 嘉定博物馆藏《学古绪言》卷七内墨批

4.卷二十二《答张季修书》(该卷页13)

墨批:"酵"音"教"。以漂母起曲曰"发酵"。金天历元年额外课(征按:查金无天历年号,疑为天会之误,即1123年;元有天历年号,已晚至1328年),其十八曰酵。泰和四年(1204)定糟酵钱。辽元志有酵课。

从字迹来看,上列朱批与墨批皆出自同一人之手。在卷三《卓明府奏最受秩蒙恩褒赠序》所附朱批中有"丙子闰六月,读娄集附论于后。幔坡"之语,可知该批注作者为"幔坡"。又因笔迹相同,故上述批注应皆为幔坡所作。

四、嘉博本《学古绪言》的钤印与递藏考释

藏书印是确定古籍收藏者和递藏过程的直接证据,幸运的是,嘉博本《学古绪言》页内有不少藏书印,这就为厘清该藏本的流传递藏提供了关键线索。

嘉博本四册《学古绪言》皆有钤印,分别为"臣恺"、"幔坡"(图十一)、"太原仲子"和"王安珍藏"(图十二),另有一印页面有残,仅余一"弇"字(图十三)。"臣恺""幔坡"为对印,"太原仲子""王安珍藏"为对印。其中,"臣恺""幔坡"二印多钤于诸卷之首,而"太原仲子""王安珍藏"则多钤于诸卷之末。

(一)"臣恺""幔坡"考释

"臣恺""幔坡"两印是对印,为同一人藏书印。"臣恺"印说明该藏家应名"恺","幔坡"似为印主之号。经笔者搜捡,发现了如下关键史料:

1.清崇明人施彦士撰《孟子外书集证》载:"潘幔坡师曰:'此事并见韩诗外传。'"[14]

2.(清)周中孚著:《郑堂读书记》载:"《孟子外书集证》,五卷,求己堂刊本。国朝施彦士撰。前有嘉

---

[14] (清)施彦士:《孟子外书集证》卷一,清道光十年刻本,第4页。

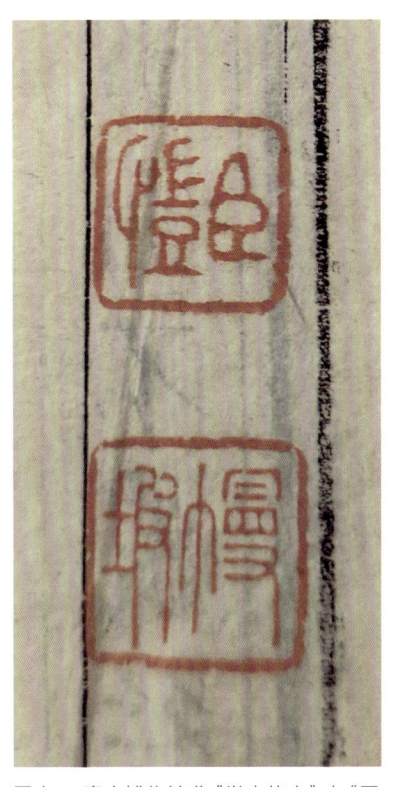

图十一 嘉定博物馆藏《学古绪言》内"臣恺""幔坡"钤印

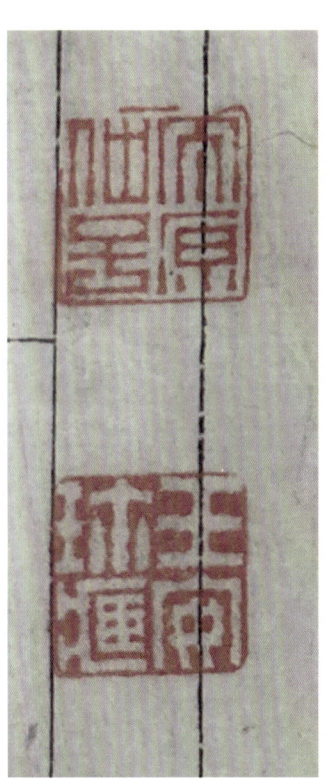

图十二 嘉定博物馆藏《学古绪言》内"太原仲子""王安珍藏"钤印

图十三 嘉定博物馆藏《学古绪言》内"弇"字残印

庆丙子自序及潘幔坡（凯）题辞。"[15]

由上述两史料可知，清崇明人施彦士所撰《孟子外书集证》中有潘幔坡（凯）的序言[16]，且潘幔坡为施彦士的老师。以此为线索，笔者又在《光绪崇明县志》中找到了如下史料：

杨潘凯，字元仲，诸生，迁居太仓。其学好钩考群籍，析其大旨，举人施彦士尝与折衷经世之学。授徒上海最久，徐椿其高弟也。著作见《艺文志》。[17]

该史料有"潘凯"，亦有"施彦士"，且二人皆为崇明人，很有可能此人便为施彦士的老师。然"潘凯"前有一"杨"字，仍无法直接断定"杨潘凯"和"潘凯"为同一人。

但通过史籍搜检，笔者又有如下发现：

1. 徐雁平编著《清代家集序录》中记载：《晚崧庐诗词抄》有"嘉庆辛未（1811）潘凯序"；《二云小稿》卷首有"辛未（1820）潘凯（幔坡）序"[18]。

2. 马兴荣等主编《中国词学大辞典》中记载：《晚崧庐诗词抄附二云小稿》成书过程中，"杨潘凯录周铨诗一百零七首"[19]。

由上述二史料，基本可以断定"杨潘凯"和"潘

---

[15]（清）周中孚：《郑堂读书记》卷二十，上海书店出版社，2009年版，第1591页。
[16] 笔者所见《孟子外书集证》为清道光十年刻本，而非求己堂刊本，清道光十年刻本中潘幔坡所作序言已被删去，故此处引周中孚著《郑堂读书记》记载作辅证。
[17]（清）林达泉等修，李联琇等纂：《光绪崇明县志》卷十一，清光绪七年刻本，卷内第72页。
[18] 徐雁平编著：《清代家集序录中·晚崧庐诗词抄二云小稿》，合肥：安徽教育出版社，2017年版，第1262页。
[19] 马兴荣等主编：《中国词学大辞典》，杭州：浙江教育出版社，1996年版，第374页。

凯"为同一人。

综上所述，"臣恺""幔坡"应为晚清崇明诸生杨潘凯的藏书印，嘉博本《学古绪言》应曾是其藏书。

（二）"太原仲子""王安珍藏"考释

"太原仲子""王安珍藏"两印亦为同一人藏书印。经笔者检索，两印主人指向清康雍乾年间苏州吴县诸生王孝咏。清叶昌炽著《楹书隅录》载：

> 宋本《韦苏州集》，有"王孝咏印""慧音""太原仲子""后海学人"各印，（王孝咏）藏书印有"王印孝咏""慧音""王孝咏印""太原仲子""后海学人"等。[20]

由此可知，"太原仲子"印的主人即王孝咏。但"王安珍藏"印未见他载，史载王孝咏喜藏书，其藏书印亦有多枚，且"王安珍藏"与"太原仲子"印为对印，故"王安珍藏"亦应为王孝咏藏书印。

《楹书隅录》又载王孝咏生平如下：

> 王孝咏字慧音，清雍正、乾隆间吴县（今苏州市吴中区）人。诸生。喜藏书，藏有宋板元印《通鉴纪事本末》、宋本《韦苏州集》等书……著有《岭西杂记》。[21]

《道光苏州府志》载：

> 王孝咏，字慧音，吴县诸生。博洽多闻，有干济才。历试不售，弃举业游幕，陈恪勤公鹏年、张文敬公大有等皆器重焉。年八十三卒。著有《后海书堂遗文》二卷、《煮石山房集》九卷、《维西杂记》二卷（家述）。[22]

由上可知，王孝咏喜藏书且喜著书，且吴县与嘉定邻近，加之钤印为证，《学古绪言》应曾为王孝咏藏书。

综上，嘉博本《学古绪言》曾被清康雍乾年间苏州吴县诸生王孝咏、晚清崇明诸生杨潘凯所藏，现存四枚完整藏书印中"太原仲子""王安珍藏"应为王孝咏藏书印，"臣恺""幔坡"应为杨潘凯藏书印。惜另有一印严重残损（仅余一"弇"字），难以考释。

五、娄坚生平和《学古绪言》的独特价值概述

娄坚，一名孟坚，字子柔，号歇庵，又号广绽居士，嘉定马陆人。曾祖纲自长洲徙江东，后徙嘉定城南。父娄应轸，以明经为学者师。娄坚生于明嘉靖三十三年（1554），卒于明崇祯四年（1631）冬。终生仕宦不显，经明行修，优游乡里。明万历四十四年（1616）曾为岁贡生，不仕而归。

娄坚诗文尔雅，得归震川流风余泽。师友多出归有光之门，能融会师说，成一家之言。箴砭俗学，具有条理，学者推为大师。其文朴雅向古，尤为不苟。诗律在元和、庆历之间，古风独胜。书法妙天下，尺牍寸简，人争传购。

娄坚一生坚守古学，辨章学术，烛灼空疏衰敝之文，推弘朴真深湛之风，以传承斯文为己任。与唐时升共擎嘉定文派旗帜，延续嘉定文脉，卓然高立于晚明文坛。晚而学佛，长斋持戒，与唐时升、程嘉燧为"练川三老"。与李流芳、唐时升、程嘉燧合称"嘉定四先生"。

《学古绪言》作为娄坚文集，其文所涉，内容宏富。该书共二十五卷，录文三百余篇。诸呈、书牍、碑记、墓铭、赠行序、寿序多语涉诸多地方史事和重要

---

[20]（清）叶昌炽著：《楹书隅录》卷四，北京燕山出版社，2008年版，第353—354页。
[21]（清）叶昌炽著：《楹书隅录》卷四，北京燕山出版社，2008年版，第354页。
[22]（清）宋如林等修、石韫玉等纂：《光绪苏州府志》卷一百一《文苑六》，清道光四年刊本。

历史人物,诸书序、题跋、杂铭、祭文多彰显娄氏诗文旨趣、书画艺术追求和真朴文风,故颇具文学价值和史料价值。

《学古绪言》是研究娄坚古文的重要参考。娄坚尊归有光为正朔,从学于归有光嘉定弟子张应武、傅逊、丘集等人,其文朴雅尚古,颇受后世推崇。清初文坛宗主王士禛曾对娄坚之文大加唱叹,称娄坚"古文尤为不苟"(《渔洋诗话》),"元氏、白氏《长庆集》娄坚子柔二序纡余唱叹,真古文也"(《南村随笔》),"入国朝言古文者益多,如娄、傅(傅占衡)者,予未见其比也"(《居易录》);四库馆臣对娄坚之文章亦给出了颇高的评价,称"坚以乡曲儒生,独能支拄颓澜,延古文之一脉。其文沿溯八家而不袭其面貌,和平安雅,能以真朴胜人,亦可谓永嘉之末得闻正始之音矣"。而《学古绪言》汇集了娄坚毕生的主要文章,其诸多文章体现了娄坚的古文特征,是研究娄坚文学创作、文学批评和文学造诣的极为重要的参考凭借。

《学古绪言》是研究晚明嘉定地方史的重要史料。娄坚一生仕宦不达,人生的多数时间优游于故乡嘉定,因此《学古绪言》中的许多记载是我们了解明朝中晚期嘉定社会的重要参考。《学古绪言》载有《嘉定县均役册序》《乞改正派剩呈词》《嘉定县吴淞所新建吴侯通渠记》《修复南水关呈词》《与陈明府论水灾书》《东林圆照募缘疏》等文章,事涉嘉定地方经济、文化、社会、宗教等诸多层面,对研究晚明嘉定地方史颇有助益。

同时,《学古绪言》展示了娄坚宽宏的交游关系网,其相关文章亦可成为管窥晚明社会的重要参考资料。《学古绪言》中记载与娄坚有密切交往的人有:太仓王氏王锡爵、王衡、王时敏祖孙三代,徐学谟、龚锡爵、殷都、時偕行等嘉定籍名宦,李流芳、唐时升、程嘉燧、沈宏正、张其廉、金兆登等同辈挚友,徐霞客、钱谦益、王时敏、侯峒曾、黄淳耀等后辈小友。同时《学古绪言》亦记载了娄坚与王世贞、董其昌等当朝名士,文震孟、潘季驯等晚明名宦之间的交往。上述诸人多是晚明的名公巨卿,娄坚与其往来行文中内含丰富信息,对于晚明历史政治、文学艺术等诸多层面研究都有一定的参考。此外,《学古绪言》还内含不少有关古诗创作、书法绘画、地方家族、佛道宗教等其他类型的文章。

综上,《学古绪言》既是研究嘉定文派、娄坚生平交游、娄坚学术思想和文学造诣的重要凭借,又为研究晚明社会和嘉定地方经济史、文化史、军事史等多个方面提供了重要参考史料。

结 语

《学古绪言》作为嘉定名士娄坚唯一刊印文集,具有很高的文学和史料价值。嘉定博物馆藏本《学古绪言》属明崇祯初刻本,内含多处朱、墨批点和多枚清雅印章,与当世几大图书馆所藏相较,尤显独特珍稀。该本的发现将为进一步展现明代嘉定文派的朴雅风姿,挖掘《学古绪言》的丰富内涵,弘扬嘉定历史文化起到颇为重要的推动作用。

(杜以志、张行刚系嘉定博物馆馆员,陈彦昀系嘉定博物馆助理馆员)

清吴闵《竹庄图卷》初释

文\金晓红

清康熙《吴闵竹庄图卷》是嘉定博物馆收藏的书画珍品，该卷纵30.6厘米，横916厘米。手卷由康熙进士姜宸英题，并有清山水画家王翚、嘉定籍文人王晦、孙致弥等十余人的题跋，是一件不可多得的艺术佳作。

展开手卷，引首是康熙年间进士姜宸英题"竹庄"二字，字体雄浑有力，落款："丁丑（康熙三十六年，1697）春仲为竹庄生书，姜宸英。"钤白文方印"姜宸英印"、朱文方印"西溟"。右上角朱文长方形印"老易斋"、左下角朱文收藏方印"室庐珍玩"。（图一）

姜宸英（1628—1699），字西溟，号湛园，又号苇间，浙江慈溪人。康熙三十六年进士，以殿试第三名授翰林院编修。平生喜读书，经史子集无不精研，文名亦重当时，中进士前即以布衣荐修《明史》，与嘉兴朱彝尊、无锡严绳孙并称"江南三布衣"。姜宸英擅书法，与江苏句容笪重光、长洲汪士鋐、何焯并称为"康熙四家"，为清代帖学的代表人物。其书法重法度，守典型。尊古师古，并在此基础上融会贯通，形成其清劲俊逸、韵致古雅的风格。其自称："余于书非敢自谓成家，盖即摹以为学也。"著有《湛园集》《苇间集》《海防总论》。

徐徐展开图卷，即见一图，题为《竹庄图》。画作描绘一山间竹林别院，楼阁高筑，庭院开阔，高墙竹篱，门扉轩敞，曲径通幽。庄院后有河，河水从远方逶迤而来，缓缓流淌，河上架小桥一座，可通后院。沿河两岸翠竹丛生，围护庄园，院内几株梅花正盛，有云霭起于竹树之梢，好一处幽静的隐世之居。图左下作者自题："浪迹京华，倏忽四载。今春欲作归计，奈人事多阻，未遂如愿。兀坐斗室，遥想故居，竹庄

图一　清姜宸英题"竹庄"

图二 清吴闵《竹庄图》

图三 清陈睿思题诗(局部)

宛然在目。因拈毫写图,以寄所怀。渊明云:'独居寡欢,纸墨遂多。'人情大抵相类也。"落款:"岁次丁丑春二月上浣,竹庄生识。"钤朱文圆印"吴"、白文方印"闵"。可知,此图描绘的是作者吴闵故居竹庄,作于康熙三十六年二月上旬。吴闵,其人无考,于图卷后金浩题诗可知其字天翁,自号竹庄生。清代山水画多受到晚明华亭一派影响,强调绘画笔墨效果而相对轻视丘壑林园的实景,而这件《竹庄图》则有所不同,以较写实的手法描绘园林山居,笔墨清新、浓淡相宜,亦可烘托主人幽居世外、清尘脱俗的高洁品质。(图二)

《竹庄图》后,有陈睿思题诗:"红尘冉冉嗤人生,往来熙攘劳经营。邓通郭解天所定,口头贫富都虚名。茗时烹,酒时饮,蘧蒢可卧肱可枕。不须定作羲皇人,但得梦中无索锦。遥羡此庄植古梅,竹溪前后波萦回。此风响兮竹影横,此窗时有朋侪陪。闲庭放眼看云水,青鸾停立何年始?欲觅葛陂验化龙,绿阴森森此即是。傍此书,岂从荣禄称宛如。虚心实节写新句,客来读罢求赠余。傍此画,不独云山知者咤。长笺写出此君形,意致离奇笔潇洒。去孤篠,映青蒲,逍遥何必长房壶。适然不觉我忘吾,知道人间几齐奴。闭门放浪岂自是,当时六逸先如此。习静每来枝上声,诚宜一洗筝笛耳。策马来看上国风,几年杂沓车尘中。自言生成山野性,寂寞不愿亲王公。欲趁春明归故土,庄前此屋删竹补。还烹玉版尝鲜美,倍胜客途牛鹿脯。尚有琼浆瓮启香,客来竹下同飞羽。关山杳渺阻长途,贯珠累累新词吐。更将苍鼠走霜肤,琅玕森矗可摩抚。君今展卷常怡神,笺中清影仍为邻。"落款:"丁丑春仲长安官舍,次竹庄生歌原韵并书求政,温陵陈睿思。"下钤朱文方印"宜亭陈睿思印"、白文方印"可园鹤屏"、引首朱文印"存吾术"。(图三)

陈睿思(1645—1716),字子将,号鹤屏,又号宜亭。清代同安县(今厦门市同安区)人。清康熙六年

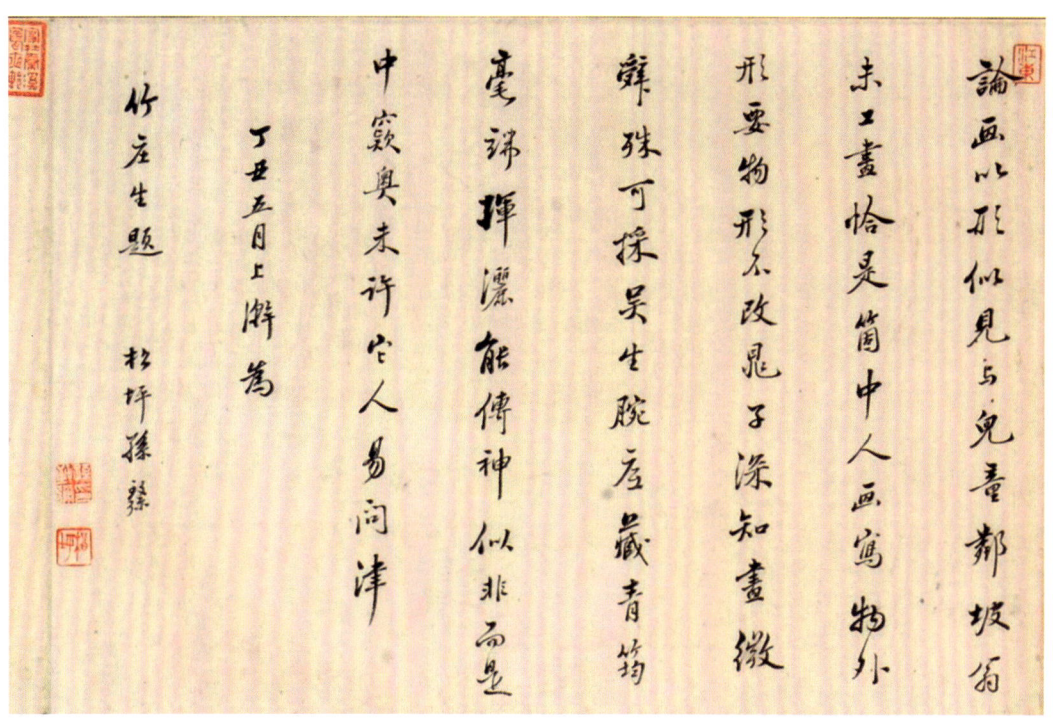

图四 清孙致弥题诗

（1667）进士，被授为中书舍人。返乡守孝期间，倡议修筑轮山朱子讲堂；进言官府，减轻百姓负担。改官为行人修同安会馆，后又晋升为户部主事。七十二岁时，在任上去世。在同安县田洋村筑有澹园。著有《可园诗文集》。

王晦题《竹庄生歌次原韵》："咄哉造物劳我生，风尘奔走徒营营。何人挺干树直节，世间所少非才名。我欲狂歌纵豪饮，酒酣窗北支高枕。枕畔秋风习习生，乱筛花影纷云锦。年来梦忆江乡梅，修竹林边日几回。一自饥驱客京洛，此君寂寞谁追陪？竹庄吴生志流水，雅擅风骚追正始。家园百尺苍琅玕，禅参玉版证如是。竹下临池书淋漓，墨沈笼鹅如腕中。有鬼学不得，芝贤旭圣空。愁予竹下放笔画，绝壑崩崖观者咤。百年不改岁寒心，偃盖虬枝松雪洒。区区弱植桃与蒲，托根尘境非蓬壶。争如吾庐住，故吾一竿不换千头奴。选杖材，何者是？仙客化龙应似此。横担风月访青山，飞度沧江直戏耳。更栽短篷横秋风，关山怨入清商中。桓伊一曲罕同调，踞床何用交王公。明岁同君还故土，密处手芟疏处补。春早惊雷露碧尖，长镵挑取烧成脯。蚕豆花香麦饭甜，食之轻举同飞羽。留得孙枝上拂云，九苞彩凤梢头吐。夜雨棋声未觉寒，深林独坐琴还抚。愿君看竹怡心神，王猷日日来南邻。"落款："丁丑元旦后二日，书似竹庄生一粲，练水王晦。"下钤白文方印"王晦私印"、朱文方印"字服尹"。

王晦（1646—1719），字服尹、树百，号补亭，清苏州嘉定（今属上海）人。康熙五十一年（1712）进士，授翰林院庶吉士，工诗文。其长子王敬铭在他及第后第二年高中状元，授翰林院修撰，父子二人同入翰林一时成为美谈。与赵俞、张僧乙、王度、李圣芝、侯开国、张云章、孙致弥齐名，时称"疁城八子"。

孙致弥题诗："论画以形似，见与儿童邻。坡翁未工画，恰似笛中人。画写物外形，要物形不改。晁子深知画，微舜殊可采。吴生腕应藏青筠，毫端挥洒能传神。似非而是中窾奥，未许它人易问津。"落款："丁丑五月上浣，为竹庄生题，松坪孙致弥。"下钤白文方印"孙致弥印"、朱文方印"松坪"，引首朱文方印"江东"。（图四）

孙致弥（1642—1709），字恺似，一字松坪。明代登莱巡抚孙元化之孙，清苏州嘉定（今属上海）人。康熙二十七年（1688）进士，选庶吉士，累官至翰林院侍读学士。康熙四十一年（1702）典试山西，充任《佩文韵府》总裁。其纂修勤且久，考核详慎，书成而卒，赐金以殓，敕内务府护丧归里。生平著述甚富。致弥还工于诗，兼善书法，书法逼似董其昌，诗词跌宕流逸，与陆元辅、赵俞、张云章、张大受、张鹏翀称"嘉定六君子"。

张晧题："君不见，大梁韩干画马奇，陈闳妙摹肯学之。饱观天厩十万匹，自言众马皆吾师。吴生写竹岂师授，种竹十年看竹透。能将雨露与风晴，一一传神笔意秀。但觉落笔如飞鸢，千竿立就秋毫颠。挥此竹庄缘应事，欲令俗眼一洗煎。"落款："丁丑夏日，长安官舍，为竹庄生题，秦溪张晧。"钤朱白相间方印"一字皡亭"、白文方印"张晧之印"，引首朱文方印"家在兰溪乌夜村"。

张晧（1640—1709），字小白，号皡亭。清嘉兴海盐（今属浙江）人。康熙举人，官中书，迁行人，后授刑部主事，以老告归。著有《赋闲楼诗集》。室名"守白斋""赋闲楼"。其父张惟赤，字侗孩，号螺浮。顺治十二年（1655）进士，累官刑科给事中，曾任山东乡试正主考，后引疾归田。归后于城南筑涉园，所藏图书彝鼎甚富，其子、孙均有藏书名，家藏书目曰《涉园张氏藏书目录》。

刘玠题诗："生人何必万户侯，亦可不识韩荆州。只须栖止余乐地，眼前佳境造物界。新诗香酝日消闲，宁输海上居三山。羡此竹庄少尘土，生也写图气意古。绕亭曲水玉虹环，凌云绿竹清商间。他年税驾北窗坐，新图旧竹皆可贺。"落款："丁丑夏五月上浣，题竹庄生自制《竹庄图》，古韦刘玠。"下钤白文方印"刘玠之印""铁面冰心"，引首朱文印"佰夜侍臣心"。（图五）

刘玠，字玱白，号铁笛翁，家于沅、沣（均在湖南）之间。善梅、兰、竹、石，笔力苍劲，致趣野逸。

王时宪题七言二首："溪堂冷翠足徜徉，旅梦依然到故乡。知是鸥波今复起，自家磨墨写筼筜。""百尺楼头万绿攒，墙阴多少碧琅玕？此中倘许移家住，乞取寒梢作钓竿。"落款："题《竹庄图》，似竹庄生博粲，稧亭时宪。"

王时宪（1655—1717），江苏太仓人，字若千，号禊亭。康熙四十八年（1709）进士，由宜兴教谕改翰林院庶吉士，授检讨。五十六年典陕西乡试，卒于任。邃于诗，兼学魏晋唐宋诸家，时出新意。所拟《陈思王乐府》，被朱彝尊称为江左独步。著有《性影集》。

金浩题《天翁大兄自号竹庄生，绘图见志，系以长歌，并索同人继声，因率和请正》："此中便足老吾生，何必名园心目营。不见当年蒋翊径，二仲来往传芳名。左手展图玩，右手把杯饮。怡情我欲藏诸枕，宜君静对发清歌，吟遍吴绫与蜀锦。江乡此日正青梅，客里时时梦寐回。绘图聊以寄遐想，琅玕万个如来陪。娄江淞江隔一水，定交却自燕台始。不才更叨

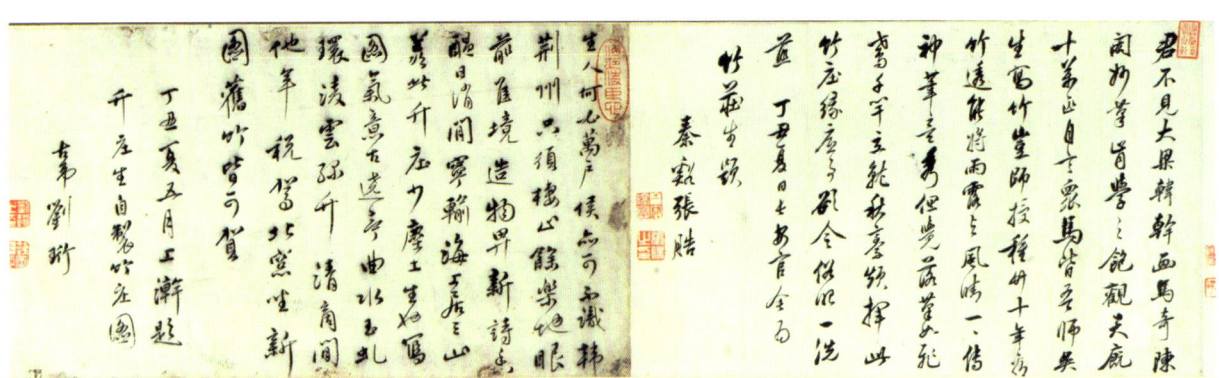

图五　清张晧、刘玠题诗

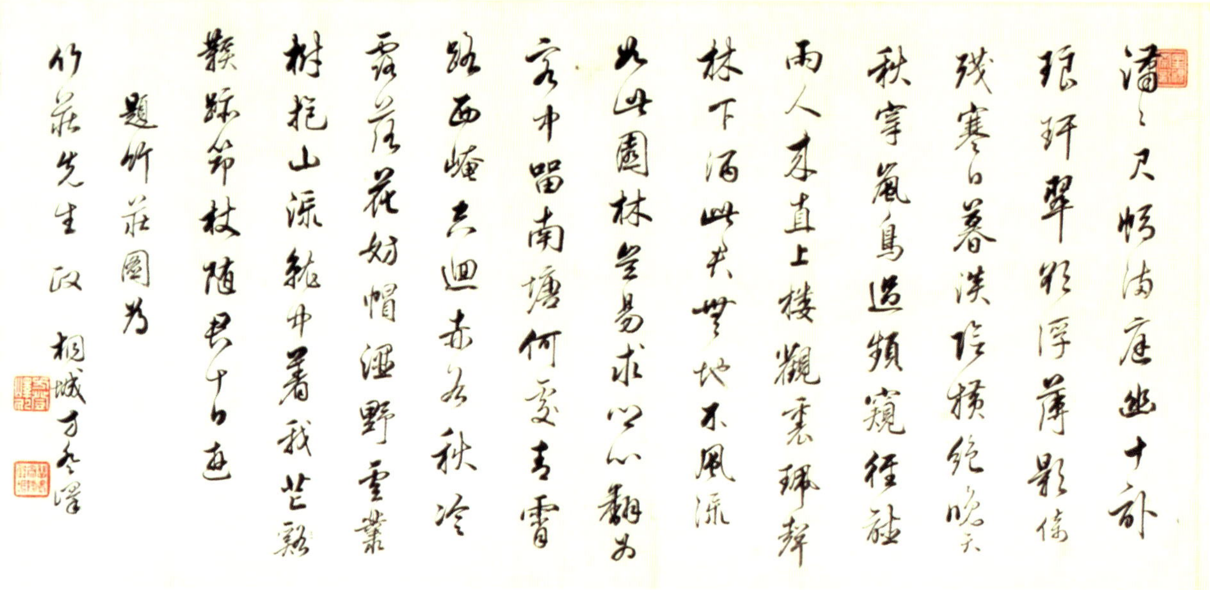

图六 清方登峰题诗

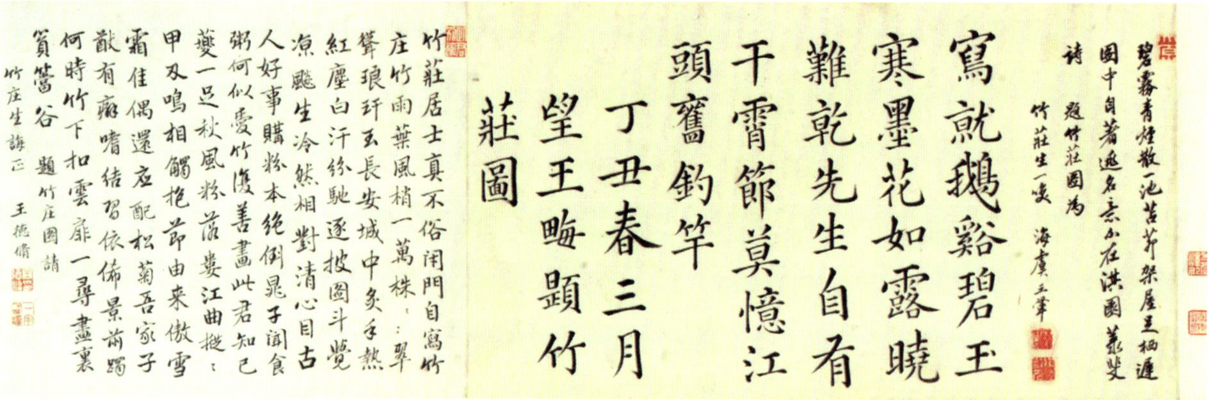

图七 清王翚、王晦、王德修题诗

宗谱末，鸡群立鹤君真是。君善书，蝇头擘窠纵所如。大小欧阳浪得名，题榜仲将未慊予。君工画，花鸟缤纷咸叹诧，只此尺幅胜辋川。龙孙凤尾争飞洒，裁箨冠蕨笋蒲清。言娓娓，濯冰壶，超然遗物吾得吾，焉肯羁绁为世奴。晋人作达应如是，予与君交实以此。长安名士满九衢，不拜王公独君耳。古云虎啸山生风，又云龙吟大泽中。君才自合致通显，指顾释褐为三公。偏予潦倒思乡土，牵萝愿将茅屋补。借刬长竿学钓鱼，得鱼不羡麟为脯。麟为脯，将奈何？世事纷纷等毛羽。他年若得承咳吐，虚心直节同摩抚。竹可抚，画有神，松柏青青共结邻。"落款："丁丑初夏，青溪弟浩拜稿。"钤白文方印"金浩之印"、朱文方印"其天"、引首白文方印"翰墨风流"。

方登峰题诗："潇潇尺幅满庭幽，十亩琅玕翠欲浮。薄影倚残寒日暮，淡阴横绝晚天秋。穿岚鸟过频窥径，听雨人来直上楼。观里珮声林下洒，此君无地不风流。如此园林岂易求，乡心翻为客中留。南塘何处青霄路，西崦空回赤各秋。冷露落花妨帽湿，野云丛树抱山流。就中着我芒鞋迹，筇杖随君十日游。"落款："题《竹庄图》，为竹庄先生政，桐城方登峰。"下钤白文方印"方登峰印"、朱文方印"字凫宗号屏垢"、引首白文方印"星砚斋记"。（图六）

方登峰，字凫宗，号屏垢，安徽桐城人。生卒年不详。康熙三十三年（1694）贡生。善为诗，著有《依园诗略》《星砚斋存稿》《如是斋集》等。

王翚题七言一首："碧雾青烟散一池，苦茆架屋足栖迟。图中自著逃名意，不在淇园箂斐诗。"落款："题《竹庄图》，为竹庄生一笑，海虞王翚。"钤白文方印"王翚之印""耕烟散人"、引首钤白文印"太原"。

王翚（1632—1717），字石谷，号耕烟散人、剑门樵客、乌目山人、清晖老人等。江苏常熟人。王翚出身于文人世家，自幼受家庭影响，喜爱绘画，先拜同里张珂为师，专摹元代黄公望的山水画。后得到王鉴、王时敏的提携和悉心栽培，王翚的画艺骤进，声名鹊起。与王鉴、王时敏、王原祁合称"四王"，又与吴历、恽寿平并称"清六家"。王翚的山水画既师法古人，又师法自然，融会南北诸家之长，创立了所谓南宗笔墨、北宗丘壑的新面貌，故王时敏称"画有南北宗，至石谷而合为一"。论画主张"以元人笔墨，运宋人丘壑，而泽以唐人气韵。"

王晖又题七言一首："写就鹅溪碧玉寒，墨花如露晓难干。先生自有干霄节，莫忆江头旧钓竿。"落款："丁丑春三月望，王晖题《竹庄图》。"

王德修题诗："竹庄居士真不俗，闭门自写竹庄竹。雨叶风梢一万株，株株翠耸琅玕玉。长安城中炙手热，红尘白汗纷驰逐。披图斗觉凉飔生，冷然相对清心目。古人好事购粉本，绝倒晁子闻食粥。何似爱竹复善画，此君知已夔一足。秋风粉落娄江曲，摵摵甲刃鸣相触。抱节由来傲雪霜，佳偶还应配松菊。吾家子猷有癖嗜，结习依稀暴前躅。何时竹下扣云扉，一寻画里篔筜谷。"落款："题《竹庄图》，请竹庄生诲正，王德修。"钤朱白文相间方印"王德修印"、朱文方印"一字西溪"，引首白文方印"此君别馆"。（图七）

《吴闵竹庄图卷》是嘉定籍人士黄曰骧（图八）于1979年捐赠给家乡博物馆。黄曰骧（1898—1990），嘉定镇人。早年毕业于国立北京医学专门学校（北京医科大学前身），为著名西医。一生编辑书稿50余部、2000余万字，有《实用内科学》《鉴别诊断学》《结核

图八 黄曰骧先生

病学》《临床心电图学》《内科手册》等。其祖父黄世荣于清光绪二十七年（1901）在嘉定创办的普通小学，在抗日战争中被毁，抗战胜利后，与堂弟黄曰骖先生为复校四处奔走，得吴蕴初先生资助建蕴初大厦一幢。1991年5月，普通小学建校90周年，黄曰骧先生夫人徐文琦遵照其遗愿捐资1万元，建立"黄曰骧奖励基金"。

1978年嘉定县博物馆恢复单独建制，各项工作逐步开展。为进一步充实馆藏，召开了多次文史工作座谈会，出席会议的都是嘉定籍的工商界、教育界、文化界与医学界等的精英人士。1979年黄曰骧先生应邀参加嘉定县第三届文史工作座谈会，将珍藏的40余件书画作品无私捐献给家乡博物馆，其中不乏精品，如《明严衍书赤壁赋手卷》《清吴闵竹庄图长卷》《清沈苍工笔山水册页》《清程庭鹭诗词手稿册页》等，给家乡博物馆的文物收藏事业添砖加瓦。正是这些前辈们的慷慨之举，为嘉定博物馆的陈列展览提供了有力支撑。

（作者系嘉定博物馆馆员）

旧时谁家堂前燕
——清瞿中溶等铭芦雁图端砚收藏者考绎

文\王光乾

一

清瞿中溶等铭芦雁图端砚,现藏于嘉定博物馆。该砚作长方形,砚堂平整,平坡敞池,坡面刻浅浮雕龙形纹。砚唇额略宽而尾略窄,作浅浮雕缠枝花卉纹。(图一)砚缘左、右、下三面均有铭文。

左为古隶铭:"圭璋德,烟霞质。千年旧物堪秘惜,根之宝之乐无极。嘉庆庚辰(二十五年,1820)根之得于寿沙,以铭其左。"(图二)

右为行楷铭:"此端溪旧坑后人重琢者,发墨而润泽,可宝也。木夫记。"(图三)

下亦为行楷铭:"此蓬士盦物,道光己亥(十九年,1839)为小湘所得,藏之友兰别墅",后镌阴文"文渊"印。(图四)

砚阴浅挖,刻浅浮雕芦雁图,于图左又镌二印,上阴文"瞿氏所藏",下阳文"古泉山馆"。(图五)

读其铭文,首先可知砚右缘铭文为清中期知名的经学家、史学家和金石家瞿中溶所作。

瞿中溶(1769—1842,图六),字镜涛,一字苌生,号木夫,清嘉定县人。贡生。曾任湖南布政司理问,并一度署理辰州府通判、安福县知县。考其科名宦绩,并无特出之处,但一生精研经史,博搜金石,且经其岳翁钱大昕影响和指授,著作宏富,成就斐然。有《汉魏蜀石经考异辨正》《说文地名考异》《古泉山馆彝器图录》《古镜图录》等近三十种。又有《奕载堂文集》《古泉山馆诗集》。工治印,善画花卉。传详见清江藩《国朝汉学师承记》《光绪嘉定县志》,以及

图一 清瞿中溶等铭芦雁图端砚(嘉定博物馆藏)

《清史稿》等文献。又有自订年谱传世,行实历历可观。兹毋庸赘述。

两位收藏者根之、小湘,容逐一考述于后。

二

根之,即瞿树本,为瞿中溶长子,大儒钱大昕外孙,其母为钱大昕长女钱敬。

今人编纂的《中国书画艺术词典》《书画篆刻实用词典》虽将其作为书画家、篆刻家加以收录,但对其生

图二　清嘉庆二十五年（1820）瞿树本（根之）铭　　　　　图三　清瞿中溶（木夫）铭

卒年均语焉未详。其实，这可从其父年谱中觅得。

瞿中溶《瞿木夫先生自订年谱》"嘉庆八年癸亥"条载：

> 二月二十一日卯时，生一男。以生男屡不育，从俗例过友人钮匪石为子。匪石取乳名阿根，取根深蒂固之意也。后以树本命名，即以根之字之。

又，"道光十七年丁酉"条载：

> （五月）三十日接家书，知根儿于廿八日巳时病卒。所谓白头人送少年人，不意老来复遭此痛也！家运可谓蹇矣，又何言哉！

据此可知，瞿树本生于嘉庆八年（1803），殇于道光十七年（1837），卒时仅三十五岁。

对于长子的英年早逝，瞿中溶倍为断肠。次年，曾作悼亡诗，见于其《古泉山馆诗集》之《归园田居钞》卷一"著雍阉茂（戊戌，道光十八年，1838）"部

图五 清瞿中溶等铭芦雁图端砚（砚阴）

图四 清道光十九年（1839）沈文渊铭

感到无比的惋惜,甚至将他比作才高命短的颜回。同时,在颈联中又隐约透露出瞿树本生前虽有进取立业的豪情壮志,奈何家境寒薄,性情傲介,在当时的社会中并不能应付裕如,难以获得可期的发展。然而,并未提及其在书画印方面的才能,只说他遗下不成体系的残杂诗文篇什,有一种名为《笛渔小稿》云云。这可能与当时学人重经术轻诗文更轻书画印诸艺有关。检索辑录嘉定前人著作最为详备的《光绪嘉定县志》的《艺文志》部分,未见记载《笛渔小稿》,但发现了他还著有《南斋诗稿》。当然,这也可能是一种的著作的两个名字。

有关瞿树本之其他传记资料,稀少零散,颇费钩辑,笔者主要得到以下数种:

《光绪嘉定县志》卷十九《瞿中溶传》后附有其极简之小传:

> 子树本,字根之,国子生。工书画篆隶,兼精铁笔。

与之同时代的嘉定画家、印人程庭鹭,在其《练水画征录》中记载:

> 瞿树本,字根之,号蓬士,中溶子。工篆刻。偶作佛像、花卉,得冬心老人(金农)意。裘云锦,字春洲,奉尧子,诸生。山水承家学,有逸致。皆早卒,未竟所造。惜哉!

生活年代稍晚的嘉定诗人、学者黄宗起,在为同邑印人江湄(伊人)的《秋水轩印存》作序时,罗列了乾嘉之后嘉定杰出者的篆刻家:

> 吾邑工刻印者,乾嘉以后予所见瞿氏蓬士(树本)、程氏梦盦(庭鹭)两家而已,继起者惟吾江子伊人乎?……予年弱冠得交伊人,已不及见蓬士先生,见其所刻石,《广陵散》今绝响矣。

图六 瞿中溶像(《练川名人画像续编》)

分。诗云:

> 根儿病亡已九月,偶有所触,得诗一首。
> 生来短命岂能延,虽付聪明亦枉然。
> 赢博有荦嗟季札,箪瓢无椁惜颜渊。
> 豪心何苦增贫累,傲骨应难结世缘。
> 更叹诗文残杂甚,笛渔小稿不成篇。

在诗中,瞿中溶对资质聪敏而享年不永的长子

在《瓯钵罗室书画过目考》卷四中，清末大收藏家李玉棻特意记载了其所见到的瞿树本、瞿树辰兄弟合作的扇面：

瞿树本，字根之，工书，精篆刻。弟树辰，字心沤，善画。中溶子。古肆见有昆季便面二叶，一树本行书七律二首，一树辰写墨菊石，皆款署立之。

近代印家、西泠印社创始人之一叶铭，则将瞿树本采入其《广印人传》中：

瞿树本，字根之，木夫子。师承庭训，书画皆佳，篆刻尤多古趣。

由以上史料可知，瞿树本虽未得永年，且仅获国子监生的功名，但因为书画和篆刻方面的不凡成就而被载入史乘，不致湮灭无闻。非但为乡邦闻人程庭鹭、黄宗起所誉扬，而且获得了后世名家李玉棻、叶铭的认同。

瞿树本工书，但书迹不多见。广东省博物馆所藏清代闺秀画家顾蕙的《尚友斋雅集图卷》的引首为其所书（见劳继雄《中国古代书画鉴定实录》）。由本文检讨的这方端砚上的瞿氏铭迹来看，其隶书于陈鸿寿借鉴为多。寿沙，是长沙的别称。其于嘉庆二十五年（1820）随父宦游长沙时获得此砚，年方十八岁。当时所作铭文虽稍欠稔熟，书法亦模仿陈氏，但已现天才少年的峥嵘头角。惜乎遽归道山，否则所造未可限量。善画，偶作花卉、佛像，得金农意趣。尤以篆刻名世，取法浙派，劲健生涩，风貌介于黄易、赵之琛之间。程庭鹭纂《红蘅馆印谱》，第三册收丁敬、黄易、蒋仁、陈豫钟等家之印，第四册为董洵、孙均、瞿树本、钱侗、赵之琛诸家之印。窥斑知豹，足见程氏对瞿树本印艺的珍视和推重。

其实，瞿树本生前还曾获交父执、大金石家张廷济，并于道光九年（1829）为之刻"清仪阁藏"白文印。后来，此印成为张氏常用收藏章之一。另外，在其《清仪阁金石题识》卷二"隋常丑奴墓志"条中，张氏说明了此墓志拓片的来源：

四月之末，嘉定钱竹汀詹事之外孙瞿根之世侄持此本归于余，或即潜研旧物，然濡脱不精。闻吴门贝友涧香、武林瞿友颖山皆有此拓，当合勘以悉其全文为快云。道光十二年壬辰（1832）闰九月廿七日。

又跋曰：

昔从嘉定瞿根之买得此本，字画重墨污损，就日影照才得八九。"黄运肇兴"数语，言魏初常氏流奔失所也。"明帝□河洛之王里，迁崤函之帝宅"，言魏孝武避高欢之逼，丑奴之父欢随帝入长安也。"明帝"上一字不可审，谢氏《西魏书》前载大兴翁覃溪学士札云："《常丑奴墓志》，愚尝见石本，其孝明之称究未能以遽断。"则知翁所见之本"孝"字清晰耳。道光己亥（1839）二月一日。

瞿树本将所藏《隋常丑奴墓志》拓本鬻于张氏，已见其生活捉襟见肘。若真如张氏所云此拓或为珍贵的"潜研旧物"（即钱大昕旧藏），则树本可能颇为穷窘，否则不至于有此举。这也从一个侧面印证了瞿树本生前的困顿和不得志。另一种解释是，其父归园后，因失去俸禄，且家中人丁日众，生计堪忧，因此在苏州设"长物斋"古董店，出售积年所藏，以养家口。树本将此拓转让与张氏，或是代父为之。

三

小湘，经考证为沈文渊。

清潘履祥《罗店镇志》卷六载其父沈梁传略，且附沈文渊生平梗概。

沈梁，字焕堂，潘六世孙，国学生。好施与，遇岁歉辄乐输助赈。道光三年（1823）水灾，率同堂弟、侄捐钱一万贯，为一邑倡。十五年（1835）潮灾，修筑海塘，苏抚林文忠公则徐驻工，委梁董其役，日夜筹划，不辞劳瘁，并捐助华亭塘工。又二十九年（1849）水灾，助赈。咸丰四年（1854）助饷大营。先后保升至运同衔。与侄文煜广置田亩，仿范氏义庄为赡族计，惜以费巨而中止。乡里有争，必力为排解。亲串贫不能存者，贷金，不取偿。卒年七十九。子文渊，字宗眉。好读书，能诗，善鼓琴。就王翘故居构别墅，颇饶花木，所与游皆一时名士。中年以岐黄术活人，求者无不应。同治元年（1862）避兵松郡，以暴疾卒。

《光绪宝山县志》卷十《德义》亦有沈氏父子合传，但显系节录《罗店镇志》所载而成，唯沈文渊部分文字稍异。

子文渊，字小湘，国学生。读书为善，颇有父风。

至此可知：沈文渊，字宗眉，一字小湘，国子监监生，清宝山县罗店镇人。好读书，能诗，善鼓琴，并就明代名士、诗人王翘的故居营建别墅，有花木之盛。且通医术，能祛病活人。同治元年避兵祸于松江，因病暴而卒。所谓"避兵"，当为逃避清军与太平军之间的战争。

其父沈梁，也是国子监监生，家资丰厚，急公好义。他赈灾荒、修海塘、助军饷、筹建义庄，不惜巨资，不惮辛劳，以求济世利群，为功不可谓不巨。道光十五年，得时任江苏巡抚的林则徐赏识，被委任董理海塘修筑工程，也明其颇具实际才干。

沈文渊就王翘故居新筑的别墅，名为友兰别墅。《罗店镇志》卷三《园林》有载：

友兰别墅，在冬号六十图，沈文渊辟。中有朗照山堂，系宗室德成题额。堂前罗列奇石，如峡翠、云豹、观音峰皆玲珑透辟，其最著者名醉石，高丈余，望之如醉人倾颓，状擅一邑之胜。兵燹后，花木去十之六七，而诸石尚存。

并附文渊所作《小筑友兰别墅落成漫赋》七绝四首：

其一
买得蔬畦半亩余，经营草草结茅庐。
山中调鹤林和靖，岭上怡云陶隐居。
伊昔名流风趣别，等闲高寄俗尘除。
余情也慕林泉致，遍种梅花手自锄。

其二
一丘一壑亦寻常，胜似楼壹赋谢庄。
竹影当窗时拂翠，桐阴满院好招凉。
不如农圃何妨学，偶傲羲皇未是狂。
忽听绿鹦呼客至，闲消棋局日方长。

其三
每逢韵事快披襟，诗酒流连属艺林。
醉菊原非矜傲骨，纫兰别自订同心。
竹丝外尽供陶写，风月中常入弄吟。
最好隔溪红寺映，疏钟百八送清音。

其四
疏放平生不自持，幽楼佳胜漫寻思。
床眠琴久调嫌涩，架插书多读悔迟。
结习敢云客无好，沽名未免我犹痴。
卜邻差近陈惊座，喜共谈诗读画时。

从诗句中可以推断，友兰别墅是沈文渊的精神家园，他可以像高士陶弘景、林和靖一样隐居其中；更是一处文艺沙龙，他可以与士林同道在别墅内"诗酒流连"。因此，得到瞿树本旧藏端砚后，他十分郑重地"藏之友兰别墅"，也就在情理之中了。

此外，友兰别墅还有一件非常特出的藏品，即大名鼎鼎的《随园十三女弟子湖楼请业图》。沈文渊于道光十六年（1836）购得，叹为"琅嬛奇胜"，欣题七绝四首，并请其时寓居罗店的嘉定文人、书画家钱元章鉴赏和题款。清末，此卷辗转流入贵池刘氏聚学斋。词人况周颐曾于光绪三十二年（1906）初春借得，于其蕙风簃中反复赏鉴逾半月之久，并不厌其烦地将所绘人物、题跋者等信息详细记录在案。事见况氏《蕙风簃二笔》卷一。此图于民国十八年（1929）由神州国光社以珂罗版刊布，今尤见流传，而原迹却不知所终。

沈文渊还以友兰别墅的名义刊印乡贤著作，彰微发幽，存亡继绝。笔者昔年整理明人王翘的《小竹山人集》，即为文渊道光二十二年所刻，且标明"后学沈文渊小湘校""板藏友兰别墅"云云。

友兰者，以兰为友也。这说明沈文渊非常喜爱兰花，或者以兰花的高洁之性自期。其诗句"纫兰别自订同心"，或可印证这一点。他不但将自己的私园命名为友兰别墅，也将自己的书斋名为友兰斋，将其诗集题为《友兰斋诗钞》。

在沈文渊所交游的名流中，有嘉定举人、宿儒潘鸿诰。潘鸿诰对其诗颇为推许，并为其《友兰斋诗钞》作序（《光绪重修宝山县志稿》之《艺文志下》）。序云：

沈君小湘，生长名门，无纨绔气习。少即嗜诗，未及弱岁，誉满海上，所谓巨象初胎已有食牛之气者。观其所著《友兰斋集》，婉而多风，殆性情之中自有慧业，而《咏史》《拟古》诸篇，骎骎乎欲造古人之堂而嚌其胾。然则君之所学，又可见一斑矣。君志气方壮，能于学也锲而不舍，时从海内贤士大夫游，以广其见闻。后之所造，未可限量。

四

综前所述，此砚为嘉定瞿树本于嘉庆二十五年庚辰（1820）得自长沙，经其父瞿中溶赏鉴，道光十九年己亥（1839）归宝山沈文渊。以上三人均留有铭文，可证其不凡价值与流传片段。1980年春，此砚入藏嘉定博物馆。

收藏者根之，为瞿树本。瞿树本，字根之，号蓬士。瞿中溶长子，钱大昕外孙。1803年至1837年在世。功名止步于国子监监生。工书画，尤精篆刻。因年寿不永，作品以借鉴和取法前辈名家陈鸿寿、黄易、赵之琛为主，未形成个人面貌。生前得交前辈宿学张廷济，并为之篆"清仪阁藏"收藏章，且售予其家藏《常丑奴墓志》拓本。卒后遗有诗文稿《笛渔小稿》。树本得此砚后，曾呈请其父赏鉴并作铭。

收藏者小湘，为沈文渊。沈文渊，字宗眉，一字小湘，国子监监生。善鼓琴，好读书，能诗，著有《友兰斋诗钞》。有私园曰友兰别墅，为文渊与四方名流觞咏酬应之地，并将所蓄名画、古砚收藏其中。通医术，有祛病活人之能。1862年因避兵燹迁居松江，不幸暴病而卒。

本文原载于《书与画》2023年第5期，此次转载进行了若干修改，特此说明。

（作者系嘉定博物馆副研究馆员）

碑刻拾遗（之五）

文 \ 江汉洪

1. 宋保宁寺钟楼记[1]（图一）

钟楼记　徐冲[2]

乐一岁为十二钟，武事以钟为伐，盖钟与鼓等。鼓阳主进，钟阴主退。乐以钟配地，战以金为敛，吾儒用钟大矣。西方教尚金声，铙钹钲磬，亦胡部[3]乐寂灭之训，宜有取于静退之音，其书谓罽宾叱积，罪化为九头鱼，刀轮舞波，断首复生，循环不息，闻钟少停，此缘起也。流入中国，则曰魄行中阴假声进步，人死不灭，业通三世，悉为因果。

设余童时见邻有虎适野者，童聚戏，泥其窍将困，钟一声出云杪，遂阒然。弱冠侍亲谪婺[4]，爨获自经夜出罔蒙，邻寺钟鸣始去，扣，一夕少止，良验矣。世习以钟警迷暴戾，潜消久矣，犹乐通和钲退师比也。况佛祖誓愿，天龙统摄，通神明，齐生死，皆由人心发，鼎铸奸屏。钟鸣山应，吾儒不为奇，佛家藉以立，教士不揣本。羡之曰："吾不及也。"鄙之曰："吾耻言也。"是皆不知伦类。

出姑苏葑门，沿吴江[5]百汇为青龙江[6]，距海三十六里曰商量湾。三精蓝，独保宁以石晋天福[7]建，屋老而大，长廊重楼。方一新，有吴越钟四百斤，开宝九年（976）诸葛氏为报恩山[8]中峰寺作，不知何年归于此。旧楼且隤，法喜听天台观，叹曰："吾徒二千指，号聋聩，司昏晓者，瘠陋若斯，可耻也。"猛欲撤而新之，裒媪申明为倡，檀施趋和，遂以嘉定壬午（十五年，1222）岁嘉平上浣成，广三寻缩二尺，高七寻盈六尺，栱藻重檐，四牖咸备。

余频年以王事往返，一夕，法喜炷香瀹茗，求为记。余指楼而告之曰："患土木之奇，焜金碧之辉，揭盛时之声，钟悬百尺之崔嵬，穿逸响于天外，振阿含之执仪，昔为坠典，今登济斯，尔所以欢喜，众所叹息欤。"曰："然"。又告之曰："东钟西鼓，尚阴折阳，示无生意，以柔刚肠。暮息万籁，静而清长。晨鸡未嗜，作而铿锵。息者付道，业之全缺。作者抑妄，念之披猖。痴

---

[1] 保宁寺钟楼记：碑佚，文录自《正德姑苏志》卷三十《寺观·保宁教寺》，《吴都文粹续集》卷三十四辑录是文。保宁寺，在江湾镇（时属嘉定县，清雍正初至民国间隶宝山县，今属上海市虹口区）。五代石敬瑭后晋天福三年（938）僧智光募建，后周广顺二年（952）赐额。元明清三代屡次重修或重建。《嘉靖嘉定县志·寺观道释》作"保宁讲寺"。《万历嘉定县志》《康熙嘉定县志》《光绪宝山县志》并有著录。《上海乡镇旧志丛书》之《民国江湾里志·寺庙》谓："寺屋甚广，向容僧二百人，前有天王殿、钟楼。今并废。"
[2] 徐冲：温州平阳县人。南宋乾道进士徐谊之子，曾任迪功郎。
[3] 胡部：《吴都文粹续集》作"梵部"。
[4] 婺：婺州，隋置，治今浙江金华市。
[5] 吴江：即吴淞江。
[6] 青龙江：吴淞江下游支流，在今上海市青浦区境内，以青龙江而名的青龙镇，有"上海第一古镇"之称，早在宋代就是上海的对外贸易——海上丝绸之路的重要通商口岸。
[7] 石晋天福：五代十国时的五代石敬瑭后晋天福年号（936—943）。
[8] 报恩山：即支硎山，在今江苏苏州吴中区，因南北朝时的梁代于山上建有报恩寺，故名。

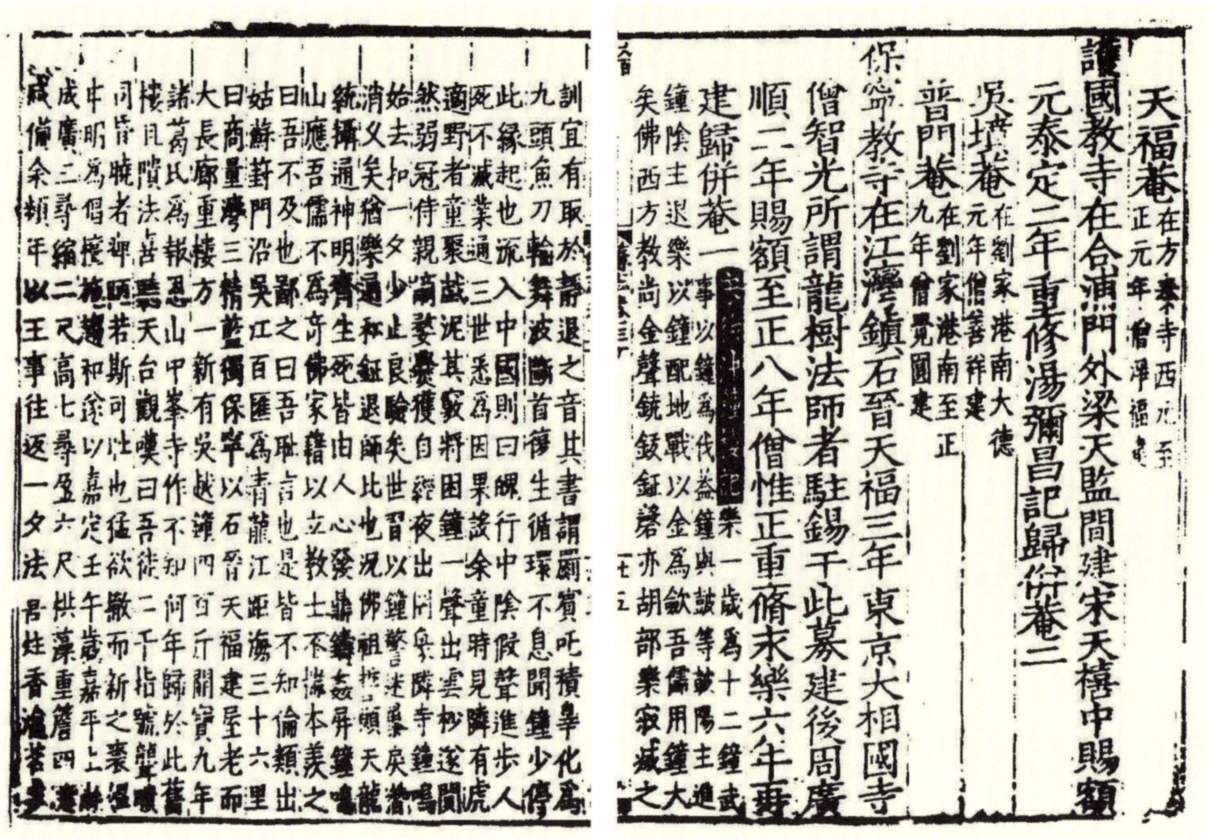

图一　宋徐冲《宝宁寺钟楼记》（明正德《姑苏志》卷三十《寺观下》）

扃破镝，夜景发光。律心万法，岂徒释争讼于曲直之场。施形百斛，何啻罢怨怼于矛盾之伤。继今以始，午鼓并镗，食轮转，法轮翔，入耳著心，化凶反良，兆我一身，为世津梁。此示众未尽知，其以语而宣扬。"合仄曰："法喜作楼，本心也，敢垂乐石，四众受持。"

嘉定癸未（十六年，1223）八月既望记。

2. 元嘉定县社稷坛记[9]（图二）

重建社稷坛记　赵浩[10]

昔在颛帝，祀共工氏子柱为社稷，虞夏因之而不易。汤以时旱，乃迁柱，以弃代之。三代以降，祀典损益不同。皇元奄有天下，诏京师、郡县建立社稷，在都春秋二祀，以大臣行事，临朝取旨；郡县致祭，则有常典。

延祐丙辰（三年，1316），朝列大夫、太原任侯立[11]来守是州。先是州以县升，地濒江海，事多阙略。旧有社稷在州治西南，傍接民居，尤为简陋，会坛灾，惟坛树不焦，若有鬼神相之者。于是更治之，辇粪壤，除煨烬，众庶子来，踊跃就工，甫三月而坛壝成。社居东、稷居西筑坛，四面为门，而依方色涂之。西为雷、雨坛各一，绕以周垣，截然砥平，植以嘉木，范为尊罍，斫木为俎豆。

作始于延祐（三年）五月，落成于秋八月。适丁上戊，侯偕寮属斋庄朝服，升坛成礼，神人协和，雾雨澄

---

[9]　嘉定县社稷坛记：碑久佚。《光绪嘉定县志·金石志》作《重建社稷坛记》，谓"延祐三年州判赵浩书。碑所在未详。文载《龚志》，今佚。"《龚志》即明龚弘《嘉定县志》，已失传。文录自《吴都文粹续集》卷十二。
[10]　赵浩：《光绪嘉定县志·县职表》作元延祐元年（1314）以从事郎任嘉定州判官。
[11]　任侯立：任立，字固卿，山西太原人。元延祐三年（1316）以朝散大夫出任嘉定知州，廉政不阿，体恤民情，颇有政声。《光绪嘉定县志·名宦》有传。

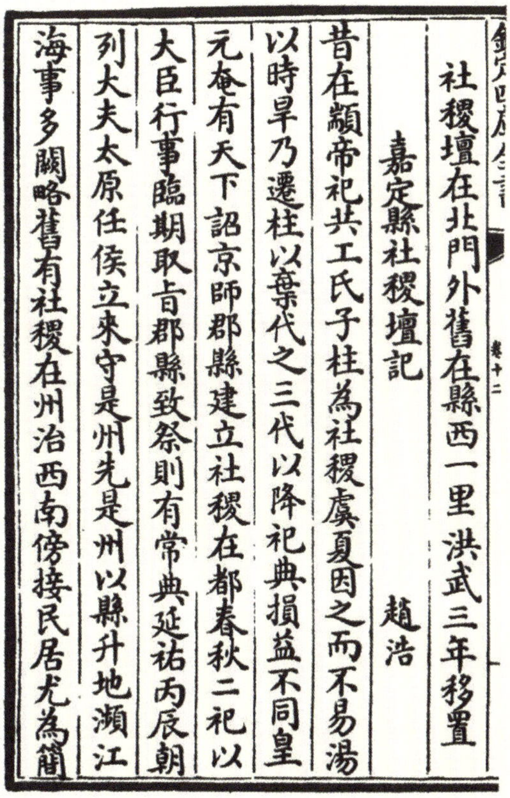

图二 元赵浩《嘉定县社稷坛记》(明《吴都文粹续集》卷十二)

霁，风云熙然，来享来格，观者若堵。父老乃相谓曰："贤太守敬以事神，爱以养民，勤劳兹邑，得无记之乎？"众乃属浩为之记。

国子高等生、从事郎、平江路嘉定州判官赵浩记。

3. 元重修社稷坛记[12]

重修社稷坛记　薛元德[13]

有元混一区宇，修礼教报本，风俗淳厚，治定功成，自历代以来混一之盛，未有盛于今日者也。世祖皇帝[14]即位之初，诏天下郡县祀三皇与先师孔子及社稷焉，非惟昭国家盛典，亦欲使民归礼教，知报本，开万世太平之基，猗欤休哉。

嘉定州隶吴郡，三皇、孔子皆庙学。社稷，旧有坛在州治南，前太守王侯迁于西南。延祐丙辰（三年，1316）岁，太守任侯立以简陋不称，增广而一新之，迨今三十余载。历岁既久，风雨震没，坛墠、台门、垣墙，俱崩摧颓败，榛莽荒秽。

至正八年（1348）夏，燕山孙侯伯元[15]来牧是州，一日登坛顾瞻，矍然兴叹曰："吾闻圣贤言：'有民人焉，有社稷焉。'今如是，何以仰副国朝崇祀劝民之盛意也？"遂捐己俸倡率州民，众皆悦从，奔走听役若归于市。乃除榛莽，辟道路，修社稷坛洎风雷坛，新四方门。重筑垣墙，周围二百五十余丈，下甃以砖石，上覆以陶瓦，视昔治工十倍。加坛之北旧有屋三间，供具祭馔之所，势将倾压，葺而新之，又于东西增广屋二间。侯日躬诣董其役，冒隆暑亦不倦。役兴于至正九年（1349）七月，落成于八月，不二月而功告成。

适值秋祀，侯帅寮佐行事。是日也，积雨初霁，午夜清明，长空无尘，星月呈洁。乃肃朝服，正笏，设庭燎，陈礼币，具牺牲，奏以雅乐，酌以醴齐，神其来格，观者环堵。三献礼成，咸兴赞颂。父老相携子弟以谢，复曰："不拟今日复睹国朝之盛典，使民知有社稷，重报本如是也。"侯曰："未也，吾将兴学校以礼教民。"父老咸喜，再谢而退，以元德一州范模，力请纪其事，辞之不可，勉为记。曰：

嗟夫，孔子作《春秋》，为万世劝惩，邦君为国，大小之事皆书之。今之牧守州郡者，出一言，行一事，四民所视为则者也，他日载于郡乘，书于国史，可不谨乎？今侯能修社稷，使民知劝以报本。又欲兴学校而教以礼，为政之效，必见于三年有成。是时，当代名笔又当为之大书不一书也。

至正九年八月，薛元德记。

---

[12] 重修社稷坛记：碑佚，《光绪嘉定县志·金石志》缺载。文录自《吴都文粹续集》卷十二。
[13] 薛元德：字君在。永嘉（今浙江省永嘉县）人。元至正七年（1347）出任嘉定州教授。
[14] 世祖皇帝：元开国皇帝忽必烈（1215—1294）。
[15] 孙侯伯元：孙伯元，燕山（今北京市）人。元至正八年（1348）出知嘉定州（宋为嘉定县，元升为州，明复为县，今上海市嘉定区）。

4. 元嘉定等处万户郝侯政绩记[16]

万户郝侯政绩记　　黄溍[17]

昔成周寓军政于乡，遂兵与民一，后世析而二之，为将帅者往往知有兵而不知有民。善乎？荀卿[18]子之论曰："兵要在于附民而已，为将帅而不知所以恤民乎？"若平江十字路万户郝侯，盖知兵之要而得先王军政之遗意者也。

初，予在金华，闻侯奉省檄巡盐浙东，所过无秋毫之扰，心已志之。及仕于朝，往来吴下，见士大夫咸言郝侯贤。今年春，官于儒，司嘉定州，父老陈铭钺等以侯政绩请记于石。

予既知侯久，重以耆老请谊，不得辞，因诹其详。则曰：嘉定为吴之要地，襟带海江，每岁万户府分官出镇，苟非抚驭有方，则士哗卒嚣，适以病吾民耳。今郝侯之来，纪律严，赏罚信，凡麾下士不以一毫扰吾民，海隅晏安，奸寇屏迹。遇岁旱涝，捐俸禄为祈祷费，遍禜群祀，斋戒笃虔，雨旸屡应。岁既丰，则创分府，筑阅武场，皆出资倡始，民怀惠者乐相助。初未尝以役劳民也，不宁惟是。元统二年（1334），朝廷征兵讨广西寇，至元四年（1338）讨漳[19]寇，师行多抄掠，每过吴，侯出郊劳谕，稽其长曰："出师以靖乱也，而首为乱可乎？且师出以律令已。失律，后何以战？吾既以告若，若不听，则当从军法。"其长惕息，戒其下毋犯侯令，民安堵如故。后省檄征吴郡兵狙漳，侯虑其将发必剽夺，或乘以报怨，下令趣具军资器械，夜分启行。平旦，民始知军已发，莫不感悦。时处州[20]沿海翼军陈庆等戍汀之上杭[21]，以饷不给四十余日，亡去。吴戍卒贾世儿亦在，行总兵官丽之死刑，侯言于行省，此等本无叛志，第由主将不恤，故惧馁死，求苟活耳。若当以死惧，失士心。行省韪其议，陈庆等得不死者八十三人，他翼之亡命者亦由是得免。至若建安乐堂，以居军士老疾者，虽官与药物常不给，侯每出俸禄以济其乏。其惠于卒伍，大率类此。

侯闻望彰著，行省每有训练按视，必檄侯以往。尝屡至浙东、福建诸道数军，实察盐禁，惠施威布，所部州县盐场莫不以侯之政绩，上闻运司，宪台、帅府、行省，交章称荐。他如广东帅府、湖北宪司，闻侯令名，亦皆荐举，而侯退然不敢当。

性端谨，好古嗜学，淹贯典籍，凡贤士大夫必交，交则竭诚尽礼，终始若一。家居延接宾客，鼓琴赋诗，泊如也。

昔侯之曾祖元帅公[22]，尝从太祖皇帝[23]定河南[24]；祖襄靖公，平江南，赠效忠宣力功臣、正奉

---

[16] 嘉定等处万户郝侯政绩记：碑佚。清《康熙嘉定县志》卷二十三、《吴都文粹续集》卷四十七均收录是文，康熙志题作《万户郝侯政绩记》，因删节较多，故以《吴都文粹续集》重新辑录详文，以现其完整性。万户郝侯，即郝天麟，祖籍宣德府，陈州宛丘人。万户郝和尚拔都之子。元统二年（1334）后，任平江十字路万户、夔州路总管。平江十字路，即平江路十字路，治所在今江苏苏州市区。至正元年（1341），郝天麟于嘉定县治西、孩儿桥东侧建分镇万户府，岁遣偏裨分戍。

[17] 黄溍（1277—1357），字文晋，又字晋卿，元婺州义乌人。有文名，延祐二年（1315）进士，授台州宁海丞，历诸暨州判官，所至有政声。至正元年（1341），任江浙等处儒学提举。官至侍讲学士，致仕卒，谥"文献"。有《日损斋笔记》《金华黄先生文集》。

[18] 荀卿（约前313—前238），名况，字卿，战国时赵国人。游学于齐，齐襄王时三任稷下学宫祭酒。秦昭王四十一年（前266）至秦，赞秦政治清明。旋回赵，在赵孝成王前议兵。约楚考烈王八年（前255），任楚兰陵令。后家兰陵，著书授徒。其学源于儒而博采众长。主"制天命而用之"，重视"征知"，强调"解蔽""制名以指实"。主张性恶论，重视"化性起伪"。主张"法后王"，尊礼重教，反对"法先王"。韩非、李斯皆从之受学。有《荀子》。

[19] 漳：即漳州路。元至元十六年（1279）升漳州为路，治所在龙溪县（今福建漳州市）。至元二十年（1283），曾于路置福建行省；二十三年（1286）后，属江浙行省。

[20] 处州：即处州路。元至元十三年（1276）改处州置，二十一年（1284）隶江浙行省。治所在丽水县（今浙江丽水市西）。至元二十七年（1290），徙治今丽水市。

[21] 汀之上杭：汀即汀州（治今福建长汀县），唐开元间置，元为汀州路，明、清为汀州府。上杭即上杭县，宋淳化五年（994）置，今隶福建龙岩市。

[22] 元帅公：即郝天麟之父郝和尚拔都（？—1258）。幼为蒙古军所掠，长随军征战，曾四次使宋。拖雷监国时，任太原府主帅。太宗时，从攻陕西，为千户。攻襄阳、兴元、剑阁，拜宣德等五路万户。蒙古定宗三年（1248），镇守太原。定宗皇后摄政元年（1249），擢河东行省行事。卒后追封冀国公，谥"忠定"。

[23] 太祖皇帝：即孛儿只斤·铁木真（1162—1227），1206年在斡难河源登皇帝（汗）位，建立大蒙古国，史称成吉思汗。

[24] 河南：即河南府路。元改金昌府置，治所在洛阳（今河南洛阳市）。明洪武元年（1368），改为河南府。

大夫、江南行省参知政事；父明威公，躧持武节，服劳王家。侯以屡世勋旧子弟，而务学若醇儒，为政若循吏，驭兵若古名将，无一毫贵官习。以侯之贤若此，矧吾州之民又沐侯泽，苟不纪诸石，则不能见吾戴慕之情，且无以劝来者。予闻父老言，因叹曰：兵民之判久矣，为将帅而急于恤民，虽古之善知兵者，何以加此！然古之名将有爱卒伍而骄，士大夫有爱礼君子而日鞭挞健儿，后皆不能无弊。今侯于卒伍，既怀以恩，而又能好贤下士不倦，是又贤于古人者矣。至于成其事业，惟其所从来，则虽先猷祖训有足取法，而其好古嗜学之功，亦不可诬也。昔晋文公[25]谋元帅赵衰[26]曰："郄谷可以说礼乐而敦诗书也。"孙权[27]之雄材大略，而自云"孤尝读书，大有所益。"及吕蒙[28]奉权教始就学，鲁肃[29]过浔阳[30]，辄称其才略非吴下比。则侯之德业，又独非好古嗜学之功欤！侯名天麟，世居宣德[31]，自元帅公定河南，因家宛丘[32]。

予既为之序其事如左，乃为之铭。其铭曰：

海隅之邦，控延大江。飚惊涛奔，籍兵以防。桓桓万夫，阚如虓虎。匪帅之良，孰靖其旅。猗欤郝侯，孔惠孔仁。匪惟驭兵，实绥吾民。我有水旱，惟侯之恻。是祷是禜，保我稼穑。岁时丰穰，海壖乐康。厩马不哗，丛矢在房。乃作大府，其庭其直。我出我资，匪藉民力。民曰宜哉，侯岂我需。我怀侯惠，曷不相诸。侯燕宾士，渊渊伐鼓。有瑟有琴，笾豆攸叙。邦人来观，为侯欢呼。岂第君子，胡不乐胥。昔尔祖父，曰惟元勋。功载盟府，裕于后人。曾孙孝恭，克绍其猷。匪惟世美，实予民休。天子明圣，宜褒尔绩。维藩维宣，以惠四国。赫赫厥声，宜公宜卿。百禄是膺，子孙绳绳。我匪侯思，人则具知。德音不忘，永观厥辞。

奉政大夫、江浙等处儒学提举黄溍记。

4. 元嘉定州南翔寺岁阅藏经记[33]

南翔寺藏经阁记　释大䜣[34]

至道无为无言也，而所以为以言者，将埏埴群生，陶铸圣贤。其有为而然乎？以本觉明妙之性，沦于六趣，散于万类，形气情欲，相禅以生，相感以化，以荡流无垠。故佛悯[35]而训之，以剗情绝欲，澄莹精一，求返于初而甚矣。

情之蔽，固性之不克复也。乃酌其机，随器所授示。六趣以果因，影响使之，远恶进善，以超于圣贤之域。导二乘以四谛十二缘，荣菩萨以六度万行。逮人人妙觉，物物全真，以备一代化仪，而犹曰彰其迹尔。若夫显本归实，虽圣罔知，岂世智凡识所能拟度哉？况性之精微，言所不及，惟善言言者，能言于无言，而后可以达无言之言。于是有月指筌蹄之喻而启迪将来，非教莫宣。斯三藏之文为世法宝圣，凡显幽所共戴仰，如日月于昼夜赖之以为向导也。

苏之嘉定南翔寺僧祖胜，以己别业为经堂，庋经于中，岁选净行僧阅之。复施田五顷，给其费，余以备

---

[25] 晋文公（前697或前671—前628），名重耳，春秋时晋国国君，献公之子，"春秋五霸"中的第二霸。
[26] 赵衰（？—前622），字子余。春秋时晋国人，战略家、政治家。追随晋文公重耳流亡在外十九年，历尽艰险，助重耳回国即位为晋文公，任上卿。后又助晋文公创立霸业。
[27] 孙权（182—252），字仲谋。吴郡富春（今浙江杭州富阳）人。三国吴开国皇帝，都建业（今江苏南京）。在位二十四年，卒谥"大皇帝"。
[28] 吕蒙（178—219），字子明。三国吴汝南富陂（今属安徽阜南）人，东汉末年著名将领。受孙权教，多读史书、兵书。累官南郡太守，封孱陵侯。
[29] 鲁肃（172—217），字子敬。三国吴临淮东城（今安徽定远）人，东汉末年战略家。初依袁术，后率部从周瑜东渡归吴。助周瑜破曹军于赤壁。官至横江将军。
[30] 浔阳：即浔阳驿。在今江西九江市东北江滨。
[31] 宣德：即宣德府，蒙古中统四年（1263）改宣宁府置，治所在宣德县（今河北张家口宣化区）。元后至元三年（1337）改为顺宁府。
[32] 宛丘：古县名。隋开皇初改项县置，属陈州。治所即今河南淮阳县。
[33] 嘉定州南翔寺岁阅藏经记：碑佚，文录自元释大䜣《蒲室集》（日本帝国图书馆藏本）。《吴都文粹续集》卷三十四辑录有文，题作《嘉定州南翔寺藏经记》。《钦定四库全书》收录《蒲室集》。
[34] 释大䜣：字笑隐，南昌陈氏子。居杭之凤山，迁中天竺。又主建康（今江苏南京）集庆寺。著有《蒲室集》。
[35] 佛悯：《吴都文粹续集》是文作"因情"。

缮修，而求记于予。予，禅者，故取直指见性之道与契经[36]合者告之而申以辞。曰：

　　饷空于瓶，酌水于缶。而水与空，非大非小。如性囿形，形不能囿。瞬阅万世，芥视八表。有觉瞿昙，称性而谭。虚空为舌，万象交参。彼昧罔觉，或聋而聩。善启其机，爰得我心。如属于耳，如摄而命[37]。弥隐而显，鸟飞鱼泳。花雨风清，海天如镜。孰为檀度，曰比丘胜。胜即我谋，妙斡其枢。不有作者，德山之徒。视佛不为，火书坏庐。冥行同趋，不既甚与。

6. 明嘉定县广储库记[38]

嘉定县广储库　董镛[39]

　　凡郡邑设置仓库，上所以供国用，下所以恤民财，皆有司急务也。厥今姑苏，东南大府，属县有七，而嘉定最为繁剧，岁计所入租赋常不下五十余万石，折输布以匹计者二十余万畸，其繁矣乎。然而租之入，各区置有仓囷，比输粟之期运赴各仓收贮，其后粮长转输漕运达于京师等仓，事不愆期，官民两益，贡法之详莫善于此矣。惟折粟之布，其数亦浩瀚，逮征令一出，输者蚁集，而聚辄充栋，或寄顿于僧寺，或收贮于民居，其间风雨虫鼠之损，伤水旱盗贼之不测，深贻所司之虑。

　　其时宸侯昭[40]始来知县事，欲兴处置之规，而未敢专也。今年夏，奉敕冬官侍郎周公[41]巡抚至邑，首虑贡赋之失期，而民事或有未妥者，谆谆告谕，宣上德意，唯恐官不加谨而旧弊之未尽革也。于是，侯合丞簿而下，即以岁输之布具白于公，公曰："租与布，皆公赋也，奈何不效置仓之法乎？邑之左右，或旷闲之地创一库，俾聚而藏之，以伺输纳，庸何伤？"侯等承命惟谨，继往陈于郡守况公[42]，允协其议。

　　然后度地于县治西一里许，即西隐寺废址，周有通渠，居民鲜甚。遂择日鸠工创库一所，锢钱为墉，垒甓为牖，前构一厅事以为官署，翼以小屋若干楹，以处主守之人。仍辟门于前，缭以修垣凡若干丈，其在官粮里人等靡不欣然趋赴。

　　经始于正统丁巳（二年，1437）秋，讫工于是年冬十月朔。用约于官，不费于民，陶坚材美，缔构严缜，于是可悉聚岁输之布，度支亦有法，出纳亦有次，俾各有专守之责，诚经久之良规也。

　　侯乃贻书于镛曰："兹役也，吾何力焉？自非巡抚大臣与郡侯区画之余，曷足以完之？然亦关于国家兴作岁月，不可以无记。"遂授镛以颠末，俾为之记。

　　镛善是库之作，于西成之日，既得其时位于邑之西也，又得其地藏贡赋，所以安民也而役不劳于民，安民所以奉国也。而财赋废于国，其斯为奉上恤下之有道乎？《礼》曰，君子将有所营，必以废库为先于居室。释之者曰，重国用也。且今官府之治故宇，当葺者不知几何，执政大臣知国用为重而先其所急者，有司执事者又能承顺其意，有合于礼所可记者，奚止岁月土木之美而已矣。用是书之，俾刻诸石。侯，解州人，由监察御史出宰是邑，处事廉谨而民悦之。赞是役

---

[36] 契经：《吴都文粹续集》是文作"经契"。
[37] 如摄而命：《吴都文粹续集》是文作"如接面命"。
[38] 嘉定广储库记：碑佚，《光绪嘉定县志·金石志》失载，文录自《吴都文粹续集》卷九。
[39] 董镛：字孟声。浙江仁和（1912年撤并，在今杭州余杭区）人。明永乐二年（1404）进士，历官庶吉士，福建顺昌、建阳训导，正统正统初调任嘉定县学训导，后升永丰知县。
[40] 宸侯昭：宸昭，解州人。明正统六年（1441）御史降任嘉定知县。《光绪嘉定县志·职官志上／县职表》有载。
[41] 周公：周忱（1381—1453），字恂如，号双崖。吉水（属今江西吉安市）人，永乐二年（1404）进士，历任刑部主事、员外郎，宣德五年（1430）出任江南巡抚，总督税粮。在任二十二年，尝巡行村落，问民疾苦，理欠赋，改税法，屡请减免江南重赋。官至工部尚书，仍为巡抚。卒谥文襄。著有《双崖集》。
[42] 况公：况钟（1383—1443），字伯律。靖安（属今江西宜春市）人。出身小吏，明永乐时历任礼部主事、郎中，宣德五年出任苏州知府，严惩贪吏，与巡抚周忱奏请减免江南重赋，设置济农仓，连任十三年，卒于任上。

者，县丞俞侯观[43]、张侯鉴[44]，主簿徐侯子皋[45]，典史闻侯麟[46]。任程督而始终其役者，则主簿萧侯学敏[47]也。

董铺记。

7. 明潘家桥新闸记[48]

潘家桥新闸记　周人玉[49]

吴有三江五湖之水利，吾嘉无江湖而滨海，宜其水利溥于江湖，乃旱暵霪涝，灾伤特甚，数年之间，谷不再稔。何也？大海每日一朝一汐，水道易淤难疏，其田无潴水可灌，必需潮汐。是田以海水为害，苗以海水为死生也。夫苗命不即民命乎？宰是邑者必先讲求水利，编徭役必首浚河。

一邑水利，以月浦[50]为襟喉。月浦镇马路河[51]之东为新河湾，河为梁曰潘家桥，其里为荷花池。里之南北村落，皆潘氏第宅也，西距县治四十里，东距大海五六里。海口受潮之港曰采淘，流入潘家桥，支分小河，田苗待命者不下百千顷。盖海潮盈缩，应月盈朒，故月分大小汛，大潮涌溢便灌溉。小汛水枯涸，桔槔之巧无所施，人牛之力无所竭，往往焦杀禾稼，民生憯悴。

里之耆硕某慨然心恻，谋所以补救田禾，邀惠海若之策。建一小闸于潘家桥之侧，少折而南，为支河锁钥。令其子诸生某鸠工庀材，凿土累石，经营高旷深下而落成之。令邻闸之家，时其启闭，司其蓄泄焉。大汛洋溢留截之，小汛枯涸挹注之，甚善举也，藉以补救灾伤，不致蕴虫焦杀，将来千仓万箱，百室盈止，岁有十千之取焉。后之人嗣而葺之，则邀惠于海若，不啻三江五湖之水利云尔。

8. 清永垂不朽碑记[52]（图三）

永垂不朽碑记

乾隆四十三年（1778），因守门起讼到盛大爷案下，蒙亲友和处息讼，遵依实序，和息。为评处，已结连名恳息。事缘程官庄于上年十一月二十五日相争看守堡门一案。蒙宪票传，审讯在即，杨统纶等何敢恳息？但杨统纶等上体我宪息事宁民之仁，下效仲连[53]排难解纷之意，不忍袖手旁观，坐视终讼。

查伊程官庄历来堡门有五，分为五垛，乡地五人每逢隆冬，公议拨夫巡守门。只缘仅开四门，未免苦乐参左，以致互起讼端。今杨统纶等从中和处，既分五垛，仍作五门，每遇隆冬，不计人数多寡，乡地五人，挨次督催拨夫看守，一统办理，一则免苦乐不均之议，二则为永远遵守之规。伊等彼此依允，皆愿具依息词，嗣后如有梗规，滋事者到官，以违背和息、阻挠村规承罪。但事经宪案，杨统纶等不敢擅专，合取两造，遵依粘连，上恳乞准和息，均感洪仁无既矣。叩乞具息讼人杨统纶、王绳先、梁佐彬、张万才、快头

---

[43] 俞侯观：俞观，明宣德间任嘉定县县丞。
[44] 张侯鉴：张鉴，字廷昭。上虞人。明正统间任嘉定县县丞。才识过人，长于政事。《光绪嘉定县志·名宦》有传。
[45] 徐侯子皋：徐子皋，明宣德、正统间任嘉定县主簿。
[46] 闻侯麟：生平不详。明正统间任嘉定县典史。嘉定县志失载。
[47] 萧侯学敏：萧学敏，江西人。明宣德、正统间任嘉定县主簿。
[48] 潘家桥新闸记：碑佚，文录自清《月浦志·艺文志／碑志》，上海社会科学院出版社，2006年版。
[49] 周人玉：字音生。明末清初人。喜读书，辟圃曰小山林，内有品菊轩、觅句亭。偕苏渊结社于石佛庵，诗文为同社推重，兼善隶篆。著有《藿圃集》，王泰际为序。清《月浦志·隐逸》有传，为明代人物。
[50] 月浦：本为河道名，也称月溪。明代名以为镇，属嘉定县，在嘉定县治东三十六里，后设顾泾巡检司于此。清雍正三年（1725）析嘉定县东境置宝山县，月浦遂隶属宝山县。
[51] 马路河：亦名马路塘，东西三十余里，西北连练祁塘，东连月浦，为月浦镇干河。
[52] 永垂不朽：碑青石质，通高108.5厘米，宽48厘米，厚9.5厘米。清乾隆四十三年（1778）立。据内容，应系外省辗转流入嘉定，由嘉定博物馆征集收藏。今置嘉定孔庙西庑后。
[53] 仲连：鲁仲连（约前305—前245），又名鲁连、鲁连子，战国时齐人。善于谋划，常周游各国，为人排难解纷，且不受酬报。

图三 清乾隆四十三年（1778）永垂不朽碑记（嘉定博物馆藏）

路先登遵依。

具遵依程官庄：今遵到太老爷案下，因相讼守堡门一案，今经杨统纶等讲处，既分五垛，仍作五门，每遇隆冬，不计居民多寡，合庄一统办理，愿具遵息词，永不兴讼。

遵依是实，东南垛合院同录。

9. 清禁营马蹊田告示碑[54]（图四）

禁营马蹊田告示碑

钦命江南全省提督军门、统领苏防太湖水师全军、世袭云骑尉固勇巴图鲁李[55]，为出示晓谕：

事据嘉定绅耆廖寿恭[56]、徐鄂[57]、顾鸿烈[58]、葛起凤[59]等禀称：窃嘉邑在城田地，向系居民垦种，近年移拨后营之后，常有野马三五成群，日夜散放，害苗伤稼，居民不胜其累。偶尔牵逐，即有本地土棍冒称营兵，认为营马，藉端滋诈。伏念营中军令森严，民所深悉，断无兵丁敢有纵马肆扰情事，必系外来野马冒充营马，从中生事。

窃思小民胼手胝足，谨以谋生，田中所产被马吞噬已属吃亏无地，复经土棍挟营滋诈，何以为生？若不呈请出示勒石永远严禁，其害伊于何底？为此还求迅赐出示勒石，永远严禁。如再有纵马害稼情事，恳求俯准居民立将马匹扣留，牵请惩办，并求严饬在营马兵，各自谨慎收槽，择地放野，庶免有断缰脱逃等事，以防牵混戴德无既等情到本军门。

---

[54] 禁营马蹊田告示碑：碑文无题，拟题据清光绪《嘉定县志·金石志》。碑今存嘉定博物馆孔庙内。青石质，高92.5厘米，宽50厘米，厚24厘米左右。正书，全碑13行，行2—42字，其中正文10行，满行42字。碑面多处龟裂，碑文尚可识读。

[55] 巴图鲁李：考为李昭寿（1822—1881），又作兆寿，清廷赐名世忠，字松崖，号良臣。河南固始人。咸丰间先入捻军，后归顺太平天国，隶李秀成麾下，历任检点、文将帅，咸丰八年（1858）驻守滁州，后倒戈献城降清，部众编为"豫胜营"，累官至江南提督军门。以行事霸道，光绪三年（1877）春被曾国藩罢免。

[56] 廖寿恭：字叔鳌。嘉定人，堪舆家。民国初，有人动议将原属嘉定孔庙的汇龙潭、应奎山等辟建为公园，供士女嬉春消夏。其"根据学理起与力争，笔舌交战。"致该动议未获通过施行。有姚文栋《重修应奎山记》碑记其事，碑今存嘉定博物馆孔庙当湖书院东碑廊。

[57] 徐鄂：字午阁，别字汗漫道人，号棣华。清嘉定人，居城内。例贡，清光绪十一年（1885）顺天应试举人。工诗文书画，善词曲，精算术。族多显贵而淡于宦情，游幕数十年。以功叙同知，保知府，指分浙江补用。著有《梨花雪传奇》。民国《嘉定县续志·文学》有传。

[58] 顾鸿烈：字子伟。清嘉定人。清同治九年（1870）举人。官汤溪知县，在任八年，著有政声。卒年七十七。著有《情话庐诗文稿》。民国《嘉定县续志·宦迹》有传。

[59] 葛起凤：字玉楼，锡祚次子。居城南门内。清同治十年（1871）诸生。

图四 清光绪三年（1877）禁营马蹂田告示碑（嘉定博物馆藏）

图五 民国九年（1920）嘉定姚氏支祠记

据此，查营中骑操马匹自应喂养归槽，若肆行散放，必致蹊人之田，有伤禾稼，亟应严行禁止，以安地方。除饬营查禁外，为此示仰军民人等知悉。嗣后营中马匹，务须归槽喂养，倘敢任意肆放，一经察出，定将该弁兵丁等严行惩办，决不宽贷。如有外来野马纵放滋扰者，准该处居民解送有司究办，其各遵照无违，特示。

右仰通知。光绪三年（1877）正月廿三日示[60]。

10. 民国嘉定姚氏支祠记[61]（图五）

嘉定姚氏支祠记

夫人之有宗，犹木之有本，水之有源也。陞陞念祖宗之遗泽，爰特建一祠，上慰先人之志，下诒子孙之谋，因思春祠秋尝修理祠宇，不无所费，谨将官田贰拾亩永作祠田，不能变易。嗣后按□□来租额以为祭祀修理之资，不得移作别用。所有田亩坐落细号，开列于左。

计开服号三十五图：

南剑圩田：壹百四十号，壹亩四厘八毫；壹百四十一号，□□□三毫；壹百四十二号，陆分五厘八毫；壹百四十三号，□□□六毫；壹百四十四号，式亩七分四厘一毫。

中剑圩田：式拾捌号，玖分陆厘五毫；叁十拾四号，□□；叁拾柒号，壹亩五分三厘；叁拾玖号，□□□厘；五拾叁号，壹亩一分；柒拾陆号，□□□厘。

北剑圩田：第拾四号，式分式厘；柒拾三号，七分。

共计官田贰拾亩正。

中华民国九年（1920）岁次庚申四月，建祠裔孙灿若姚陞陞谨立。

（作者系原嘉定博物馆馆员，嘉定文史学者）

---

[60] 钤阴文"提督江南总兵官印"，印文，四行。
[61] 民国嘉定姚氏支祠记：碑今存嘉定镇南下塘街12号潜研堂内。青石质，高106厘米，宽55.5厘米，厚18.5厘米。额题正书"嘉定姚氏支祠记"横1行7字。正文4行，满行28字，共102字；开列田亩坐落细号9行，共164字；落款年份及立碑人1行，共23字。全碑296字，局部漫漶难以识读。

女书痴存稿

文\ 清钱蕙缵 撰 王光乾 整理

古者谓缙绅之家出才女，因其有诗礼之教也。哀伤感怀之情，往往寄之于诗，而有诗稿存焉。于清光绪《嘉定县志》、民国《嘉定县续志》艺文志《集部》所载，有清一代，有闺秀之作五十余种，而钱蕙缵所著《女书痴存稿》在焉。蕙缵为嘉定钱塘（号溉亭，1735—1790）之女，适浙江平阳陈夏荣（号华斋，1742—1797后）之子振孟。蕙缵雅好文史，闺友戏呼为"女书痴"，生前自题诗集为《女书痴小草》。蕙缵殁后，其夫陈振孟从弟陈乙于道光五年（1825）刊刻行世，凡文三篇，古今体诗九十二首，词八首，前有叶嘉榆及孙仁渊二序，名《女书痴存稿》（图一）。蕙缵所作，本不止此数。于孙仁渊序，乃知蕙缵殁后，所作"复散佚"，后经陈乙"钞存得百数十篇，词十余首，哀辞数篇"，实"仅存一斑"；而于光绪《两浙輶轩续录》所述，知陈乙辑编之稿，又经福鼎林滋秀审定而有删减，然后刊行。蕙缵生卒年无考，于孙仁渊序知嘉庆二年（1797）仍在世。

钱蕙缵所著《女书痴存稿》，清光绪间潘衍桐编纂之《两浙輶轩续录》有收入，选录其诗作12首，见卷五十二《闺秀》；民国间徐世昌编纂之《晚晴簃诗汇》（即《清诗汇》），选录11首，见卷一百八十六《闺秀四》。2014年国家图书馆出版社出版由肖亚男主编之《清代闺秀丛刊》（总66册），《女书痴存稿》（一卷）收录于其第16册，为清道光五年（1825）陈乙刻本的影印本。

《女书痴存稿》尚无标点本，今王君光乾据《清

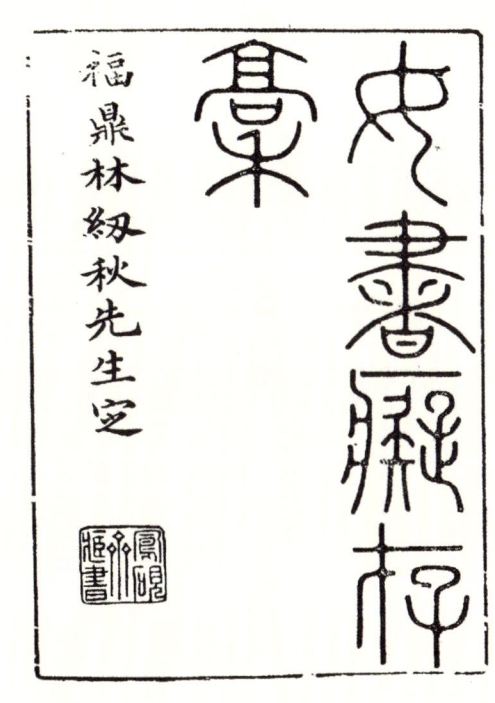

图一 钱蕙缵著《女书痴存稿》清道光五年（1825）刊本

代闺秀丛刊》本整理，以飨同好。末附清光绪《嘉定县志》《两浙輶轩续录》民国《平阳县志》《晚晴簃诗汇》所载钱蕙缵之生平并后人于其诗文之评述，以为《存稿》之补充。

2023年6月30日，邑后学徐征伟记。

女书痴存稿一卷

钱蕙缵

钱蕙缵（约1756—1790，征按：生卒年不确），嘉定（今属上海）人。其父钱塘，为钱大昕之侄，博学多闻，任江宁教授。蕙缵之名，取自《楚辞·离骚》："既替余以蕙纕兮，又申之以揽茝。"适平阳陈振孟。婚姻不如意，家世中落，郁郁而终。生前自订诗集，因被闺友戏呼为"女书痴"而题为《女书痴存稿》。清道光间，其夫之从弟陈乙将其集付梓，凡文三首、古今体诗九十二首、诗余八首。

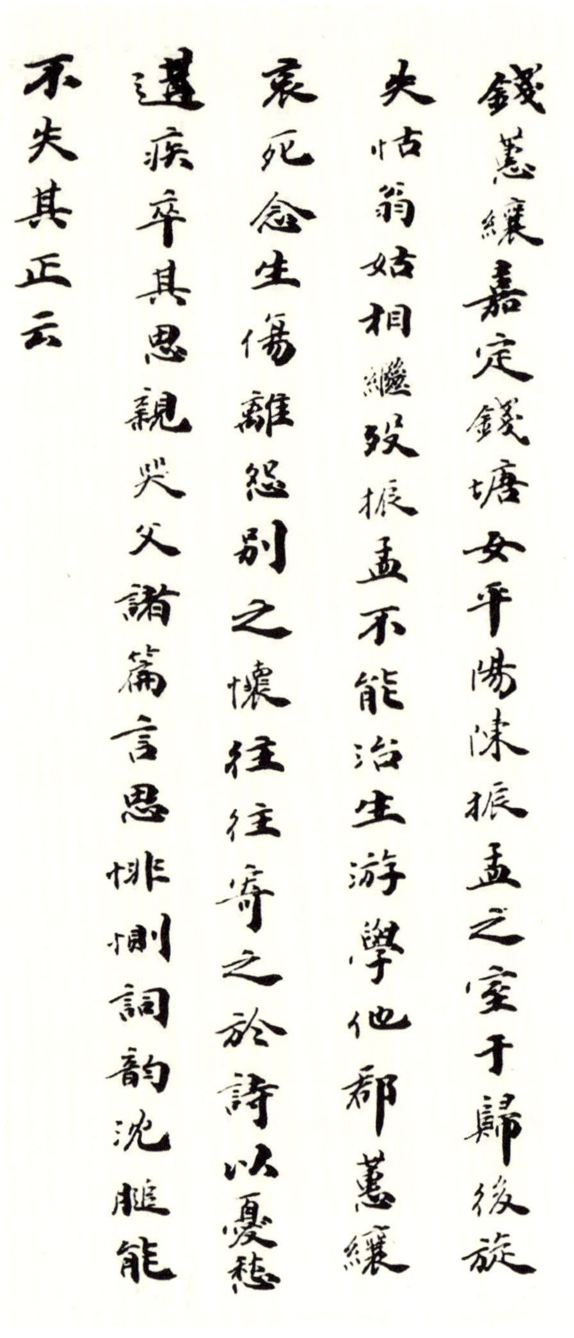
錢蕙纕嘉定錢塘女平陽陳振孟之室于歸後旋失怙翁姑相繼歿振孟不能治生游學他郡蕙纕哀死念生傷離怨別之懷往往寄之於詩以憂愁遘疾卒其思親哭父諸篇言思悱惻詞韻沈膇能不失其正云

图二 《女书痴存稿》内浮签

女书痴存稿

叶枚 题签

钱蕙纕，嘉定钱塘女，平阳陈振孟之室。于归后旋失怙，翁姑相继殁。振孟不能治生，游学他郡。蕙纕哀死念生、伤离怨别之怀，往往寄之于诗，以忧愁遘疾卒。其《思亲》《哭父》诸篇，言思悱恻，词韵沉膇，能不失其正云。（图二）

女书痴存稿（闺秀）

钱女士蕙纕　一册

晚晴簃选诗社

序

先王以弦歌风化天下，采民诗以被之，其大要欲使人各得其性情之正而已。然《二南》以为风始，而妇人女子之作居其半焉。则知能发舒其性情者，固不可以妇女而忽之也。使后之言诗者不推本其所由，而漫以谐声、律调、音韵为事，往往争华逐艳，以自诩其长于风云月露之间，而不知去圣人诗教之意远矣。吾乡陈华斋公宦游江左，其嗣君振孟结婚溉亭钱先生之门。先生江以南名儒也，所著自天文、地理以及礼、乐、兵、刑，靡不毕备，学盖知道而能先其大者。今春过东塘，南溟示以《女书痴小草》，即其侄媳钱氏所手著。余受而阅之，深叹先生家法之正。其所以为诗教者，得其本也。夫学不知本，则学为无成；诗不知本，诗为何益？诗以性情之正为之本也。钱氏之作，即其《思亲》《哭父》诸篇，何其言思悱恻，词韵沉膇，不失其正如此也。非有得于教家之遗者，能如是乎？是二南正家之道于此可见，而先生刑家之方于此更可思矣。余尝读娄东诸子诗，恐世之所谓能诗者，大半逐末而不知务本。今观先生父子，间想其家学之所致，其亦可以无憾也夫。时乾隆甲寅（五十九年，1794）仲秋月，同里叶嘉棆撰。

予摄平阳教谕篆，自秋阅春，瓜期将届。一日，陈生乙手一编造予，曰："此乙从嫂钱蕙缵之所作也。嫂为太仓名族，幼耽章句之学。随父任江宁府教授。时乙世父华斋公任同省别驾，因以女许配乙从兄振孟。于归后旋失怙，华斋公复谢病归平阳。不数年，翁姑相继殁，家日落。乙从兄复不能治生，游学他郡。蕙缵哀死念生，伤离怨别之怀，往往寄之于诗，以忧愁遘疾，遂致不起。殁后诗复散佚。今钞存得百数十篇，词十余首，哀辞数篇。仅存一斑，将以付诸梓人。乞一言以表章之。"予惟古女子之能诗者，三代以降，首见之唐山夫人《安世房中歌》。世远年湮，夫人之终始无所考。其后乌孙公主卓文君、王昭君、班婕妤、蔡文姬、苏伯玉妻，长篇短调，竞传千古。然如《悲愁歌》《白头吟》《怨歌》《悲愤》《盘中》等作，类皆不得其所，自纾幽愤之所为。岂巾帼中偶工文翰，果遭造物之所忌，使之困顿颠连，饮恨以终耶？何古今来之如出一辙也？然予窃有说焉：世之境处其顺者，其吟咏必不工。吟咏不工，则姓氏无以传。天欲彰其名，不得不因其境、苦其节、忧愁其心志，而后始得一吟一咏传于两间，垂姓氏于不朽。此不独闺阁为然也。即如青莲之窜身夜郎，长吉之修文天上，至有谓终唐之世，诗人之能达者，惟高适一人。可知诗能穷人。非诗能穷人，正诗之显其名也。否则如钱孺人者，孝于亲矣，爱于弟矣，敬于夫、慈于子，其贤备矣，然亦不过称之时人，垂之家乘已耳，又安能博世之文人学士读其诗，以想见其人哉？予固乐陈生之亟付梓人，使得寿诸世，以传孺人之名，则予之言益信而不诬矣。爰濡笔而为之序。时道光乙酉（五年，1825）花朝日，古杭孙仁渊书。

览辖车于十五国，不删彤管之贻；哀绨袟于千百年，争诵玉台之咏。因知香奁丽制，天下不少传人；岂意绣阁英篇，此间偏逢作者？则有宦随瓜步，名播蕙缵。地是莫愁，从严君而问字；人原不栉，等进士以蜚声。弄墨则阿大中郎交推咏絮，燃脂而诸姑伯姊竞仿簪花。偶逢宾戏于闺中，伊其相谑；爰擅书痴于名下，我亦欲云。洎夫谊笃寅僚，姻联甲第。颍川公子选入乘龙，空谷佳人缘谐卜凤。夫婿之车骑都甚，盈门竞赋《催妆》；阿翁之宦橐萧然，娶妇如歌《得宝》。六朝山翠，都教写入双娥；十样云蓝，早已吟周四角。豆蔻窗前之集，玳瑁千函；茱萸帐底之篇，琉璃百轴。铅华不御，羞北地之胭脂；翰墨为缘，压南都之金粉。是则有能文之妇，何妨月载空船？更兼成博议之书，可使香添沉水。既而悬车江左，返旆浙东。奉我尊嫜，趁江风之五两；偕予夫子，经云嶂之千重。水驿山邮，处处流连光景；星餐云宿，时时陶写性灵。陟屺岵而思亲，归宁无日；念家山而忆妹，慰藉何年？魂萦蘩臼之操，梦中说梦；望断槁砧之出，山上有山。每当镜槛莺啼，珠帘燕语。冰荷灯小，银蒜月低。亦复思若流波，弄黁丸之十二；心如结辖，抽犀管之一双。挥毫而玉钏微鸣，姑恩制曲；舒纸而粉痕轻落，女史裁笺。斯无论丁氏六娘，输此藻思绮合；抑且令刘家三妹，逊兹文采葩流也已。所惜流水高山，不逢钟子；局天蹐地，乃有王郎。则又扇掩秋风，歌伤暮雨。肠绕车轮而几转，口衔石阙以难言。虽使砌植青棠，何由蠲忿？就令庭栽丹棘，未必忘忧。所由伸茧纸以笺愁，大有悲凉之调；假烟毫而写恨，闲多凄紧之音也乎。嗟乎！仆本恨人，读曲长浮大白；卿谁知己，题诗独和小青。结净契于蒲团，忧难埋地；寄牢愁于筠管，句欲问天。遂使昙花影空，焚芝叹蕙；徒留香茗才播，剩馥余膏。笑鰕生弁简数行，勉效妃狶之计；希骥子巾箱什袭，休教帝虎之讹。玉环林芳（下阙）

女书痴存稿目录
文三首
古今体诗九十二首
附诗余八首

女书痴存稿（文三首）

嘉定钱氏蕙缵　著

慕古赋
惟昔圣贤，操守有常。立其崖岸，审其行藏。功弥高而力益勤，居弥晦而名益彰。故明德者致其钦仰，有志者把其余芳也。至若禹惜寸阴，功德广远。山川既分，原隰修衍。闾阎得其宁居，行旅便于往返。与天地而同仁，为生民之大本。伯夷叔齐，抗节采薇。风霜凛冽，忍寒受饥。坚志不怠，视死如归。成一身之名义，定万世之是非。子陵高洁，垂钓自恃。麋鹿同群，鱼鸟知己。等富贵于浮云，视轩冕如敝屣。虽万乘之思旧，作客星而已矣。史公博学，搜罗往古。著书蚕室，心劳神苦。历代兴亡，细述如缕。身虽刑余，名满寰宇。范公治世，智略参天。灭吴兴越，功立名传。泛五湖以高蹈，幸家国之两全；三致散如俯仰，明先见于未然。诸葛孔明，晦迹隆中。读书养志，文武兼通。风云会合，鱼水欢同。延汉祚之一脉，伏吴魏之群雄。又或具鸡黍以供母，执一经而教子。且灌园以自给，虽佣春而勿耻。轻五斗而归耕，卜百钱而闲肆。挽鹿车以偕隐，泣牛衣而相对。是皆无负于覆载，亦兼得夫公私。既涵养于平日，故用济于一时。始通塞其各异，终名实之无亏。遵义迹于大道，虽穷困而勿悲。如余则巾帼之流，樊笼之物。与俗无缘，心多幽郁。况对飒飒之秋风，萧萧之暮雨。懒妇方宴安，蟋蟀徒鸣苦。咸临渴而掘井，孰未寒而先补？因致愍于斯时，遂羡慕乎往古。乱曰：世丧道矣，古莫追兮！俟河之清，将何时兮！鸣聋钟鼓，徒尔为兮！耀育五色，夫何知兮！澄心遗虑，守旧德兮！天不可违，忧无极兮！圣贤芳华，期尽力兮！皎然素魄，为吾色兮！

离愁赋

惟愁思之伤人，乃名一而理繁。陷之者碎骨，罹之者消魂。聪敏者忽滞，善辩者难言。竟日夜而相守，似形影之连跟。虽男女其各异，然受害则同门。余既遭其所孤，遂援翰以试论。其来也，若蛛网之纷袭，如疟鬼之遽凭。每对景而适至，逢夜雨而逾凝。苟解之而无见，思驱之而弗能。岁弥久而转迫，时既迈而益增。使人形神憔悴，心志迷离。低徊徙倚，废寝忘饥。多愠善怒，鲜可少宜。动止俱息，应对失仪。心缠绕而不解，形恍惚若有遗。思飘飘而无际，魂营营而自驰。处胜境而久默，临芳莚而饮迟。闻丝桐而增喧扰，怅勤勉之非己知。时隐现于眉宇，或微露于诗词。今且略叙其梗概，岂幽深之可摘？至如孤臣被罪，谪戍边城。奉命出使，他国远征。崎岖患难，异俗殊情。依违惨淡，目骇心惊。杯酒自慰，愁与醉并。仰天浩叹，泪下如倾。怨乌头之不白，恨马角之未生。见似人者难得，劳九逝之精诚。又若远嫁和亲，居家怨别。关山迢递，音书隔绝。对月长吁，临风菀结。花名断肠，鸟因啼血。挑灯夜坐，形单影孑。引镜自窥，肝肠迸裂。每登高而望远，见山川之凹凸；既化石而不返，故幽衷犹未泄。掩穷庐以理弦，杂泉声而呜咽。勉饮恨以没身，留青冢以表节。且夫仲宣作赋，钟仪奏琴。班生请旨，尼父叹音。苟无此离愁，何有于咏吟？生归则一扫，死殁则永沉。使形消骨化，丘荒草蕃，万载之下，隐然长存。是岂楮笔之能述，语言之易论？真古今之流毒，而风雅之奇冤也。

叹逝文 有序

余家江苏嘉定，归于浙之平阳。地隔甚远，性复愚拙，不谐于俗，常忧多乐少。先姑在日，独见怜爱，然久矣弃世。得六叔姑相待，恩义甚隆。冀其永年，不意今亦淹逝。余困窘忧伤，益无聊赖，遂作哀词。曰：

灵景不淹，朝华忽改。梁案罢举，婺星匿彩。兰室幽扃，镜奁虚待。音容已逝，芳徽宛在。忆昔欢庆，钟郝同堂。谦和德范，肃穆义方。暄妍冬旭，煦姁春阳。遍施普照，惠及末行。嗟兹不造，萱室先掩。系念迷途，时劳指点。置足端稳，明心夷险。顺时听天，惟勤与俭。感佩箴言，寝食随检。临履战兢，深惧负疚。四节代序，风度常清。芝兰秀美，琴瑟和鸣。嘉宾满座，肴馔丰精。烹任合制，若出自成。宏才茂德，壹政师资。亲疏并洽，小大咸宜。倏忽捐弃，斯道谁持？冥漠诀绝，号恸何追？野剩断云，林多坠翼。凉风酸嘶，百卉惨色。戚里凄惶，路途叹息。言念遗踪，心思罔极。寒暑递邅，日月相驰。山有巅崖，水皆涯涘。眇此羁孤，彷徨焉恃？零涕既竭，积悲无已。仰哀縗帷，俯泣几筵。衣履徒设，魂帛空悬。一往难复，永安下泉。梦寐恍惚，此别终天。

女书痴存稿（古今体诗九十二首）

嘉定钱氏蕙纕 著

秋 感

凉飔日夜至，落叶满平原。
敷荣艳春节，萎脱余秋根。
客心易感物，岂不思故园？
别离经万里，愁苦难具言。
昔为掌中珍，锦幄施华轩。
今作路旁草，稀逢雨露恩。
飘零每自惜，患害仍朝昏。
内养学元豹，外术惭白猿。
湘江有余恨，纨扇多愁怨。
黾勉修令德，迁延弭众冤。
归云拥戾日，昏鸟向林翻。
独立久延伫，忧伤谁与论？（图三）

夜 坐

遥夜不成寐，披襟坐前扉。
凉月下庭砌，北风吹罗帏。
花阴纷倚薄，潭影相含辉。
人幽境逾寂，心定无是非。
有衣聊自着，有笔聊自挥。
顾影即为伴，闲吟亦疗饥。
疏庸存我拙，傲慢任人诽。
失足良可悯，坚志谁能违？
盈满易倾覆，荣枯同所归。
迟明园径热，浥露摘芳薇。

夏日观荷

槛外小地平，斜阳菡萏生。
清风香不断，落日照偏明。
鹭立常拳足，鱼跳时作声。
更看凉月上，皎皎透帘旌。

山居秋瞑 应父命次王右丞韵

幽居清且静，木叶落高秋。
天迥孤鸿度，溪深暗水流。
山钟传远寺，江月照行舟。
树杪归鸦乱，飞鸣去复留。

雪朝楼望

晓色寒尤峭，妆余掩镜台。
卷帘潭影入，启户雪光来。
平野连云远，遥山带雾开。
春风虽未至，墙外已舒梅。

残 夜

残夜清如许，星光照水轩。
钟鸣栖鸟乱，月落市人喧。
待旦临妆镜，开帘对小园。
枝头双蛱蝶，梦觉正翩翻。

秋日眺远

高阁一长望，深秋佳兴同。
帆飞微雨外，人语远烟中。
朔吹惊残叶，清江镜断虹。
还将无限思，迢递寄征鸿。

晚 晴

积雨朝来歇，余霞散晚晴。
湖山千里净，风月万家清。
叶下萤初见，枝头鸟自惊。
经时闲寂寞，得此叙幽情。

江 村

江村时纵目，情景似瀼西。
地让群山曲，天临旷野低。
浮云连远树，飞瀑接前溪。
安得襄阳笔，摊笺一品题。

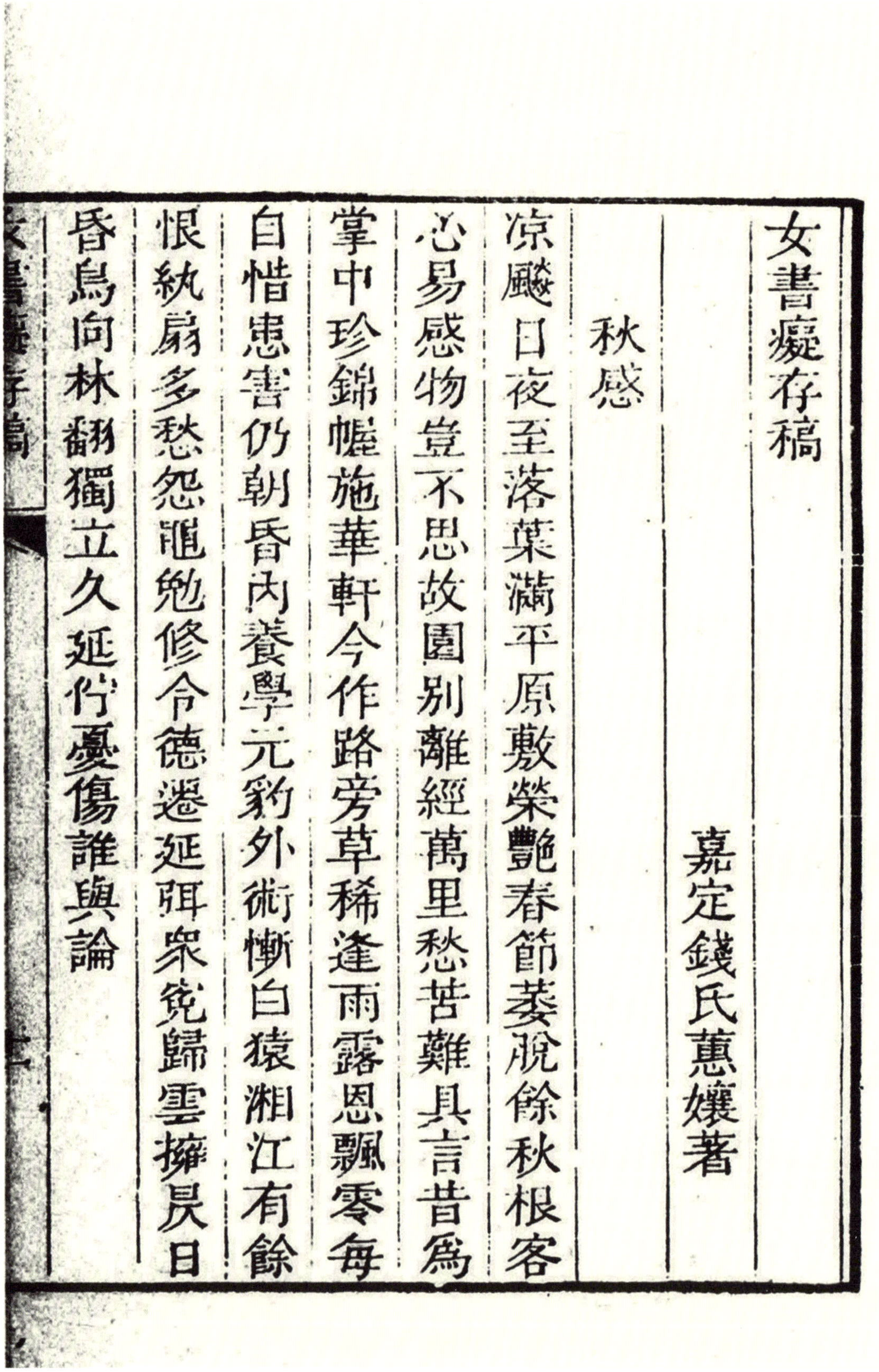

女書癡存稿

嘉定錢氏蕙孃著

秋感

涼颸日夜至落葉滿平原敷榮艷春節萎脫餘秋根
心易感物豈不思故園別離經萬里愁苦難具言昔為
掌中珍錦幄施華軒今作路旁草棲逢雨露恩飄零每
自惜患害仍朝昏內養學元豹外術慚白猿湘江有餘
恨執扇多愁怨勗勉修令德遷延彈眾筑歸雲擁晨日
昏烏向林翻獨立久延佇憂傷誰與論

图三 《女书痴存稿》书影

送弟妹扶榇归太仓
握手难分日，秋风落叶时。
愁连云漠漠，泪作雨丝丝。
汝别从兹诀，吾归未可期。
只应相忆切，同寄梦中诗。

江行遇雨
寂寂空郊外，萧萧古岸头。
关河千里客，风雨一帆秋。
落叶迷征雁，惊波散浴鸥。
人烟绝不见，相望倍含愁。

独 坐
独坐幽窗里，秋声满耳边。
高风喧落叶，斜日噪寒蝉。
身世悲蓬梗，忧心付醉眠。
离亲今更远，回首一凄然。

题居处
居处惬幽心，荆扉对碧浔。
地偏人迹少，溪近水痕深。
烟树低朱槛，风篁和玉琴。
莫言长寂寞，啼鸟满前林。

茉 莉
盘中有嘉卉，开处近回廊。
小朵依柔干，低枝发暗香。
影宜三径月，清拂半帘霜。
浴罢轻絺着，还堪助晚妆。

忆 妹
（一）
自别吴天外，来居浙水东。
音书常不达，魂梦有时通。
庭积经秋雨，窗含近海风。
无人话愁苦，何以慰飘蓬？

（二）
不得相逢日，长怀握别时。
殷勤两行泪，珍重几章诗。
流水绝归浪，落花难上枝。
秋风有鸣雁，失侣自多悲。

咏昭君
婵娟悲远别，无复旧时颜。
白草遍胡地，黄云遮汉关。
中华永决绝，骨肉莫追攀。
独有青青冢，千秋忆佩环。

示 儿
抚育诚非易，当时且自勤。
绸缪防暑雨，补缀候寒云。
薄俗真堪弃，浇风不可闻。
逸劳古有训，迟尔必超群。

闲 居
闲居深巷静，与世不相闻。
苔径埋行迹，荆扉掩夕曛。
浮生惊若梦，往事去如云。
嗜古从吾癖，游心在典坟。

送外之广陵
往事休重省，时来且自强。
男儿能作健，蓬筚亦辉光。
旅食风霜苦，离居岁月长。
倘成苏季志，惟望早还乡。

梦归晤诸妹
万籁声俱寂，残灯不复明。
江城忽已到，小妹最多情。
喜极悲交集，心孤魂易惊。
此时无一语，伏枕泪频倾。

春望忆外

高阁乘时望,晴郊淑气蒸。
春来情更切,别久梦难凭。
远树山千叠,遥天浪百层。
王孙归未得,芳草正堪憎。

遣意

(一)

迢递来瓯海,羁危过一生。
归期看马角,乡信听鸿声。
团扇倩幽思,胡笳寄远情。
遭逢时各异,此恨几能平?

(二)

野色荒山曲,荆扉乱树根。
月明稀见雁,风急但闻猿。
爱古观书籍,销愁借酒樽。
暇时还觅句,谁与细评论?

蝉

梧桐阴处密,稳抱拂云枝。
薄鬓人徒羡,高情世岂知?
饮从朝露下,韵逐晚风吹。
自爱舒清响,休疑怨女悲。

雨中送春

春来几日又春归,为惜春光倚短扉。
着雨海棠愁黯澹,舞风杨柳湿霏微。
山斋客散莺犹语,药圃花残蝶不飞。
检点一年好佳景,渐看庭院绿阴肥。

春日闲望忆故园诸妹

春风闲倚画楼头,无那离情怨阻修。
故园莺花成旧恨,异乡云树系新愁。
关山迢递音书隔,风雨凄凉魂梦幽。
地北天南相忆切,名园何日更同游?

秋兴

清秋景物正凄然,落叶阴云搅暝天。
关塞迢遥初度雁,园林萧索尚鸣蝉。
纱窗一夜听寒雨,宝镜来朝失少年。
独有傲霜篱下菊,数枝相映兀新鲜。

读诗有感

贤豪自昔叹飘流,迹往还凭翰墨留。
塞外李陵惟赋别,天涯杜甫只工愁。
幻身不独为蝴蝶,吊古空悲似水沤。
想到世间无住着,佛灯禅榻好依投。

人日

愁怀怕说岁华新,柏酒盈樽懒入唇。
久别故园差作鬼,可堪今朝又逢人。
途经阮籍行多感,歌出文姬总苦辛。
谁道春来风日好?落花啼鸟益沾巾。

夜来香

细攒碧玉花如缀,满架芬芳向晚新。
懒共凡葩迎俗客,独来清夜伴幽人。
月明叶底看难辨,风动枝头摘莫频。
露下不辞闲坐久,雕阑玉砌净无尘。

暮春雨中

落尽嫣红遍小园,池塘积水涨新痕。
烟花瞥面春三月,风雨经心酒一樽。
蝴蝶舞残空忆梦,杜鹃啼急自招魂。
陌头罢约寻芳伴,湿翠浓阴昼掩门。

寄所知 族伯似应氏

深巷穷居绝送迎,闭门终日坐愁城。
长贫岂忍嫌儿累?多难真教倦世情。
春色未逢梅远寄,秋风时听雁哀鸣。
满怀块垒消难尽,遣兴题诗且自评。

人 影

浓时如墨淡如烟，镇日依依似可怜。
花下伴吟初隐约，月中同步俨婵娟。
多情未解分千里，不语偏能共百年。
更有一般堪爱处，每逢醉舞亦翩跹。

自题诗稿后二首

柳子飘零瘴海边，李陵忧患托诗篇。
悲深拟赋思乡曲，感切翻成滴泪编。
精卫衔时山木尽，杜鹃啼处血痕鲜。
明知似病应无药，遣恨惟凭一幅笺。

托迹殊方倍黯然，遥吟俯唱乱山边。
廿年泪洒临江树，午夜魂迷隔浦烟。
蝉噪偶舒齐女怨，鸿飞欲奏伯牙弦。
引宫刻羽成何事？留与骚坛作话传。

宫 词

寂寞长门里，犹闻奏管弦。
终伤妾薄命，不敢妒恩偏。

月 夜

倚槛多愁绪，凭栏剧怆神。
可怜今夜月，犹照异乡人。

除夕立春

（一）
旧腊随年尽，新春逐岁来。
天涯逢此夕，对酒泪盈杯。

（二）
飘泊随乡俗，艰难老此身。
故园千万里，空忆岁华新。

寒夜吟

（一）
江干诸姊妹，此夕正相思。
哪信寒闺内，孤灯独赋诗。

（二）
天涯沦落久，能免怨离群。
赋尽伤心句，何由寄汝闻？

江行杂咏

（一）
归舟顺流轻疾，白鸟眠沙正安。
惊起却飞何处？随风飘落前滩。

（二）
远岸连天莫辨，青山似有若无。
隐隐牧童何许？牛羊闲嚼平芜。

夏午睡起

倦来停绣掩窗纱，一枕安眠日已斜。
忽地清风帘外过，满庭红糁石榴花。

春 日

细雨初晴百卉香，枝枝交影弄朝阳。
呢喃双燕曾相识，衔得新泥傍画梁。

春 闺

（一）
春风袅袅日迟迟，花气芬芳柳线垂。
十二雕栏闲倚久，绿阴深处赋新诗。

（二）
金炉香烬日西斜，薄暮轻风透碧纱。
徐步小庭闲望处，一双归燕蹴飞花。

正月廿六先母讳日

十载悲哀向北堂，今年此日更堪伤。
云山迢递家何处？泪洒东风独断肠。

闺友戏呼余为女书痴，偶成一绝，聊以见志

几回惆怅叹蛾眉，寂处深闺未有师。

但使一朝通妙义，不妨人唤女书痴。

梦听先父读书
自从永诀岁频更，消息难通地下情。
昨夜将身化蝴蝶，分明犹听读书声。

舟中杂咏二首
（一）
一叶扁舟泊浅沙，云山四望净无涯。
斜阳映带枫林好，仿佛春风满树花。
（二）
两岸青山欲接天，草光林影远含烟。
渔翁酾酪矶头晚，不脱蓑衣枕石眠。

石头城
归舟晚泊雨初晴，一望巍然故国城。
台榭已空歌舞散，江流不改旧时声。

鸥
养成毛羽白于云，贴水低飞映夕曛。
借问世间来往客，何人可与汝为群？

吴门书感
苏城岌業镇江隈，感慨当年客思摧。
响屦廊空罗绮尽，只看明月照胥台。

或问"翁归有所积否？"作诗答之
（一）
半生作宦世相违，隐退匆匆返旧扉。
一路云山都不带，满船惟载月明归。
（二）
西粤曾经宦辙驰，金陵住久岁频移。
归来自检行囊里，赢得钟山数首诗。

七夕
七夕秋凉庭树秋，一番乞巧又登楼。
年年月下人凝望，谁见银河渡女牛？

新秋午睡初起
屋角斜阳欲坠时，帘前花影乱交枝。
绿云缓掠慵无力，一枕新凉睡起迟。

初八夜咏月
未许人呼白玉盘，清光已照碧山寒。
依稀少女奁中镜，妆罢重开半面看。

看菊忆妹
冷艳幽香未易残，绣帏人已隔江干。
娇黄半吐谁吟赏？斜日凉风独倚栏。

次妹咏菊有"一朵娇黄半未开"之句。

读吴中女子江珠诗，偶成三绝
浮生无计脱烦襟，愁似春蚕作茧深。
吴地交情知己少，闺中犹自觅同心。

吟坛传诵姓名香，漫托微词写断肠。
自古才华妨福命，红颜哪更擅文章？

吟来一字一酸辛，感动天涯别恨新。
愧我芜词闲遣兴，谁言同是会中人？

思归
春风拂柳忆荆扉，双燕衔泥绕户飞。
梦里还家空自喜，晓来依旧滞江矶。

除夕
（一）
飒飒严风意若何？拥炉独坐暮寒多。
更呵冻笔消愁寂，为赋年光瞬息过。
（二）
节候寒暄到处均，年华明日又逢新。
故园只自喧今夕，不道他乡愁煞人。

春日漫成

（一）
风飐残花点翠苔，暖熏垂柳拂池台。
春光不厌贫家景，也到门前绿一回。

（二）
晴暄百草斗芳妍，一悟荣枯意爽然。
莫问桃源深处乐，闭门把卷即神仙。

归 燕
翩跹归去海云中，相约诸雏计日同。
应笑世间羁旅客，年年肠断怨秋风。

咏古名媛

木 兰
百战归来奉老亲，戎衣脱去粉重匀。
莫言忠孝难兼得，须信闺中别有人。

杨玉环
独擅椒房宠爱多，渔阳鼙鼓破情魔。
长生密誓凭谁验？留得千秋《长恨歌》。

卓文君
偶然一曲寄瑶琴，未必终身共一心。
自是易离缘易合，不须寄怨《白头吟》。

关盼盼
燕子楼空暗积尘，当年孤寂度青春。
莫将红粉寻常看，志在心头不在身。

白牡丹
不共凡花斗艳妆，别开素面占朝阳。
满庭月白风清夜，人倚雕栏何处香？

倚 栏
银汉迢迢夜气清，倚栏无那别离情。
遥知今夜团圆月，照到家园一样明。

月夜遣怀
关山迢递信难通，秋至还闻雁叫空。
引得愁人频怅望，几番回首月明中。

忆前十余年随父宦游金陵，欢乐如在目前，而今僻处海隅，愁病交攻，每追思往事，不觉凄然欲绝，因赋忆昔诗十四首以自遣

官舍金陵十二年，赏心乐事四时天。
欢情已尽愁情集，一度思量一惘然。

钟山佳气郁楼台，旭日初升晓景开。
小婢启窗收滴露，花光树色一齐来。

画阁初开晓月残，妆成犹自倚栏干。
应门童子殷勤惯，买进名花露未干。

和风晴日小庭深，异卉初栽惬素心。
每为惜香侵晓起，频移绣谱就花阴。

落花满地气犹清，报道明朝节序更。
严命送春先索句，诗成袖手竟先呈。

碧纱窗外石榴红，霭霭晴云淡淡风。
何处鸽铃声远至？分明仙乐下瑶空。

户外鸡鸣山气清，塔灯点点聚红星。
蒲葵扇小轻绨洁，茉莉花蓝香满庭。

清凉山上树成行，竹覆清阴花吐香。
拂面远风江面至，顿令心地有清凉。

观音高阁半空悬，碧玉栏干倚谪仙。
恰对后湖清旷处，歌声间出采菱船。

嫩凉天气近中秋，杏子单衫燕尾头。
谦罢幽庭人似玉，月明如镜正当楼。

忽睹庭前菊蕊黄，题糕佳节庆重阳。
且迟兄弟登高去，遍插茱萸笑一堂。

萧城西风起远林，雪花六出昼阴阴。
拥炉姊妹闲无事，塑得诗僧抱膝吟。

肠断于今十七年，亲恩如海复如天。
批还除夕诗笺稿，分得新年压岁钱。

万里由天总莫愁，且扶藜杖看云浮。
繁华转瞬成枯槁，哪得红颜不白头？

女书痴存稿（诗余八首）

嘉定钱氏蕙缵 著

拨不断·归宁不果

雨丝繁，风声骤，愁心那顾身形瘦。小立须挑炉烬灰，沿阶只是书空走。泪盈衫袖。　燕泥香，莺歌溜。桃花开遍春如绣。屈指归期数得来，牵肠好事难成就。寂寥依旧。

清平乐·暮春

鸣鸠唤雨，春去花无主。柳絮随风飞一缕，搭在深闺小户。　阶前溪水潺潺，珠帘低映溪湾。双燕归来日暮，声声似骂人顽。

凤凰台上忆吹箫

脉脉离情，恹恹病景，断肠写出谁酬？枉哀吟枯索，费尽搜求。赢得栏干拍损，情切处、转更添愁。最无奈，问天不语，天只悠悠。　嗟休，人生一掷，想欢娱如昨，总付浮沤。又莺啼燕语，唤上眉头。独坐帘儿懒倦，消减尽、旧日风流。空自教，愁魂怨魄，夜夜南楼。

木兰花慢·暮春雨中

剔残灯听雨，暮春时、似深秋。奈切切凄凄，暗风吹刮，乱触帘钩。乡心岂真灰死，但牵连又上翠眉头。往事如云易散，旧游似梦难留。　何由绝境类羁囚。此恨几时休？枉登高望远，故园绵邈，满目烟浮。怎如昭君昔日，便飘零异域也风流。遗得青青一冢，长留与后人愁。

相见欢

春来又报春归，不多时，惆怅一年花事剩青枝。　眉凝翠，心如醉，系相思。只恐朱颜易改鬓成丝。

浪淘沙

积雨洒滂沱，寒入轻罗。幽庭草色遍青莎。满地落花谁是主？春已无多。　浊酒佐闲哦，醉微酡。珠帘不卷篆烟拖。若问年来愁几许？验取双蛾。

念奴娇

花残叶密，柳阴浓，客里风光又暮。燕子还来，寻旧垒，不厌茅檐蓬户。细语梁间，双飞帘底，各有情相诉。怎知人意？倚栏独自无语。　遥想雁序鸳行，花朝月夕，笑语春浓处。此景如今，都是梦，应料难重欢聚。万叠云山，旧愁新恨，挂遍斜阳树。几番搔首，断肠还共谁语？

昭君怨

（一）

塞外风光独异，白草黄沙满地。春至鸟还鸣，旧时声。　懒对菱花匀粉，只共琵琶诉愤。胡女未知心，岂知音？

（二）

坐对清秋月色，为爱当年旧识。梧影转阶来，思难裁。　地隔关山多少？憔悴平生过了。遗恨草犹灵，冢长青。

附：文献所见钱蕙缵传记及其著作情况

一、清光绪《嘉定县志》卷二十七《艺文志四·集部上》"闺秀"

《女书痴存稿》三卷，钱蕙纕著。蕙纕，江宁教授塘女，浙江平阳县陈振孟室。文三首，诗九十二首，诗余八首。杭州孙仁渊序曰："多哀死念生、伤离怨别之作。"

二、清光绪《两浙輶轩续录》卷五十二《闺秀》

钱蕙纕，江苏嘉定人塘女，平阳陈振孟室。著《女书痴诗稿》。

吴承志曰：蕙纕父塘，博学富著述，蕙纕与诸妹俱娴文翰。适振孟。后孤吟无和，郁郁不自得。生一子而卒。遗稿有《述古赋》《离愁赋》《叹逝文》各一篇，词八阕，皆振孟弟乙搜辑刊刻，诗稿乃福鼎林滋秀所定，乙据以付梓者，前有叶嘉棆及仁和孙仁渊二序。仁渊《序》述蕙纕本末甚详：于归后旋失怙，不数年，翁姑相继殁，家日落。振孟复不能治生，游学他郡。蕙纕哀死念生、伤离怨别，往往寄之于诗，以忧愁遘疾，遂致不起。其说根据乙所言状。据《述古赋》云："且灌园以自给，虽佣舂而勿耻。轻五斗而归耕，卜百钱而闭肆。挽鹿车以偕隐，泣牛衣而相对。是皆无负于覆载，亦兼得夫公私。既涵养于平日，故用济于一时。始通塞其各异，终名实之无亏。遵义迹于大道，虽穷困而勿悲。"似蕙纕诗之伤离怨别由其夫不遵义迹而然，非不能治生之谓，乙说殆有所讳也。集中《送外之广陵》云："往事休重省，时来且自强。"《示儿》云："薄俗真堪弃，浇风不可闻。"叶楚材《诗钞余录》载，滋秀所删原稿《春闺怨》云："离别经时久，忧思多不顾。"《示儿》云："舍熊异日须勤读，万种忧愁待尔伸。"四诗俱明白指斥其所遭可知。嘉棆《序》云："《思亲》《哭父》诸篇，言思悱恻，词韵沉腿，不失其正如此，非得于教家之遗者不能。"嘉棆于振孟之叔夏官相习，灼知振孟自幼失教，故极言钱氏家教之正以规之，蕙纕诸作怨诽而不乱，数语足资论定矣。《女书痴小草》，名见嘉棆序。盖蕙纕自题。同治《嘉定志》收入《艺文》。诗古体远追六朝，今体逼近唐音，充其所至，亦《长离阁》《澹菊轩》之亚云。

三、民国《平阳县志》卷四十三《人物志十二•列女二•闺秀》

钱蕙纕，江苏嘉定人，东塘陈振孟妻，父塘，博学富著述。蕙纕与诸妹俱娴文翰，于归后，孤吟无和，郁郁不自得。旋失怙，不数年，翁姑相继殁，家日落。振孟不能治生，游学他郡。蕙纕哀死念生伤离怨别之怀，往往寄之于诗，以忧愁遘疾，遂致不起。著有《女书痴诗稿》。其诗古体远追六朝，今体逼近唐音，充其所至，亦《长离阁》《澹菊轩》之亚云。

四、民国《平阳县志》卷五十一《经籍志四•集部下》

钱蕙纕《女书痴存稿》二卷：《两浙輶轩续录》作诗稿；存刻本。

五、民国《晚晴簃诗汇》卷一百八十六《闺秀四》

钱蕙纕，嘉定人，江宁府教授塘女，平阳陈振孟室。有《女书痴存稿》。

《诗话》：蕙纕名族雅才，幼耽文史，闺友戏呼"女书痴"，因以自号。于归后，旋失怙，不数年，翁姑相继殁。振孟不能治生，游学他郡。蕙纕哀逝望远之思，悉寄于诗，以抑郁遘疾卒。诗多散失，今存百数十首，有文三篇，词八阕，并存稿内。

（整理者系嘉定博物馆副研究馆员）

嘉定县风俗调查概要

文 \ **齐超儒** 整理

前几年于中国第二历史档案馆查阅文献,见到《江苏省南汇、青浦、高淳、江浦、嘉定、川沙、金山、宝山、宿迁、灌云等县风俗调查纲要》一案卷,嘉定部分题为《嘉定县风俗调查概要》(图一)。此案卷中有"民国二十二年一月"的时间信息,而于《嘉定县风俗调查概要》中"本年经兵燹之后""自此兵灾后"等信息,知其作于民国二十一年,即1932年。因知嘉定博物馆徐征伟先生关注乡邦故事,经联系,知《概要》可补嘉定志乘所阙,乃作一整理,以为留心嘉定文史者之参考。齐超儒,2023年6月。

嘉定县风俗调查概要

(甲)生活状况

(1)职业概况

本县人民职业,农工商居大多数,学界方面亦复不少,以地近沪上,交通便利,各业多有出外谋生者。

(2)主要物价

本邑之主要物价为米、麦、棉花等。米价:在民国初年时,每石约五六元,近数年来最高,曾增至十五六元,本年则在十元左右。麦价:从前每石不过一二元,今则须四五元不等。棉价:每担今亦须十元左右。邑中以麦为米粮之辅佐,品棉为主要之农作物,皆与民生有至切之关系。从前其价之贵贱,视岁之丰歉而定,现在以交通便利,故随沪市之涨落为标准矣。

(3)服饰习尚

本邑旧时尚朴素,邑人服装大率多用土布及绵绸府绸等,最讲究者亦仅以湖绸为正式,尚宽大极少变化。前数年来,日事奢侈,多以丝绸品为常服,惟乡间尚鲜。近更于国货丝织品之外,又崇尚外国丝织品与毛织品,亦且有穿西装者。至妇女装束,乡间尚不脱荆布之风,惟城市间则多为新时装所化矣。

(4)饮食嗜好

饮食以米饭为主要品,日常一粥两餐为最普通。佐食物品,上则鱼鲜猪肉,次则豆腐蔬菜之类,牛羊肉间有食者,不属常品。鸡鸭则多用以宴席,酒以米酿黄酒为多,烧酒次之,本地多能酿造,可见嗜酒者众。烟则自卷烟盛行后,嗜染者亦几十有六七矣。

(5)居室情形

本邑房屋不尚崇高,城中虽有楼房,大都朴实,乡间平屋则更简陋,至华堂巨厦及西式洋房尚不多见。

(6)交通状况

本邑交通甚为便利,京沪火车经过南翔、黄渡、安亭三镇,均设有车站。自城至上海有汽车路可以直达,近更筑自南翔至真如汽车路,将次完竣。自城至四乡,人力车均可通行,自城至南翔,水路益有小轮船衔接。火车时间往来开驶,邮政则于城内设有二等局一所,南翔、黄渡、安亭各设有三等局一所,乡镇间亦均设有信柜,惟境内无电报局,于电信稍觉不便耳。

(7)家族制度

中等人家多设立宗祠,祠中则捐置祭田,并订立

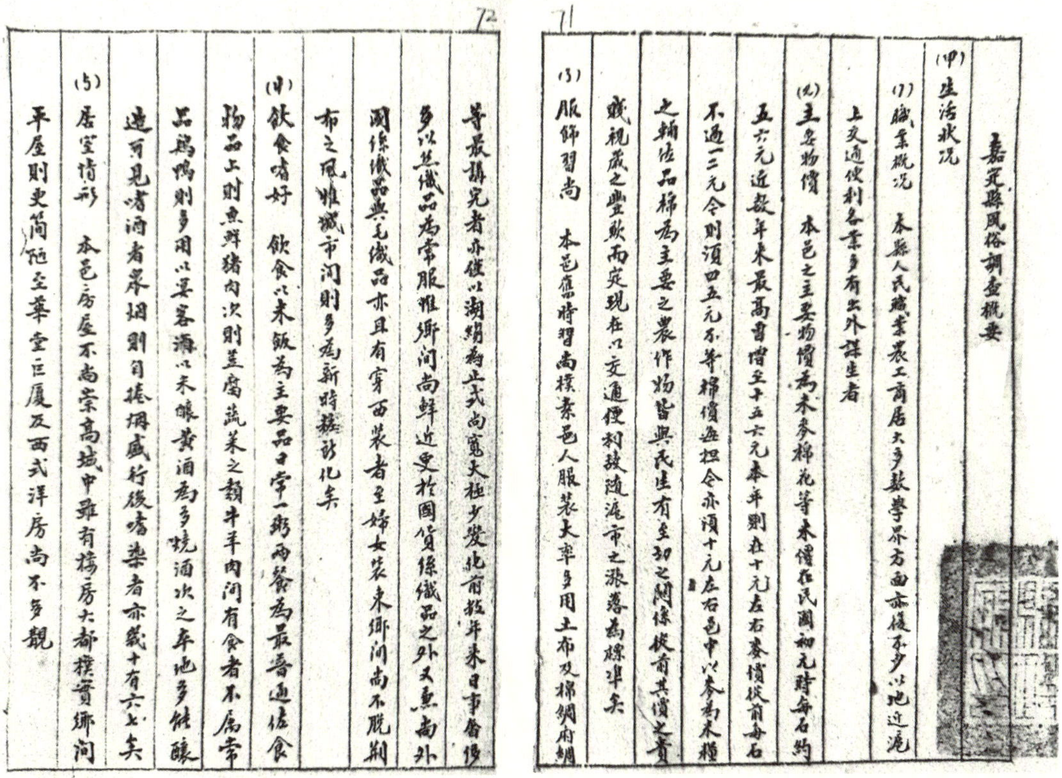

图一 《嘉定县风俗调查概要》（中国第二历史档案馆藏）

各种赡族规则。富家巨室则设立义庄，规模较大者，均呈报地方长官备案。

（8）钱币及其度量衡现状

钱币以银元为本位，钞票亦通用，辅币以角票、毫银为一级，铜元为一级。角票每元兑十角，毫银每元可兑十一角至十二角，铜元每元可兑二百七十枚至三百枚，其长短伸缩以沪市为标准。度量衡旧利度以合十寸为一尺。量有升、斗、斛之别，十升为斗，五升为斛，一斛约米七十斤。衡以天平，十六两为一斤。现立度量衡标准器已颁行，并派有检定员已积极照新制改进矣。

（9）气候及雨量

本邑气候温和，邪寒盛暑之日不多，雨量亦平均，宜于农作，但雨旸不时，干旱水潦之灾，亦所时有。

（10）农产品

居民好稼穑、治五谷，勤朴者居多，以棉稻豆麦为主要作物。春收曰小熟，秋获曰大熟，成熟之田二年种棉，一年种稻，稻较稀少，故农家恃棉为生，并以种植瓜菜及喂养猪鸡，蓄池养鱼为副产。至蚕桑之业，则难有倡者，终未兴焉。

（11）制造品

制造物品都属手工，寻常如木工、竹工、铁工等所出物品，不过供就地普通之用。惟有黄草织物一种法，以草秆编成轻便用品，如拖鞋、提篮、书包、文夹之类，运往上海，转输至宁波、福建、广东及南洋群岛等处，为数甚多，统计能事此项制造者三千余人，每年出品之收益约有七八万，是为东北乡平民妇女生活之一。又有竹刻一种，制成各种文具，刻以书画，从前在艺术上颇负盛名，为他处所不能媲美，以其精于镂刻也。近则艺术稍逊而制作较为美观，故仍有业此，但所用不广，出品亦有限。其他物品尚有毛巾织厂，出品尚多，但仍是人工机织品耳。

（12）救恤制度

城内有存仁堂、育婴堂、清节堂、积谷仓、积谷义仓，南翔有振德堂、育婴堂，外冈有保元堂，均系公立性质，订有专章并设专员管理。又城内有树德会、娄塘同仁慈善会、南翔养老院，均系私人集资设立，亦订有专章，呈县核准办理。

（13）保卫情形

除公安局警察队外，各区有保卫团。从前系属招集自愿入团，现在均遵照修正，江苏省保卫团法实施细则改编，逐渐推行。本年经兵燹之后，旧备枪械服装多遭损失，已成者既须加以整理，而主计划中之未成立者，不无中受顿挫也。

（14）其他习惯

无。

（乙）社会习尚

（1）起居

本邑俗尚勤俭，人民起居一切均朴素无华，颇有日出而作，日入而息遗风，俾昼作夜等事，绝无仅有。

（2）交际惯例

本邑崇尚俭约，交际往来不尚虚文。从前每遇新年，亲戚故旧，必往来拜贺。今则此礼已杀，惟遇到婚丧喜庆，亲友致礼贺吊颇为重视。他若无谓应酬，故事联络，此风尚不盛行。

（3）宗教情形

邑人信奉释道两教，已成为一种普遍心性，故遇人死后，必邀僧道礼忏诵经，庵观庙宇随处都有，但主持僧道已失宣扬教旨之真谛。耶稣、天主两教均有传教处所，但信仰甚少，上流社会人物更属绝无仅有。其他若回教、理教等，邑人素鲜崇奉，惟外籍暂居或有之。

（4）迷信状况

邑人迷信鬼神锢闭已深，平时吃斋念佛，烧香焚箔习为故常，此皆作俑于僧道者，此外，有为巫卜所蛊惑，则更荒诞。近今加以取缔，渐见敛迹。至星相之谈休咎，堪舆之论风水，尚不深入人心，大都将疑将信而已。

（5）盗贼

本邑门风柔弱，虽瘠苦穷而流为盗贼者尚鲜，小窃虽或有之，尚无敢明目张胆结伙横行者。惟流氓莠民，所谓赖皮者，无论城市镇乡均有之，是亦足为盗贼之根苗。计惟严予惩治，免致酝酿成患。

（6）娼妓

无。

（7）奴婢制度

从前富家大族，多有蓄婢。自光复以后，禁蓄奴婢，此种风气已渐渐消灭。故近今蓄婢之家，亦属鲜见矣。

（8）农佃制度

本邑较低之田，可以灌溉而植稻田者曰水田；较高之地，不甚利于灌溉而植棉豆等物者曰旱地，故田租有水旱之别。水租每亩年纳糙米七斗至一石，亦有纳谷者，以二百斤折合糙米一石。旱租从前仅制钱一二千文，现在改收洋码，亦不过二元左右。统计全邑半皆小地主，而兼充佃户者，缘自有之田，不敷耕作，乃兼租他家之田，以为补充，纯粹之佃户，不过十之二三而已。

（9）娱乐

从前民众绝少正当之娱乐，所有者仅元宵之龙灯，端阳之竞渡，冬季之酬神演剧目。国民政府成立后，均皆停止举行。现在城市有民众教育馆所办之公共体育场，奎山公园之中亦设有网球场等，民众茶园、音乐研究所等处，各区亦各有民众运动场等。惟自此兵灾后毁坏不少，限于经济，恢复为难。

（10）赛会

旧时有春祈秋报之习例，故迎神赛会，乡民视为莫大之要事。但涉及迷信且易肇祸，自民国政府成立后，都已禁止。

（11）讼事

本邑司法由县政府兼理，民刑案件简易居多，律师例不出庭，民风亦不甚好讼。

（12）械斗

无。

(13) 其他习俗

并无特殊习俗。

(丙) 婚嫁情形

(1) 订婚办法

旧制订婚,必须经父母之命,媒妁之言。择吉以下聘,是谓文定。文定礼成,婚姻始为确定。礼虽郑重而过繁缛,近今惟乡村仍多拘守之。城市风气开通,习俗渐移,多以简略为主,然尚无一定通行办法。

(2) 婚约形式

旧礼文定时,男家致礼帖及求字帖,女家答以礼帖及允字帖,并庚帖,即为婚约成立。近今自由订婚,尚无一定婚约。

(3) 聘礼种类

旧时文定,用银币、饰物及茶叶、麸麺,通称金芽玉,至礼物之丰俭,则视家计之有无,亦无一定程限。近今文明行聘,则更无如何拘定。

(4) 选期手续

旧时婚期极为重视,故多倩星家选择吉期。最先为文定之期,次为行盘期,再次为迎娶期。其期间之长短,视男女订婚之早晚而定。今则星家迷信渐次打破,惟就男女两方酌定相当时期,如学者结婚多在暑假,暇时行之而已。

(5) 迎娶仪式

旧时婚仪多用特制彩舆,导以音乐,前往迎娶,有力之家更有用高灯铺司队鼓。(铺司皂衣、红黑高帽,式本元之大礼帽,明太祖令皂隶用之。队鼓则邑人李锡秦官广西巡抚时平苗之军乐,或曰戚继光平倭寇之凯旋乐也。此二事,丧仪亦用之。)以示铺张令,则旧时仪式已不崇尚,新仪式亦不一定,亦各酌其宜行之而已。

(6) 结婚仪式

旧时仪式已少沿用,新式婚仪大都以换新物。签婚书为要件,并请望重者为证婚人、男女主婚人及介绍人,均莅场签字,即为婚礼已成。至行礼节次不无参差,亦未能据一以为定式也。

(7) 成婚后之各种礼节

成婚后,先行庙见礼。(普通人家均在家中设位而祭,名曰祭祖。)毕即行相见礼,先舅姑,次尊亲属,再次卑亲属,见毕乃设筵款新。普通人款新之筵席设堂之正中,两旁陪以女宾席。近日有主张新人系属主妇,应居主人地位,坐在主人席次者,然不多觏。席间,新人向各尊亲行敬酒礼,各尊亲亦均答礼,系先舅姑,而后及其他各尊亲。其自由结婚而借公共场所者,则有合男女两家,男女宾客合聚一堂,分左右席而欢饮者,然亦不多见。款新毕后,男家有谒岳之礼,女家有会亲之礼,翌日有回门之礼,亦有当日即行者。慰静则于六口,婿往女家问候,并馈礼物,女家则招亲友款以酒筵;十二口,则女家主人至男家问候,亦馈以礼物,男家亦设宴款待。满月后,则新妇归宁母家,返时母家馈以馒首定胜糕等,男家即以之分送各亲友。

(8) 结婚年龄

普通人家,大率自二十岁至三十岁为率,乡间有十五六岁即行结婚者。

(9) 续妻习惯

男子续妻,大约俟妻丧服满后行之,从前妻遗有子女无人照料,则亦有未满服即行续娶等。

(10) 改嫁习惯

本邑向重贞洁,夫死鲜改嫁,惟乡妇穷苦无依者,间或有之。今则亦渐渐开放矣。

(11) 赘夫习惯

家无嗣续者或有之。

(12) 多夫多妻习惯

无。

(13) 童养媳习惯

城中绝少,乡间亦不多。

(14) 其他特殊习惯

无。

(丁) 丧葬情形

(1) 始丧情形

人死，即将应含之物为之纳入口中。乃于床上，为之揩拭洁净，穿着贴身衣服，即将尸转出安置客堂中间，如系小辈则略偏。用人陪伴，谓之伴灵，或有用僧道诵经者。至入殓时为止敛，曰小敛，亲友密切者往送焉。翌日，设祭受弔，曰大殓。

(2) 遗嘱形式

富绅巨族年老而子孙众多者，则于生前立遗嘱，有亲自书写签字为凭者，亦有在病中口授子孙或亲友代写者。从前签名除自己外，近支亲族亦同签名。今则亦有请律师签名者。其形式大致与契约相同。

(3) 继承关系

无子者，择五服中侄辈之最近者继承之，谓之应立。倘有支分疏远而素来亲爱者，亦同并立，是谓爱立。或族中无人，或不愿立族人者，得恩抚异姓子女有子女者，或赘婿为后。

(4) 入殓手续

入殓时无论冬夏，均衣棉及单袷衣服，并用冠带衣服，均于家属亲自检点。乃由仆人为之穿着，亦有家属自行为之衣着者。衣服多少，均取零数，或五或七或九不等，其余各种饰物，视家之有无。(余见前始丧情形)

(5) 成服礼节

仕宦缙绅之家均遵清制。在小殓时，在服之人各依服制，分别成服。翌日大殓，则孝子麻衣腰营、竹杖草履、三梁麻冠，哭奠，行三跪九叩首礼，妇女亦然。其式盖独沿古制也。

(6) 丧服差等

均遵旧服制。(一)斩衰三年，用粗麻布为之，不缝下边。(二)齐衰有杖期、不杖期之别，用稍粗麻布为之，缝下边。(三)大功九月，用粗布为之。(四)小功五月，用稍粗布为之。(五)缌麻三月，用稍细熟布为之。

(7) 讣告形式

人始死，赴告于亲友，曰报丧。开吊时赴告曰讣，安葬时讣告曰告窆，或曰讣窆。报丧以账房具名，讣及讣窆则除自己子孙外，凡族人在五服中者均具名，亦有合族具名者，均以男子为限。近时则有男女同尊具名矣。

(8) 吊奠礼节

自废止拜跪后，亲友吊奠大都行鞠躬礼，对于尊亲行三鞠躬礼，卑幼者一鞠躬。有以香烛箔阡为奠者，有用幛额挽联为奠者，亦有另备祭筵公祭者。普通亲友，则多赠送银钱，谓之奠仪。

(9) 发引仪式

家属均素服，泣送亲友亦执绋前导，铭旌祭亭哀乐，间有用旧时仪仗者。(旧时仪仗，见前迎娶仪式)

(10) 安葬仪式

安葬时，家属哭奠，捧土成坟，间有用鼓乐鸣炮者。

(11) 服丧期间

均遵照前清规定制度，但除服时往往有缩短几日者。

(12) 居丧制度

三年之丧，照旧习惯，帽用白结，腰缠白绖，鞋用白布，衣服均用素布，不兴宴会，不举行喜庆事。自风气开通后，大都臂缠黑纱。

(13) 祭祀礼节

人死后设灵座，照常供食。逢七及六旬百日、小祥大祥等，均焚锭帛而祭之，遇尊亲及卑属忌辰，均设祭并焚锭帛，或有并生日而亦祭者。清明、中元、下元、冬至、岁除设位而祭，名曰过节，亦焚锭帛。元旦，悬祖先遗像而祭之，名曰斋尊，或三日或五日或至元宵而止。近年遇节忌辰，有仅设祭而不焚锭帛者矣。

(14) 女子之地位

旧时女子偏重于佐治家政，自女学发达后，与男子同受教育，无轻重之分。

(14) 其他特殊情况

无。

(整理者系上海市社会科学界联合会办公室工作人员)

沟通互动、公众参与和优化治理：
嘉定博物馆议事会浅论

文\王碧云

一、公众参与和嘉定博物馆议事会的缘起

19世纪以来，公共博物馆逐渐增多，有别于传统的"私人收藏"，公共性是博物馆的重要基本属性。20世纪60年代，博物馆学家出现了"博物馆是神庙还是论坛"的持久争论[1]，博物馆的公共性日益显著。21世纪以来，"公众参与"逐渐成为博物馆公共性的突出注解，荷兰博物馆学家彼得·冯·门施（Peter van Mensch）认为"（博物馆）自2000年至今正在发生的'第三次革命'中的关键词就是'参与'"。美国博物馆学家妮娜·西蒙（Nina Simon）在《参与式博物馆：迈入博物馆2.0时代》中将参与式博物馆定义为"一个观众能够围绕其内容进行创作、分享并与他人交流的场所"[2]，她认为博物馆应以观众为中心，真正尊重观众的想法，她鼓励社会公众主动参与到博物馆内容创作与活动策划中，并进行创意和意见的充分自我表达。2022年8月24日，国际博物馆协会（ICOM）官网正式公布了博物馆的新定义。该定义强调博物馆"向公众开放，具有可及性和包容性，博物馆促进多样性和可持续性""在社区的参与下，为教育、欣赏、深思和知识共享提供多种体验"，其对博物馆公共性和社会公众参与的强调不言可喻。

博物馆作为藏品保存、研究和展陈的社会机构，其主要职能是为了更好地向公众展示和传播人类的物质和非物质文化遗产，并努力让公众在博物馆这个特定的叙事空间内产生独特的感受与收获。因此，博物馆应努力打破自身与社会公众之间的二元对立，"将观众纳入到博物馆管理和运营过程中"[3]。而议事会就是一种较为成熟的社会机构与公众进行良好沟通的有效形式。

如今，议事会在社区、街道治理等领域中已经得到一定的实践效果，打通了公众的表达渠道，激发了公众参与社会治理的活力，且能有效统筹社会资源，推进决策民主，是一种多方实践后行之有效的组织和治理形式。

博物馆与社会公众的关系密不可分，博物馆举办的展览、社教活动等都需要公众的反馈，才能促进其发展和完善。嘉定博物馆是集征集、收藏、展示、研究等功能于一身的地区性综合博物馆，近年来一直十分重视社会公众的参与，希望能更为系统有效地收集社会公众对于馆方的诸多感受、评价、意见和建议。于是在2016年，在博物馆界颇有首创意味的嘉定博物馆议事会正式成立。议事会是连接博物馆与公众的一个良好互动平台，议事会对嘉定博物馆陈列展览、社教活动以及文创等方面的发展都有良好的推动和促进作用。同时，作为博物馆界的首个议事会

---

[1] 史明立：《谁的博物馆——博物馆与公民参与》，《博物院》，2017年第5期，第12—17页。
[2] 〔美〕妮娜·西蒙著、喻翔译：《参与式博物馆：迈入博物馆2.0时代》，杭州：浙江大学出版社，2018年版，《译者序》，第4页。
[3] 耿超、陆青松等编著：《博物馆学理论与实践》第七章《博物馆与观众》，北京：科学出版社，2018年版，第195页。

图一 2016年6月5日，嘉定博物馆议事会成立暨第一次会议

组织，嘉定博物馆议事会的成立是对博物馆工作机制、组织形式和工作创新等方面进行的积极、有意义的探索。

二、嘉定博物馆议事会的组织构成和形成过程

嘉定博物馆议事会由议事员、专家组、秘书处三部分组成，其中议事员为议事主体，专家组提供专业建议，秘书处负责各方沟通和日常运维。

议事员作为议事会的核心力量，其成员主要由社区居民、文化志愿者、文化团队和社会组织工作人员，以及社会各界热心人士组成。嘉定博物馆第一届议事会7名议事员中，男性4名，女性3名，平均年龄为30岁，最小的议事员24岁，最年长的议事员56岁，职业包括律师、教师、医生、机关单位职员、公路建设、村委干部七种。半数以上成员有过志愿者服务经历。第二届议事会13名议事员中，男性9名，女性4名，平均年龄36岁，最小的议事员20岁，最年长的议事员73岁，职业包括教师、社工、企业员工、机关单位职员、村委干部、退休人员和学生等十一种。半数以上成员有过并且现在仍旧从事志愿者服务。

专家组由文博界方面专家及知名人士组成，主要为议事会提供专业支持。其中嘉定博物馆推荐了馆内研究部主任、副研究馆员徐征伟和原嘉定博物馆文保部主任金蓉为专家组成员。

秘书处由嘉定博物馆工作人员组成，主要负责议事会的日常运作，包括会议召集、会议记录、档案管理、议题意见通报及采纳情况，以及后勤工作等日常事务。第一届议事会秘书处由陈列宣教部两人担任成员，第二届议事会秘书处由办公室两人担任成员。

2016年4月，嘉定博物馆正式开始了组建博物馆第一届议事会的启动工作。首届嘉定博物馆议事会成员主要是通过社会招募的方式确定，嘉定博物馆通过上级单位官网、本馆微信公众号、本馆官网等方式面向生活、工作在嘉定的公众发布了征集令，征集令中写明了议事会成员在建言献策、辅助决策、监督评议、宣传推广等方面的权力和职能，热情地欢迎社会公众的积极参与。征集令发布后得到了社会公众的积极响应，许多热心市民人士对相关事宜进行了咨询，并积极进行参与报名。其后，嘉定博物馆对报名的市民进行统一面试，最终通过综合审核，正式确定了嘉定博物馆议事会议员的名单，7位市民成嘉定博物馆

图二 嘉定博物馆第一届议事会成员合影

第一届议事会成员。2016年6月5日，嘉定博物馆议事会成立仪式暨第一次会议正式举行。（图一、图二）2019年5月28日，嘉定博物馆第二届议事会招募工作启动，最终确定了13位市民正式成为嘉定博物馆第二届议事会议事员。8月18日，嘉定博物馆第二届议事会成立仪式暨第一次会议举行。（图三、图四）

三、嘉定博物馆议事会的议事职能和实践形式

嘉定博物馆议事会主要有四个职能，即建言献策、辅助决策、监督评议和宣传推广。议事会成员在博物馆与公众之间起到了一定的桥梁纽带作用，他们一方面听取和收集公众对博物馆的意见和建议，掌握公众对文博方面的喜好和需求，及时向馆方传达民情民意，对博物馆的各方面工作提出意见建议，另一方面他们可利用自身优势扩大对博物馆的宣传，通过新媒体等传播便捷的途径，宣传博物馆展览、社教活动、文博研究等，扩大博物馆受众的覆盖面，营造有利于文博事业发展的社会环境，团结和带领公众积极参与博物馆的建设和服务。另外，通过议事会成员的身份，对博物馆的日常工作进行监督；通过议题讨论形成可行性的方案建议，为领导部门提供决策依据。

议事会成员具备一定的权利和义务，权利包括了提出议题，听取工作总结报告、对议题发表意见、对议事会工作进行监督和提出质询，提供参观服务等。除此以外，嘉定博物馆每年重要展览的开幕式，都会邀请议事会成员出席；本馆组织的一些参观兄弟博物馆的活动，也尽可能邀请议事会成员一同前往。成员的义务主要是参加议事会讨论、讨论议题提出意见建议、反映和传达群众在文博方面的意见建议。

四、议事会对嘉定博物馆工作的实际意义

嘉定博物馆议事会为博物馆工作提供了丰富的"民意"，为嘉定博物馆在策划陈列展览、社会教育活动等方面提供了较为多元化的思路和较为创新的探索方式。

博物馆有意策划原创展览，希望在60周年馆庆之际推出具有影响力、属于嘉定的原创展览。议事会就馆庆主题活动方面，有成员提出"拍摄主题宣传片以及结合馆藏文物举办原创展览""编写和出版博

图三 2019年8月18日,嘉定博物馆第二届议事会成立暨第一次会议

图四 嘉定博物馆第二届议事会成员合影

物馆专业图册,体现专业研究水平"等优秀建议。馆方结合实际情况,经过多部门、多角度的探讨、商议和斟酌,最终策划推出了原创展览"疁城遗踪——嘉定出土文物展"和"恭敬桑梓——嘉定博物馆建馆60周年捐赠展"两项大展,有力地推动了嘉定博物馆原创展的发展。

其中"疁城遗踪——嘉定出土文物展"为嘉定博物馆2019年度重磅展览,共展出各个时期嘉定地区出土文物标本104件(套),有嘉定人耳熟能详的法华塔天宫地宫、嘉定四先生之一的唐时升家族墓,明礼部尚书徐学谟家族墓葬等名门望族墓穴出土的珍贵文物,串起较为完整的教化嘉定的历史。与展览相配套的《疁城遗踪——嘉定出土文物展》图录也同时出版。本次展览还引起了媒体的高度关注,疑似"瓶盖"的明代银香盒图片在5天内,转发超过5千万次。

同年9月,推出了"恭敬桑梓——嘉定博物馆建馆60周年捐赠展"。嘉定博物馆建馆60年来,接受了大量社会贤达和各界人士的慷慨捐赠,如:顾维钧、胡厥文、胡叔常、张碧寒、汪统、黄曰骥、陆俨少、宋文治等。此次展览遴选历年嘉定博物馆接收的捐赠文物精品，展出书画、印章、铜器、玉器、瓷器在内的藏品70件（套），它们能够反映嘉定区域文化，具有相当的学术价值和艺术欣赏价值，让观众能了解捐赠者的故乡情，了解嘉定本土历史文化。

在宣传教育方面，嘉定博物馆传统栏目"嘉博学堂"已开展多年，形式一直未有改变，馆方有意进行优化改版。结合议事会成员提出的建议，决定将"嘉博学堂"改版升级为"专家面对面"，并延伸发展创新互动体验，开设"专家带你去看展"。一是拓展讲座形式，增加了市民和博物馆的互动性和体验中的趣味性；二是创新了授课形式，让公众不仅仅局限于课堂内，还可以走出去，走到展厅里聆听专家的现场讲解，使观众有更直观的体验、更深刻的印象。

根据"活化孔庙"议题，议事会成员提出可开展类似于古代场景的沉浸式体验活动，提高观众的体验感。嘉定博物馆以此为灵感，策划推出"明伦讲堂"系列活动，此活动设置在孔庙明伦堂内，邀请知名专家效仿古代学宫坐而论道的讲学方式，与孔庙古朴的求学氛围相结合，以此作为纪念孔庙800年系列活动中的重要一环，讲堂共开办了3次，120余人次参与其中。馆方还策划了"另眼看孔庙"系列课程，邀请了古建、花木、碑刻、孔庙历史、生态等方面的专家，从孔庙历史故事、古建结构、孔庙生态、古树名木等多层次多角度对嘉定孔庙进行解读，建立起多条普通市民与古建文物的沟通渠道，让传统文化具体起来，在人们的心中"活"起来。同时，馆方为了进一步深化观众沉浸式体验感，让展柜里的文物生动起来，亲切有趣起来，开发了"科考试试看""升官游戏图"大型地毯游戏和"唐时升和贺年羹"体验式情景剧，让原本艰涩难懂的专业知识，变得富有趣味，更易于理解和记忆。

在IP形象和文化宣传品的宣传和利用方面，收获了议事会成员的诸多优秀的建议。嘉定博物馆以孔庙石栏望柱上七十二只石狮为原型塑造了"学宫狮"动画形象，以此打造为嘉定博物馆的IP。在学宫狮IP的运用方面，成员们建议推出学宫狮微信表情包、推出宣传动画并制作出如玩偶等一系列衍生宣传品。2019年2月"学宫狮的日常"24款表情包于微信表情商店上线，供市民免费下载使用。《学宫狮的由来》动画片成功发布。学宫狮元素系列文创，推出了新春贺岁礼盒、鼠标垫、手机支架、创意手绳、不干胶贴纸等文化宣传品。另外，还设计开发了新春礼盒、科举笔袋、帆布包、笔记本、"逢考必过"鼠标垫和袜子、二十四节气杯垫等。这些文化宣传品与博物馆展览的社教活动相结合，得到了市民观众的喜爱。

五、嘉定博物馆议事会现存的不足

会议召开次数较少。2016年至2020年的五年期间，议事会总共召开了十次，仅达到每季度召开一次会议标准的50%。会议召开次数不足，对于成员们及时表达和反馈公众对博物馆的建议方面会产生一定的滞后，博物馆对于公众意见的处理也会相应滞后；同时，对博物馆与公众互动和及时沟通进而完善自身工作也存在一定的不利影响，成员的建议对于博物馆工作开展具有较好的推动作用，也是为博物馆扩宽工作思维、创新工作形式、丰富工作内容等方面建言献策。

各方面重视度还不够。博物馆议事会是这几年的新生事物，大众对其认知还不充分、不全面。在领导层方面，由于工作繁忙等因素综合影响，对议事会的召开存在一定的忽视；在议事会成员方面，由于大部分都是在职成员兼任，所以会出现开会请假或迟到等情况，造成人员不齐，成员意见表达不及时，收集意见建议不全的情况；在议事会秘书处方面，对每季度推动会议的召开存在懈怠现象，准备工作不够充分，没有很好地作全年计划并设置议题库，对调动馆方和议事会成员们的积极性不够。

议题覆盖面较狭隘。议事会议题大多和博物馆业务工作相关，较为集中在提供展览思路、社教活动开展方式、新媒体运用等方面。议题的覆盖面窄小，只能从单独的几个角度为博物馆工作提供建议和反馈。博物馆工作涉及多方面，光从业务方面来议其实是远远不够的。

六、嘉定博物馆议事会的优化空间

提高对议事会的重视程度。议事会成员们提出的一系列意见建议都是可行性和实用性相对较高的一些建议。博物馆层面应当提高对其的重视程度，对博物馆的发展起到协助和促进作用。苏州博物馆设有"会员之家"，制定了会员权益制度，针对会员设有专属日活动、文博专属体验以及专享的入会礼遇等[4]。嘉定博物馆对议事会成员也可设置一定的权益机制，来提高议事会成员的积极性、认同感和归属感。嘉定博物馆几次重要特展的开幕式，都会邀请议事会成员出席并同嘉宾们一同聆听讲解；馆方每年组织赴兄弟单位参观重量级展览的同时会邀请议事会成员一同参加。

扩大议题的覆盖面。议事会讨论的议题多为业务方面，可逐渐拓展到博物馆的方方面面。如博物馆硬件方面的提升和完善，增强观众参观游览体验的满意度，如对导览指示牌的设置更人性化；对意见簿的摆放位置应更显眼；卫生间设施应定期检查并及时更换损坏零件等的意见建议。如对博物馆微信公众号的建议，如对微信具体栏目的建议，对推送内容的创新摄像，议事员有优秀的稿件可以进行投稿或转载等。

疫情大环境下的议事会会议形式的转变有待探索。线下会议受时间、地域等因素影响，常有成员缺席的情况发生；疫情以后，议事会线下会议停摆，但议事会成员的热情没有熄灭，议事的氛围逐渐转到线上，由之前的面对面改为线上的零接触互动，载体也选择颇多，如微信、钉钉、腾讯会议等。线上会议不仅可以打破时间、地域的局限，也可以给议事会成员更多的思考时间与空间，能更好地组织语言表达自己的观点。在线上也可以直接通过文字或音频输出，让会议讨论内容能更直观体现，会议内容的记录和查找更高效、便捷。

余论

在博物馆学最新叙述语境中，公众参与日益被重视和认同，并被视为博物馆民主化策略的中心。博物馆不应如以往一般被定位为"高高在上"的教化机构，更应致力于诠释博物馆的多元化，关注社会公众的需要和期待，丰富社会大众的经历和体验。伴随着网络时代的飞速跃进，微信、微博、抖音等社交媒体无远弗届，越来越多的社会公众与博物馆的联系越来越密切，广泛的社会参与成为了优化博物馆教育、展示、收藏、研究四大社会功能的重要方式，而议事会则是"博物馆主动向公众'赋权'，推动广泛的社会公众参与"的有效制度创新。

嘉定博物馆议事会在形成后，为嘉定博物馆展陈、文保、宣教等多方面的工作提供了大量切实有效的积极建议，有效推动了嘉定博物各项工作的优化和进步。同时，其作为国内博物馆界最早的议事会形式，筹备、组织和发展的历程都具有一定的开创意义，他对于打破博物馆传统的公众沟通模式，推动发挥社会公众的主体作用，优化博物馆的叙事模式等方面都有着积极的推动作用。如果说，博物馆理事会代表着权威和专业的声音，那博物馆议事会就代表着普通民众对博物馆最切身最实在的声音。当然，它仍旧存在着诸多不足，相信通过主管机构、博物馆自身和社会公众的共同努力，议事会制度一定可以在博物馆领域发挥更大的建设性作用。

（作者系嘉定博物馆助理馆员）

---

[4] 苏州博物馆 https://www.szmuseum.com/Activity/VolunteerHome/hyzj.